中国方言学报

第 一 期

全国汉语方言学会《中国方言学报》编委会编

商 务 印 书 馆
2006年·北京

图书在版编目（CIP）数据

中国方言学报. 第1期/全国汉语方言学会《中国方言学报》编委会编. —北京：商务印书馆，2006
ISBN 7-100-04996-2

Ⅰ. 中… Ⅱ. 全… Ⅲ. 汉语方言-丛刊
Ⅳ. H17-55

中国版本图书馆 CIP 数据核字（2006）第 041668 号

所有权利保留。
未经许可，不得以任何方式使用。

ZHŌNGGUÓ FĀNGYÁN XUÉBÀO
中 国 方 言 学 报
第 一 期
全国汉语方言学会《中国方言学报》编委会编

商 务 印 书 馆 出 版
（北京王府井大街36号 邮政编码100710）
商 务 印 书 馆 发 行
三 河 艺 苑 印 刷 厂 印 刷
ISBN 7-100-04996-2/H·1229

2006 年 10 月第 1 版　　开本 787×1092　1/16
2006 年 10 月北京第 1 次印刷　印张 14　1/14
定价：22.00 元

中国方言学报　第一期

潮阳方言的象声词	张盛裕	1
湘语声调演变的一种特殊格局	鲍厚星	23
南雄雄州镇方言里的促变音	谢自立	31
汉语方言的轻声变调	李小凡	41
嘉善方言的连读变调	徐　越	53
昆明方言的儿化	丁崇明	59
赣东北方言词汇接触的表现	胡松柏	68
粤方言"咗"新议	陈晓锦	76
广州方言文化词两则	麦　耘	81
汉语方言语法调查研究的三种模式	刘丹青	87
北京话里"说"的语法化 ——从言说动词到从句标记	方　梅	107
长沙方言中的"够得V"和"够不得V"	崔振华	122
同源异境三方言的语汇变调和语法变调	刘俐李	129
四川简阳话程度副词"少"和"非"	毛远明	136
汕头方言两种比较句使用情况调查研究	施其生 郑婧敏	143
陕北晋语沿河方言语法成分的语音变异	邢向东	150
贵阳方言的ABB式状态形容词	徐之明	164
地理语言学及其在中国的发展	曹志耘	171
江淮官话入声发展演变的轨迹	伍　巍	185
"着"字式被动句的共时分布与类型差异	李　蓝	194

新词语词典的方言词收录及其规范问题…………………………冯爱珍　206
正确处理方言与普通话关系刍议…………………………………汪　平　214

潮阳方言的象声词

张 盛 裕

(中国社会科学院语言研究所　北京 100732)

提要　本文对潮阳方言象声词的语音结构做了全面的考察和分析,主要讨论象声词"AA叫、IA叫、IA$_1$A$_2$叫"三种格式的语音特点,着重说明I类韵母只限于[i iʔ ĩ ĩʔ iŋ ik]等六韵,A$_2$的L类声母有[l n]之别,A$_1$的元音是口音,A$_2$的声母为[l],A$_1$的元音是鼻音,A$_2$的声母为[n],还分析了变声重叠"IA$_1$A$_2$叫"构词成分语音结构的相互制约。

关键词　象声词　变声重叠式　I类韵母　L类声母

关于潮阳方言的象声词,朱德熙先生(1982)曾有专文做了分析和比较。笔者(1979、1982)也曾讨论过。本文进一步探讨潮阳话象声词的各种类型及其语音特点。

潮阳话的象声词鲜明生动,呈现独特的地方风采,既蕴涵了许多在各种语境中具有一定真实感的声音,有的也描摹和虚拟人的心理状态,形容人的态度、动作或事物的情状等,表现力非常强,语音形式十分丰富。"AA叫、IA叫、IA$_1$A$_2$叫"是最具代表性的格式。

壹　潮阳话象声词的声韵调

1.1　声母。潮阳话有18个声母,但象声词不出现[g],故有17个声母,包括零

---

* 本文主要内容曾在"纪念吕叔湘先生百年诞辰国际学术研讨会"(北京,中国社会科学院,2004年6月)分组会上宣读。

声母在内：

p pʻ b m t tʻ l n ts tsʻ s z k kʻ ŋ h ∅

1.2 韵母。如不考虑象声词,潮阳话的韵母有 90 个韵母(见张盛裕 1981),其中见于象声词的韵母有 51 个。但象声词的韵母中有 4 个是不见于一般字音的。也就是说,潮阳话象声词有 55 个韵母,如下：

a	ã	ãi	ãu		aŋ	aʔ	auʔ	ãiʔ	ãuʔ	ap	ãp	ak
e	ẽ					eʔ		ẽʔ				
o	õ		ou	om	oŋ	oʔ		õʔ	õiʔ	op	õp	ok
i	ĩ		iu		iŋ	iʔ	iuʔ	ĩʔ		ip		ik
		iau	iãu			iauʔ				iap	iãp	iak
u	ui					uʔ						
ua	uai		uãi		uaŋ	uaʔ		uãiʔ				uak
ue												
						m̩ʔ						
						ŋ̍ʔ						

其中[ãp]韵限于象声词和合音字("三十"合音后变成"卅"[sã˧ tsap˥ > sãp˥])。[uãiʔ iãp õp]三韵则是象声词专用的韵母。

1.3 声调。潮阳话象声词有 8 个声调:[˧]33 中平调,[˥]55 高平调,[˥˧]53 高降调,[˨˩˧]313 低降升调,[˧˩]31 低降调,[˩]11 低平调,[˩]1 低短调,[˥]5 高短调。前六个是舒声调,后两个是促声调。这八个声调依次分别相当于非象声词的阴平[˧]33,阳平[˥]55,阴上[˥˧]53,阳上[˨˩˧]313,阴去[˧˩]31,阳去[˩]11,阴入[˩]1,阳入[˥]5 等八个单字调。常见的是高平调,低降调,低平调,低短调,高短调等五个声调,其他三个声调很少见。

贰 潮阳话象声词的类型

潮阳话象声词按其结构形式可以分为散见型和固定型两大类。

2.1 散见型。可以分两种情况,一是把个别单音双音或三音象声字单独转变为名词,二是把单音象声字用做名词性语素动词性语素或其他语素,再加上某种构词成分构成一般的双音词或三音词,但通过内部比较,可以确定这些语素原本就是象声字。

散见型第一种情况例子很少。单音象声词用做名词只有两个例子：

①pu˦　螺号

②tsʻẽ˨ 钹，打击乐器

双音和三音象声词用做名词各仅有一例：

③ti˦　ta˧ 唢呐

④hu˨ tu˦ tu˧ 铜质拉管乐器"号头"的俗称①

例①—④这四种俗称都是一种习惯的传统叫法，行业人和民间都这么叫，属于象声叫法。

第二种情况例子也不多，现在先列举，然后再说明。（方框"口"都表示象声字）

⑤鞋口 oi˦˥ lauʔ˨ 拖鞋。比较：lauʔ˨ lauʔ˨ kio˨ 穿皮拖鞋走路声（[kio˨]是"叫"字，下同）

⑥鞋口 oi˦˥ liauʔ˨ 拖鞋。比较：liauʔ˧ liauʔ˧ kio˨ 穿木屐走路声（[liauʔ˧]又读低短调）

⑦鞋口 oi˦˥ tsiauʔ˨ 拖鞋。比较：tsiʔ˨ tsiauʔ˨ liauʔ˨ kio˨ 深夜人走动的脚步声

⑧催口 tsʻui˦ pu˦ 鸣汽笛（[pu˦]汽笛声）

⑨吹口 puŋ˦˥ pu˦ 吹螺号（"吹"是训读字，[pu˦]是螺号声）

⑩放口 paŋ˨˦ ẽʔ˧ 小孩拉屎（[ẽʔ˧]形容小孩拉屎时自己嘴里发出哼哼声）

⑪拍口 pʻaʔ˧˥ tsʻẽ˧ 拍打钹。比较：tsʻẽ˧ tsʻẽ˧ kio˨ 拍打钹的声音

⑫拍口 pʻaʔ˧˥ pok˧ 鼓掌。比较：pok˨ pok˨ kio˨ 鼓掌声（[pok˧]模拟掌声）

⑬口痰 pʻui˨ nuã˨ 吐痰（"痰"是训读字）。比较：pʻui˨ pʻui˨ kio˨ 吐痰声

⑭口尿 si˦ zio˨ 把尿｜口屎 si˦ sai˥ 把屎（[si˦]形容给婴孩把屎把尿时，抱婴者嘴里发出的催促婴孩拉屎尿的声音）

⑮口蠓 tsʻiʔ˧˥ maŋ˥ 用带玻璃灯罩的煤油灯火炙死蚊子

⑯口蠓 tsʻuʔ˧˥ maŋ˥ 义同上（[tsʻiʔ˧]和[tsʻuʔ˧]都是模拟用灯火炙死蚊子时的响声）

⑰口掉 poŋ˨ tiau˨ 枪毙（[poŋ˨]是放枪的声音）

---

① "号头"是潮剧的一种特色乐器。汕头大学出版社1995年出版的《潮剧志》第五章"音乐·特色乐器"段落注曰："号头……吹管分三节可伸缩，长约94厘米，吹口为小圆盘，出音管口向上弯。音域为2-2，音高用气控制。具有声音凄厉、苍劲的特点，用于战场、校场、刑场等壮大场面。"

⑱□声话 mõʔ˩ siã˧ ue˨ 指外地口音。比较：mĩʔ˩ mõʔ˩ kio˨ 形容外地人讲外地话的口音

⑲拗手□ aʔ˥ tsʰiu˥ piauʔ˩ 使劲儿压手关节使发出声响

⑳无□嘴 bo˥ ĩʔ˩ tsʰui˨ 不做声（[tsʰui˨]声母送气，本字"㖞昌芮切"，"嘴"是训读）

㉑无□声 bo˥ ĩʔ˩ siã˧ 不做声（[ĩʔ˩]形容嘴里发出的语音）

㉒□下□ hõiʔ˩ e˨ hõiʔ˩ 形容气息奄奄（[hõiʔ˩]喘气声）

例①—④模拟各种乐器的声音，单用的时候是名词。例⑤—⑦[lauʔ˩,liauʔ˩, tsiauʔ˩,liauʔ˥]都是模拟趿拉着鞋走路的声音，不单用，是构词成分。例⑧—⑫里的象声字都做宾语性成分，构成动宾式双音词。例⑬—⑯里的象声字都做动词性成分，也构成动宾式双音词。例⑰是动补式双音词。例⑱里的象声字[mõʔ˩]做形容性语素，形容声音的性状，是修饰成分，起限定作用。例⑲是动宾式三音词，[piauʔ˩]用做名词性成分。例⑳㉑两例，[ĩʔ˩]用做动词性成分，与"嘴"或"声"连结成动宾关系，"无"否定所指动作状态的发生。例㉒是动词+动量补语"下"+重复动词，动词由象声字充任，动量补语由动量词"下"充当，"下"后面重复动词表示一声一声喘气。

散见型象声词模拟事物声音的特点有的已不十分明显，如例⑬[pʰui˨]已转变为动词成分，并按两字组连调规律变读高平调。通过和重叠式象声词[pʰui˨ pʰui˨ kio˨]的比较，[pʰui˨]来自象声词和本调读法才显露出来。例⑱[mõʔ˩]变读高平短调，和例⑬[pʰui˨]变读高平调情况类似，因此，[mĩʔ˩ mõʔ˩ kio˨]的[mõʔ˩]读低平短调，也应认为是本调。但例⑪的情况就不同了，对比例②看，[tsʰə̃˨]读低降调应该是本调，[tsʰə̃˨ tsʰə̃˥ kio˨]中，[tsʰə̃˥]读高平调，似乎是变调。例⑪象声词形容拍打钹的声音同高平调，可能跟显示打击乐器发出的高亢音响震耳喧闹有关。但例中声调读法的规则和例⑬⑱不相符合。象声词的本调不易推求。

2.2 固定型。多音象声词无论三音词四音词，凡是具有一定的结构格式都属于固定型。固定型有以下六种格式：AAD，IAD，A 下叫，AA 叫，IA 叫，IA₁A₂ 叫。为叙述方便起见，本文用大写字母 A 表示象声词的基本形式和重叠的字，必要时在字母右下角用小数字表示 A 在重叠式里的次序，D 表示单音动词，I 暗示其韵母限于 I 类韵母。区分 A₁A₂，是因为 A₂ 限于 L 类声母。"叫"字可以读[kio˨]，也可以变读[tio˨]，以下一律记做[kio˨]。因为象声词本调不易推求，以下是怎么说就怎么记。这六种固定型格式，前三种例子较少，后三种例子很多，下面依次分类列举。列举时例子的排列次序是：先按调式排列，调式的名称以"叫"字之前的声调为准，同一调式

的按声母排列,调式和声母相同的,按韵母次序排列。

㈠AAD　下列㉓—㉕三例,AA重叠同音,都读低降调[↘]31,D都是单音动词。

㉓□苍 hāi hāi ts'aŋ˧ 病痛呻吟声

㉔□涌 tom tom eŋ˩ 形容容器里的水晃荡

㉕□下 tom tom e↘ 用爱蹚水比喻好管闲事

㈡IAD　IA声调声母相同,韵母不同,D也是单音动词。以下两例的调式是[11 11 53]。

㉖□嚷 ki ka ziaŋ 大声嚷

㉗□嚷 ŋĭ ŋă ziaŋ 义同上([ki˩,ka˩,ŋĭ˩,ŋă˩]都是模拟乱嚷嚷的声音)

在IA和"嚷"之间,可以插入"母"字构成"IA母嚷"式,调式都是[11 11 53-31 53]。

㉘□母嚷 mĭ mă bo ziaŋ 大声乱嚷嚷

㉙□母嚷 ki ka bo ziaŋ 义同上

㉚□母嚷 hi ha bo ziaŋ 义同上([mĭ˩ mă˩],[hi˩ ha˩]也都是模拟乱嚷嚷的声音)

"IA母嚷"表示嚷嚷的声音比"IA嚷"更大更乱更闹,多含贬义,不妨认为是IAD的一种扩充式,表现在IA后面增加了词素"母",以示发声能量大,在词义上增强了音响强度。

㈢A下叫　本格式表示事物的声音或情状,或人的心态等只出现一次或时间短。"下"字在这种格式里是动量词,表示一次短促的动作行为,或出现一次短暂的事情。以下两例的调式是[11 11-33 31]。

㉛□下叫 poŋ e kio 砰一声,形容撞击声或重物落地声

㉜□下叫 tse e kio 形容心一凉,表示失望

以下两例后两字声调的读法同上两例。

㉝□下叫 hẽʔ˩ e kio 形容吓一跳。比较:hĭʔ˩ hẽʔ˩ nẽʔ˩ kio↘ 吓得心怦怦的跳

㉞□下叫 ŋẽʔ˧ e kio 形容神一愣

㈣AA叫　共92例。见于本式的声母有[p pʻ b m t tʻ l n ts tsʻ s z k kʻ ŋ ø]等17个,韵母有[a e o i u e ui uai iau ã ẽ õ ãi ãu õu ĩu iãu om oŋ uaŋ aʔ eʔ oʔ iʔ uʔ auʔ iuʔ iauʔ ẽʔ õʔ mʔ ŋʔ ãiʔ ãuʔ ap op ip ok iak uak]等40个,[mʔ ŋʔ]是A的专用韵母。

(1) AA叫中平调式[33 33 31]

㉟hom hom kio 蚊子飞的声音

㊱ue ue kio 嘀嘀咕咕

(2) AA叫高平调式[55 55 31]

㊲pu pu kio 汽笛声;形容行动敏捷

㊳toŋ toŋ kio 形容行动敏捷

㊴tsiau tsiau kio 小孩吵嘴声

㊵ts'e ts'e kio 大声说话声

㊶ts'ẽ ts'ẽ kio 拍打钹的声音

㊷zi zi kio 呼小鸡声

㊸ke ke kio 大声说话声

㊹ki ki kio 汽车鸣喇叭声;杀猪时猪叫声;形容疼得哇哇直叫

㊺kiau kiau kio 小孩吵嘴声

㊻ŋiãu ŋiãu kio 猫叫声;婴儿哭声

㊼he he kio 形容吓得直叫

㊽hĩu hĩu kio 刮铁锅声

(3) AA叫低降调式[31 31 31]

㊾p'e p'e kio 形容说话嘀里嘟噜很快

㊿p'u p'u kio 骂人声

㉑p'ui p'ui kio 吐痰声

㉒bi bi kio 小鸡啄碎米声;形容得意

㉓tsiau tsiau kio 形容多嘴,唧唧喳喳

㉔k'a k'a kio 笑声,多指女子或小孩的笑声

㉕huai huai kio 指北方人学潮州话语音不正

㉖hãi hãi kio 叹气声

㉗hãu hãu kio 狗叫声

㉘hõu hõu kio 义同上

(4) AA叫低平调式[11 11 31]

㉙tom tom kio 打鼓声

㉚t'ã t'ã kio 形容得意扬扬

㉛t'ẽ t'ẽ kio 义同上

(62)t‘om t‘om kio 游艇发动机的响声

(63)le le kio 纺车纺纱声

(64)loŋ loŋ kio 形容耳鸣

(65)tsi tsi kio 煎猪油发出的响声;燃烧的火炭放进水里灭火的响声

(66)ts‘om ts‘om kio 敲锣打鼓声

(67)sa sa kio 下雨声

(68)su su kio 小孩撒尿声

(69)ka ka kio 大雨声;倒水声;形容大声说话

(70)ko ko kio 流水声;撒尿声

(71)kom kom kio 大炮声

(72)kuaŋ kuaŋ kio 义同上

(73)k‘om k‘om kio 咳嗽声

(74)ha ha kio 笑声;说话声;大雨声

(75)ho ho kio 大声哭的声音

(76)hu hu kio 刮风声

(77)hãi hãi kio 叹气声

(78)hom hom kio 刮大风声;形容喧哗

(79)ua ua kio 形容不服气

(80)õ õ kio 大声哭的声音

(81)om om kio 话音的回声

(5) AA叫低短调式[1 1 31]

(82)pok pok kio 鼓掌声;远处的枪声;形容头疼

(83)tuʔ tuʔ kio 不顺心时的嘟囔声

(84)top top kio 形容悄悄儿地来

(85)liʔ liʔ kio 形容疼得哇哇直叫

(86)lauʔ lauʔ kio 穿皮拖鞋走路声

(87)liauʔ liauʔ kio 穿木屐走路声

(88)lop lop kio 煮食物锅开了的声音;老鼠拱米桶盖的声音

(89)nõʔ nõʔ kio 醉汉说话声;形容说话无条理,别人听不清楚

(90)tsiʔ tsiʔ kio 形容想说话又说不出来的样子

(91)tsuʔ tsuʔ kio 小声说话声

⑫tsop tsop kio 穿着雨鞋,鞋里进水时的走路声

⑬ts'õʔ ts'õʔ kio 形容慌忙,不沉着

⑭suʔ suʔ kio 叽叽咕咕小声说话声;形容辣得或冻得嘴出声

⑮sop sop kio 切嫩萝卜声;嚼酥糖声

⑯siak siak kio 形容头疼或事情伤脑筋

⑰kauʔ kauʔ kio 消化不良肚子咕噜声

⑱kop kop kio 煮食物锅开了的声音;形容悄悄儿地来

⑲kok kok kio 母鸡的叫声

⑳k'ŋʔ k'ŋʔ kio 流鼻涕时鼻子急促一吸一顿的声音;形容骄傲

㉑k'iak k'iak kio 用手指弹实心儿萝卜发出的声音;打小鼓声

㉒ŋãuʔ ŋãuʔ kio 不服气或不乐意时的嘟囔声

㉓haʔ haʔ kio 笑声

㉔hoʔ hoʔ kio 形容高兴

㉕hẽʔ hẽʔ kio 形容夸耀

㉖hãuʔ hãuʔ kio 嚼食物声

㉗hmʔ hmʔ kio 干活儿使劲儿时鼻腔和口腔发出的喘息声

㉘hŋʔ hŋʔ kio 小孩有病呻吟

㉙hop hop kio 穿皮鞋走路声

⑩uʔ uʔ kio 猪叫声;形容语音含混不清,多指不在意

⑪õʔ õʔ kio 公鸡的叫声,又读高短调式

⑫mʔ mʔ kio 形容听见有人叫,爱答不理

⑬ap ap kio 鸭子的叫声

⑭op op kio 青蛙的叫声;形容脉搏跳动

⑮ip ip kio 形容伤口隐隐作痛

⑯uak uak kio 形容伤口疼得厉害

(6) AA 叫高短调式[5 5 31]

⑰mẽʔ mẽʔ kio 羊叫声

⑱liauʔ liauʔ kio 穿木屐走路声

⑲tsuʔ tsuʔ kio 老鼠的叫声

⑳tsiauʔ tsiauʔ kio 小鸡的叫声

㉑ts'iuʔ ts'iuʔ kio 因感冒鼻子引起吸溜声

⑫keʔ keʔ kio 母鸡下蛋后的叫声

⑫kiuʔ kiuʔ kio 用手摩擦桌子的摩擦声

⑫ŋẽʔ ŋẽʔ kio 形容不满意大声嚷

⑫õʔ õʔ kio 公鸡的叫声

⑫ãiʔ ãiʔ kio 开门推门声

㈤IA 叫 共 25 例。见于本式的声母有[p pʻ m t tʻ n l ts tsʻ s k kʻ ŋ h ∅]等 15 个,韵母见于 I 的是 I 类韵母[i iʔ ĩ ĩʔ iŋ ik]等 6 个,见于 A 的有[a e o u iau ã om oʔ uʔ ua ãʔ õʔ ãuʔ op ap iap ok iak]等 18 个。

(1) IA 叫高平调式[55 55 31]

⑫tsi tsiau kio 杂乱的说话声

⑫kʻi kʻe kio 盆儿碗儿磕碰声

⑫hi he kio 形容吓得直叫

(2) IA 叫低降调式[31 31 31]

⑬pʻi pʻu kio 骂人声

⑬li lo kio 形容口齿不清

⑬li lom kio 水晃荡声

(3) IA 叫低平调式[11 11 31]

⑬liŋ lom kio 重物落地声;物体碰撞声

⑬tsi tsa kio 炒菜声

⑬kʻi kʻa kio 笑声,多指女子或小孩的笑声

⑬kʻiŋ kʻom kio 大声咳嗽声

⑬ŋĩ ŋã kio 大声说话声

(4) IA 叫低短调式[1 1 31]

⑬piʔ puʔ kio 放屁声

⑬mĩʔ mõʔ kio 指外地人讲外地话的语音

⑭tiʔ tiak kio 打算盘声

⑭tik tok kio 钟摆的摆动声

⑭tʻiʔ tʻuʔ kio 喉咙多痰时的喘气声

⑭nĩʔ nõʔ kio 醉汉说话声;形容说话无条理,别人听不清楚

⑭nĩʔ niap kio 不服气或不乐意时的嘟囔声

⑭tsʻiʔ tsʻoʔ kio 形容匆匆忙忙

⑭6si? sua? kio 失眠时翻来覆去的声音;深夜屋里有动静的声音

⑭7ki? ku? kio 心里不乐意时嘀嘀咕咕声

⑭8ŋĩ? ŋã? kio 不服气或不乐意时的嘟囔声

⑭9hĩ? hãu? kio 嚼食物声

⑮0hik hop kio 形容急急忙忙

⑮1ĩ? ãp kio 物体受挤声

（六）IA₁A₂ 叫　共57例。本式的声母见于 IA₁ 的有[p pʻ m t tʻ tsʻ s k kʻ ŋ ∅]等13个,见于 A₂ 的只有[l n]两个声母,即"L类声母",韵母见于 I 的是 I 类韵母 [i i? ĩ ĩ? iŋ ik]等6个,见于 A₁A₂ 的有[a e u iau ã uãi om aŋ oŋ e? o? u? ua? au? iau? ẽ? õ? ãu? uãi op iap õp iãp ak ok iak]等26个,特例⑰是[ãi]韵。

（1）IA₁A₂ 叫高平调式[55 55 55 31]

⑮2tsi tse le kio 炒菜声

⑮3tsi tsu lu kio 老鼠的叫声

⑮4tsi tsiau liau kio 杂乱的说话声

⑮5ki ke le kio 形容说话鲁莽

⑮6ki kiau liau kio 杂乱的说话声

⑮7hi he le kio 打碎瓷器声;形容说话鲁莽;形容吓得直叫

⑮8ĩ uãi nuãi kio 开门推门声;踏水车声

（2）IA₁A₂ 叫低降调式[31 31 31 31]

⑮9ti ta la kio 说笑声;幼儿学语声

⑯0kʻi kʻa la kio 指女子或小孩的笑声

（3）IA₁A₂ 叫低平调式[11 11 11 31]

⑯1pi paŋ laŋ kio 鞭炮声或指举止不文雅

⑯2piŋ paŋ laŋ kio 义同上

⑯3pʻiŋ pʻoŋ loŋ kio 义同上

⑯4mĩ mã nã kio 大声说话声或乱嚷声

⑯5mĩ mã la kio 义同上

⑯6tʻi tʻom lom kio 游艇发动机的响声

⑯7si sa la kio 小雨声

⑯8si su lu kio 撒尿撒在尿桶上的声音

⑯9ki ku lu kio 鸽子的叫声;消化不良肚子咕噜声

⑰⓪kʻi kʻu lu kio 喉咙多痰时的喘气声

⑰①kʻi kʻai nãi kio 敲锣声

⑰②kʻi kʻom lom kio 义同上

⑰③hi ha la kio 大雨声

⑰④hi hom lom kio 刮大风的声音；喧哗声

（4）IA₁A₂ 叫低短调式 [1 1 1 31]

⑰⑤piʔ puʔ luʔ kio 放屁声

⑰⑥piʔ piak liak kio 枪声；东西爆裂声

⑰⑦pik pak lak kio 义同上

⑰⑧pʻik pʻak lak kio 用巴掌打蚊子的声音

⑰⑨pʻik pʻok lok kio 风吹动窗户纸的声音

⑱⓪tiʔ tuʔ luʔ kio 不满意时的嘟囔声

⑱①tiʔ tiauʔ liauʔ kio 铁锅烧干时发出的声音；打算盘声；形容口齿伶俐

⑱②tiʔ top lop kio 滴水声

⑱③tik tok lok kio 钟摆的摆动声

⑱④tik tiak liak kio 打算盘声

⑱⑤tʻiʔ tʻuʔ luʔ kio 喉咙痰多时的喘气声

⑱⑥tʻiʔ tʻuaʔ lauʔ kio 修理枪支扳动枪机声

⑱⑦tsiʔ tsuʔ luʔ kio 小声说话声

⑱⑧tsiʔ tsiauʔ liauʔ kio 小鸡的叫声；深夜时走动的脚步声

⑱⑨tsiʔ tsiap liap kio 嚼食物的声音，多指食物含有胶质

⑲⓪tsʻiʔ tsʻoʔ loʔ kio 形容匆匆忙忙

⑲①tsʻiʔ tsʻõʔ nõʔ kio 形容做事忙无头绪；又指说话没有条理

⑲②siʔ suaʔ luaʔ kio 失眠时翻来覆去的声音；深夜屋里有动静的声音

⑲③sik siak liak kio 刮硬东西的声音；形容事情伤脑筋

⑲④kiʔ kuʔ luʔ kio 形容打嗝儿；形容心里不乐意嘀嘀咕咕

⑲⑤kiʔ kauʔ lauʔ kio 嘀嘀咕咕；消化不良肚子咕噜声；形容泔水等变质

⑲⑥kʻiʔ kʻeʔ leʔ kio 笑声

⑲⑦kʻiʔ kʻuʔ luʔ kio 喉咙痰多时的喘气声

⑲⑧kʻiʔ kʻiak liak kio 铁锤击物声；穿木屐走路声

⑲⑨kʻik kʻiak liak kio 义同上

⑳k'ik k'ak lak kio 咳嗽吐痰声

㉑ŋĩʔ ŋãuʔ nãuʔ kio 不服气或不乐意时嘟囔声

㉒hiʔ huʔ luʔ kio 形容匆匆忙忙

㉓hiʔ hop lop kio 砸东西的声音；形容匆匆忙忙

㉔hĩʔ hẽʔ nẽʔ kio 吓得心怦怦跳；形容骄傲自满

㉕hĩʔ huãiʔ nuãiʔ kio 老鼠啃东西的声音；形容小孩好动贪玩

㉖hĩʔ hŏp nŏp kio 嚼脆的食物声；老鼠啃东西的声音

㉗ĩʔ ãuʔ nãuʔ kio 不服气或不乐意时嘟囔声

㉘ĩʔ ãp nãp kio 物体受挤声

象声词变声重叠式"IIAA"只有个别例子:[p'iʔ˩] (p'iʔ>) liʔ˩ p'ok˩ (p'ok>) lok˩](形容鞭炮声),不妨认为这是"IIAA 叫"式的省略。因仅此一例,就不另立一种格式了。

2.3 上述各种格式的象声词在词义上都有差别。比如："A 下叫"表示声音只响了一次,而且响声单一不杂。"IA₁A₂ 叫"表示声音响了多次,是持续性的声响而且响声比较杂。"IA 叫"和"AA 叫"都表示声音只响了两三次,但两者在词义上稍有不同,"IA 叫"表示前后响声不相同,至少有点异样。"AA 叫"表示前后响声一样,或者非常接近。

变声重叠式"IA₁A₂ 叫"和不变声重叠式"A₁A₂ 叫"里的 A₁ 有少数是相同的。所谓"相同"是说语音形式和意义都一样,或者语音形式一样,意义基本一样. 如例㉒和例⑯,A₁ 都是[t'om˩],意义都是形容游艇发动机的响声。又如:例㊺和例⑭,两者 A₁ 都是[tsiau˥],意义基本一样,而且例⑭和例⑰意义基本上也一样,只是例⑭比例⑰杂乱的说话声音更杂乱一点。在可供比较的少数例子中,有的 A₁ 语音形式相同,但意义只是部分相同。如:例㊼[he˥ he˥ kio˩]和例⑮[hi˥ he˥ le˥ kio˩],A₁ 也相同,但例⑮有三个义项,只有一个义项"形容吓得直叫"和例㊼及例⑫[hi˥ he˥ kio˩]的意义相同。

变声重叠式"IA₁A₂ 叫"里的 A₁A₂ 没有能独立的,即没有前头不带 I,后头不带"叫"的 A₁A₂ 的例子。"IA 叫、A₁A₂ 叫"里的 A 和 A₁ 也都不能单独作为象声词使用。但"IA₁A₂ 叫、IA 叫、A₁A₂ 叫"里的 A₁ 和 A 个别例子可以做构词成分和句子成分。如例㉘里的[pok˩]也可作为例⑫双音词里的宾语性构词成分。例⑫"拍□"[p'a˩]「pok˩]是鼓掌的意思,[pok˩]是模拟掌声,和例㉘里的[pok˩]显然同一个象声字。又如:"嫒散□"[mãi˩˥ suã˩˥ p'ui˩]是提示对方不要随地吐痰,其中

[pʻui˨]和例⑬[pʻui˨˧ nuã˨](吐痰)及例㊾[pʻui˨ pʻui˨ kio˨](吐痰声)里的[pʻui˨]都同出一源。

2.4 潮阳话鼻音韵丰富,象声词亦然。在潮阳话象声词55个韵母里,鼻音韵有22个,占五分之二。基本形式A是鼻音韵的象声词例子很多,按固定型后三种格式作统计:

  a. 在"AA叫"里有例㊶㊻㊽㊾㊿58 60 61 77 80 89 93 100 102 105 106 107 108 111 112 117 124 125 126等24例。

  b. 在"IA叫"里有例137 139 143 144 148 149和151等7例。

  c. 在"I A₁A₂叫"里有例153 164 191 201和204—208等9例。

三项共计40例,占象声词这三种格式总数174例的四分之一弱,可见象声词是鼻音韵的,为数真不少。例165[mĩ˨ mã˨ la kio˨]是例164[mĩ˨ mã˨ nã˨ kio˨]的又一说法,即A₂的声母[l n]两可。A₁是鼻音韵,A₂是口音韵,而且声母读[l]的仅此一例,可作为例外。例170是特例,也不统计在内。

  如上所举,潮阳话这六种固定型象声词,无论三音词四音词,一个音节连着一个音节,一口气顺着说出来,完全融合在自成一体的拟音声里,巧妙结合,内容充实,声情并茂,恰到好处。这些实例无论模拟也好,虚拟也好,不仅字音清晰,节奏明朗,腔调动听,妙趣横生,而且都具有宏大的音量和一定的韵味,很多例子都呈现出独特的地方风采,乡土味较浓。各种象声词所模拟的声响,具体地展现了形形色色的声音,绝大多数十分逼真。总而言之,这些象声词不论哪种格式,都具有较强的听觉感染力,大多能达到拟声神似,寓意贴切的效果。

叁 潮阳话象声词的语音特点

  下面从六个方面讨论"AA叫、IA叫、I A₁A₂叫"这三种格式声韵调的特点及其相互关系。

  3.1 象声词"AA叫、IA叫、I A₁A₂叫"三种格式的综合比较。

  潮阳话象声词格式繁多,但以"AA叫"(92例)、"IA叫"(25例)、"I A₁A₂叫"(57例)三种格式为主,将近占象声词总数208个例子的84%,是象声词的主流。

  "AA叫"式和"IA叫"式不变声,"I A₁A₂叫"式变声。"AA叫"式不变韵,"IA叫"式和"I A₁A₂叫"式变韵。I表示韵母的元音,不论口元音鼻元音,都只限于前高不圆唇元音。

"AA叫"式的语音特点是A_1A_2两字同音，A_2不变声。见例㉟—⑫㉖。

"IA叫"式的语音特点是IA声调相同，声母相同，韵母不同。根据我们调查的材料，I还没有拿[b z g]做声母的。I类韵母只限于[i iʔ ĩ ĩʔ iŋ ik]等六韵，A的韵母则是除此六韵之外的其他韵母。见例⑫⑦—⑮①。

"IA_1A_2叫"式的语音特点是IAA三字声调相同，因此三个字的韵母要么都是舒声韵，要么都是入声韵。IA_1声母相同，韵母不同。I的声母不能是[l]或[n]，也没有拿[b z g]做声母的。I类韵母只限于[i iʔ ĩ ĩʔ iŋ ik]等六韵，A的韵母无论A_1A_2，则是除此六韵之外的其他韵母。A_1A_2韵母相同，声母不同，A_2变为L类声母，A_1的元音是口音，A_2的声母变为[l]，A_1的元音是鼻音，A_2的声母变为[n]。见例⑮②—㉒⑧。

"IA叫、IA_1A_2叫"两式也可以改名为"A^IA叫、A^IAA^L叫"。A为基本形式。I或A^I暗示韵母限于前高元音，即I类韵母[i iʔ ĩ ĩʔ iŋ ik]等六韵。A_2或A^L限于L类声母，即[l n]两个声母。现在举例比较一下：

AA叫	基本形式重叠式	例㊱tuʔ˧ tuʔ˧ kio˨
IA叫 = A^IA叫	前变韵重叠式	例⑭②tʻiʔ˧ tʻuʔ˧ kio˨
IA_1A_2叫 = A^IAA^L叫	前变韵后变声重叠式	例⑱⑤tʻiʔ˧ tʻuʔ˧ luʔ˧ kio˨

不过为方便起见，本文还是采用原来的写法。下面把"IA_1A_2叫"简称为变声重叠式，这是因为在几种象声词重叠式里，只有A_2能变声。

在"IA叫、IA_1A_2叫"例词的标音上，可以有隐性标音和显性标音两种不同的标音法。所谓隐性标音，是指只表示表层语音结构，音变不用音标符号来标明而是暗含着的。所谓显性标音，是指表示深层语音结构，音变是用音标符号直接标明的。现在以"IA_1A_2叫"I类[i iʔ ĩ ĩʔ iŋ ik]等六韵为序，依次举例将隐性标音和显性标音对比如下：

	隐性标音	显性标音
i	例⑮②tsi˥ tse˥ le˥ kio˨	tsi˥(＜tse˥) tse˥ (tse˥＞)le˥ kio˨
iʔ	例⑲⑥kʻiʔ˨ kʻeʔ˨ leʔ˨ kio˨	kʻiʔ˨(＜kʻeʔ˨) kʻeʔ˨ (kʻeʔ˨＞)leʔ˨ kio˨
ĩ	例⑮⑨ĩ˥ uãĩ˥ nuãĩ˥ kio˨	ĩ˥(＜uãĩ˥) uãĩ˥ (uãĩ˥＞)nuãĩ˥ kio˨
ĩʔ	例⑳⑧ĩʔ˨ ãp˨ nãp˨ kio˨	ĩʔ˨(＜ãp˨) ãp˨ (ãp˨＞)nãp˨ kio˨
iŋ	例⑯②piŋ˨ paŋ˨ laŋ˨ kio˨	piŋ˨(＜paŋ˨) paŋ˨ (paŋ˨＞)laŋ˨ kio˨
ik	例⑰⑦pik˨ pak˨ lak˨ kio˨	pik˨(＜pak˨) pak˨ (pak˨＞)lak˨ kio˨

上节采用的都是隐性标音法。

3.2 象声词变声重叠式"IA₁A₂叫"里的 A₂ 变为 L 类声母[l/n]，也见于非象声词两字变声重叠式"A₁A₂J、A₁A₂Q、A₁A₂L"（J:结果补语；Q:趋向补语；L:量词或数量词）里的 A₂，和四字变声重叠式"A₁A₂A₃A₄"（A:动词或形容词,形容词较少见）里的 A₂、A₄。例如：

A₁A₂J: 舒舒直 tsʻu˧ (tsʻu˧ >) lu˧ tik˨ 铺平

　　　剜剜掉 uãi˧ (uãi˧ >) nuãi˧ tiau˩ 用刀子等挖掉

A₁A₂Q: 泅泅去 siu˥ (siu˧ >) liu˧ kʻu˩˨ 游走了

　　　关关去 kuẽ˧ (kuẽ˧ >) nuẽ˧ kʻu˩˨ 关上

A₁A₂L: 拍拍下 pʻaʔ˥ (pʻaʔ˧ >) laʔ˩ e˧ 打一下

　　　呾呾两句 tã˥ (tã˧ >) nã˧ nõ˩˨ ku˩˨ 说几句

A₁A₂A₃A₄: 笑笑笑笑 tsʻio˥ (tsʻio˧ >) lio˧ tsʻio˥ (tsʻio˧ >) lio˧ 形容正在笑

　　　行行行行 kiã˥ (kiã˥ >) niã˥ kiã˥ (kiã˥ >) niã˥ 形容正走着

在潮阳话里，无论是象声词变声重叠式还是非象声词变声重叠式，都贯穿着 A₂（重叠的后字，在四字变声重叠式里还有 A₄）声母变为 L 类声母的这一变声规律。（参看张盛裕,1979）

3.3 "AA 叫、IA 叫、IA₁A₂ 叫"三种象声词声母所受限制的比较。

在"IA₁A₂ 叫"这一格式里，A₂ 要变为 L 类声母，下文再讨论，不列入表一内。在"AA 叫、IA 叫、IA₁A₂ 叫"三种格式里，AA、IA 或 IA₁ 都是声母相同（双声），但三种格式各声母的出现频率不同。看表一：

表一　潮阳象声词 AA、IA、IA₁ 声母出现频率比较表

	p	pʻ	b	m	t	tʻ	l	n	ts	tsʻ	s	z	k	kʻ	ŋ	h	∅
AA 叫 92 例	2	3	1	1	4	3	7	1	8	5	1	1	12	6	4	19	13
IA 叫 25 例	1	1		1	2		3	2	2	1	1		1	3	2	3	1
IA₁A₂ 叫 57 例	5	3		2	6	3		6	2	4			5	9	1	8	3
共 174 例	8	7	1	4	12	6	10	3	16	10	2	1	18	16	7	30	17

如表一所示，"AA 叫"式声母最全，17 个声母都出现了，其中以[k h]声母和零声母[∅]最为活跃，三者出现次数相加，占该式所有声母出现总数的二分之一弱。[m n]和[b z]声母最少，各出现一次。[b z]两个声母也只在"AA 叫"式里才有。

"IA 叫"式声母有所限制，没有[b z]声母，但有[l n]声母。

"IA₁A₂ 叫"式的声母也有限制，与"IA 叫"式一样，未见出现[b z]声母。而且，

因 A_2 声母变为 L 类声母，I 和 A_1 均无[l n]声母。

拿"IA 叫"式和"IA_1A_2 叫"式相比，"IA 叫"式有[l n]声母，IA_1 没有[l n]声母，"IA_1A_2 叫"式里的 A_2 的声母要变为 L 类声母。可见，两者语音结构虽有一定联系，但[l n]声母出现的位置和配合关系有明显差别。据此，不能笼统认为"IA 叫"式是"IA_1A_2 叫"式的省略式。

3.4 "IA 叫、IA_1A_2 叫"里 I 类六韵和 A 九类韵的对应关系及韵母的分布。

潮阳话的韵母如按是口音还是鼻音，有无辅音韵尾，可以分成以下九类：(子)口音+∅(∅表示辅音韵尾为零，即没有辅音韵尾)，(丑)鼻音+∅，(寅)口音+m，(卯)口音+ŋ，(辰)口音+ʔ，(巳)口音+p，(午)鼻音+ʔ，(未)鼻音+p，(申)口音+k。如按主要元音是否单元音[i]或[ĩ]，以上九类可以各分成两小类，就是"I 类"跟"非 I 类"。可能出现的九个 I 类韵见表二。在"IA 叫、IA_1A_2 叫"这两种象声词里，A、A_1 是象声词的基本字，I 表示 A 的韵母变为 I 类韵母，A_2 表示 A_1 的声母变为 L 类声母。L 类声母下文 3.5 节再讨论，现在先说 I 类韵母。

表二 可能出现的 I 类韵母表（星号"*"表示该韵母未见出现）

口音+∅	鼻音+∅	口音+ʔ	鼻音+ʔ	口音+ŋ	口音+k	口音+m	口音+p	鼻音+p
i	ĩ	iʔ	ĩʔ	iŋ	ik	*im	*ip	*ĩp

从理论上说，可能出现的 I 类韵是九个，但[im ip ĩp]不见于"变 I 韵"，所以 I 类韵实际上只有[i ĩ iʔ ĩʔ iŋ ik]六韵。在"IA 叫、IA_1A_2 叫"里，基本字 A、A_1 也都没有[im ip ĩp]三韵。[ip]韵只见于"AA 叫"式，而且只有⑮一例。

I 类韵母和基本形式 A 类韵母互相配合，相辅而成，关系密不可分。请看表三和表四。

"IA_1A_2 叫"式 A_1A_2 韵母相同，为简明起见，表三和表四都不分 A_1A_2，统一写做 AA。A 是鼻音+∅，I 是[i]韵的，只有⑰kʻi˩ kʻãi˩ nãi˩ kio˧(敲锣声)一例，这可能跟 I 和 A_1 的声母是[kʻ]有关，可以为特例，不收入这两个表中。

表三 潮阳象声词"IA 叫、IAA 叫"两式 I 类韵和 A 类韵韵母配合表

			A 为舒声韵			A 为入声韵		
			i	ĩ	iŋ	iʔ	ĩʔ	ik
I 类六韵								
	(子)	口音+∅	+	−	−	−	−	−
	(丑)	鼻音+∅	−	+	−	−	−	−
	(寅)	口音+m	−	−	+	−	−	−
A 类九韵	(卯)	口音+ŋ	−	−	−	−	−	−
	(辰)	口音+ʔ	−	−	−	+	−	−

（巳）	口音+p	-	-	-	+	-	+
（午 未）	鼻音+ʔ 或 p	-	-	-	-	+	-
（申）	口音+k	-	-	-	+	-	+

注 "+"表示 I 类韵和 A 类韵能互相配合，"-"表示不能互相配合。

表四 潮阳象声词"IA 叫、IAA 叫"两式 I 类韵和 A 类韵的韵母对应及分布表

I 类韵母	（甲）"IA 叫"式 A 的韵母	（乙）"IAA 叫"式 AA 的韵母	A 类韵母
i	a₂ e₂ o₁ u₁ iau₁	a₄ e₃ u₄ iau₂	口音+∅
i	om₁	om₃	口音+m
i		aŋ₁	口音+ŋ
iʔ	oʔ₁ uʔ₃ uaʔ₁	eʔ₁ oʔ₁ u₇ uaʔ₂ auʔ₁ iauʔ₂	口音+ʔ
iʔ		op₂ iap₁	口音+p
iʔ	iak₁	iak₂	口音+k
ĩ	ã₁	ã₂ uãi₁	鼻音+∅
ĩʔ	õʔ₂ ãʔ₁ ãuʔ₁	ẽʔ₁ õʔ₁ ãuʔ₂ uãiʔ₁	鼻音+ʔ
ĩʔ	ãp₁ iãp₁	õp₁ ãp₁	鼻音+p
iŋ	om₂		口音+m
iŋ		aŋ₁ oŋ₁	口音+ŋ
ik	op₁		口音+p
ik	ok₁	ak₃ ok₂ iak₃	口音+k

表四（甲）和（乙）下韵母后的数字是例子数。其中（甲）25 例，舒声 7 韵，入声 11 韵；（乙）56 例，舒声 9 韵，入声 17 韵。下面略加说明：

（1）A 是"口音+∅"，I 是[i]的见"IA 叫"⑭⑮⑱⑲㉛㉚㉗7 例，"IAA 叫"⑮⑯⑯⑰⑮⑮⑮⑯⑮⑯⑮⑮⑮13 例，两式共计 20 例都是舒声韵。

（2）A 是"口音+m"，I 是[i]4 例，其中"IA 叫"⑱1 例，"IAA 叫"⑯⑰⑰3 例；I 是[iŋ]有⑬⑬两例，都是"IA 叫"式。

（3）A 是"口音+ŋ"，I 是[i]的仅有"IAA 叫"⑯1 例；I 是[iŋ]的也只有"IAA 叫"⑯和⑯两例。这三个例子词义相同，都是形容鞭炮声或指举止不文雅，语音结构上差别在于 A 是[aŋ]，I 作[i iŋ]两可（⑯⑯，I 可[i iŋ]两韵互换的别无他例），A 是[oŋ]韵，I 仅限于[iŋ]韵（例⑯，仅此一例）。

（4）A 是"口音+ʔ"，I 是[iʔ]的见"IA 叫"⑭⑬⑭⑭⑭5 例，"IAA 叫"⑯⑯⑰⑱⑱⑱⑰⑲⑳⑱⑲⑮⑱⑱14 例，两式共计 19 例都是入声韵。

（5）A 是"口音+p"，I 是[iʔ]有"IAA 叫"⑱⑳⑲3 例；I 是[ik]韵仅"IA 叫"式⑮1 例。

（6）A 是"口音+k"，I 是[iʔ]有"IA 叫"⑭1 例，"IAA 叫"⑰⑲两例；I 是[ik]

"IAA 叫"式有⑰⑱⑳⑲⑱⑭⑲⑱8 例,"IA 叫"只有⑭1 例。

(7) A 是"鼻音+ø",I 是[ĩ],"IAA 叫"有⑯⑯⑮3 例,"IA 叫"只有⑰1 例。

(8) A 是"鼻音+ʔ",I 是[ĩʔ]有"IA 叫"⑲⑭⑭⑭4 例,"IAA 叫"⑳⑲⑳⑳⑳5 例。

(9) A 是"鼻音+p",I 是[ĩʔ],"IA 叫"有⑮⑭两例,"IAA 叫"有⑳⑳两例。

在 I 类韵母里[i iʔ]两韵最发达,使用频率最高,其次是[ĩʔ ik],使用频率最低的是[ĩ iŋ]两韵,对比如下:

表五 "IA 叫、IA₁A₂ 叫"里 I 类六韵使用频率比较表

	i	iʔ	ĩ	ĩʔ	iŋ	ik
IA 叫	8	6	1	6	2	2
IA₁A₂ 叫	17	19	3	7	2	8

"IA₁A₂ 叫"里 I 类韵母的统计数字不包括特例⑰。

象声词重叠式 A 类韵的基本形式,在不同格式里与 I 类韵的配合关系不见得都相同。比如在"IA 叫"里,A 的韵母收[m]尾时,I 的韵母既可以是[i],也可以是[iŋ],如例⑫[li˩ lom˩ kio˩],⑬[kʻiŋ˩ kʻom˩ kio˩]。但在"IA₁A₂ 叫"里,A₁ 的韵母收[m]尾时,I 的韵母只见[i],未见[iŋ],如例⑯[tʻi˩ tʻom˩ lom˩ kio˩],⑰[kʻi˩ kʻom˩ lom˩ kio˩],⑭[hi˩ hom˩ lom˩ kio˩]。

3.5 "AA 叫、IA 叫、IA₁A₂ 叫"三种象声词调式出现频率的比较。

在"AA 叫、IA 叫、IA₁A₂ 叫"三种格式里,AA 声调相同,IA 声调相同,IA₁A₂ 声调也相同,其声调有一致性(声调涵指舒声韵或者入声韵之别)。潮阳话象声词常用的是高平调[˥]55、低降调[˩]31、低平调[˨]11 三个舒声调,和低短调[ʔ˩]1,高短调[ʔ˥]5 两个促声调(末尾"叫"字一律读低降调[˩]31)。

表六 "AA 叫、IA 叫、IA₁A₂ 叫"三种格式调式出现频率比较表

					AA 叫	IA 叫	IA₁A₂ 叫	小计
中平调式	[33	33	(33)	31]	2			2
高平调式	[55	55	(55)	31]	12	3	7	22
低降调式	[31	31	(31)	31]	10	3	2	15
低平调式	[11	11	(11)	31]	23	5	14	42
低短调式	[1	1	(1)	31]	35	14	34	83
高短调式	[5	5	(5)	31]	10			10
合计					92	25	57	174

我们可以按"叫"字之前连调的高低舒促来区分调式。共有中平[˧]33、高平[˥]55、低降[˩]31、低平[˨]11、低短[˩]1、高短[˥]5 等六种调式。中平调式和高短

调式是"AA 叫"的专用调式,但中平调式仅有㉟㊱两例。"IA 叫、IA₁A₂ 叫"两种象声词在六种调式中只出现高平、低降、低平和低短四种调式。其中低降调式所有音节都读[↘]31 调,"IA₁A₂ 叫"只有⑮⑯两例,而"IA 叫"也不过⑬⓪—⑬㉜三例。

在这三种象声词里,无论哪种格式,都以低短调式出现的频率最高,将近占总数的一半。由此可知,在象声词里,入声韵显然要比舒声韵出现的几率高。

3.6 "IA₁A₂ 叫"式构词成分语音结构的相互制约。

下面进一步讨论"IA₁A₂ 叫"里有关声母韵母的相互关系。先看两组例子:

例⑲ tsʻiʔ↓ tsʻoʔ↓ loʔ↓ kio↘ ≠ 例⑲ tsʻĩʔ↓ tsʻõʔ↓ nõʔ↓ kio↘

例㉓ hiʔ↓ hop↓ lop↓ kio↘ ≠ 例㉖ hĩʔ↓ hõp↓ nõp↓ kio↘

例⑲和㉓都是口音声母拼口音韵,A₁是口音韵,A₂的声母就变为 L 类声母的[l],I 类韵母就是[iʔ]。例⑲和㉖都是鼻音韵,A₁是鼻音韵,A₂的声母则变为 L 类声母的[n],I 类韵母则是[ĩʔ]。A₁A₂韵母与A₂L 类声母及 I 类韵母的对应关系,请参看表七。

表七 "IA₁A₂ 叫"里 A 韵母与 A₂L 类声母及 I 类韵母对应关系表

I 类韵母　　　　　[i]17例 [iʔ]19例 [iŋ]2例 [ik]8例　　[ĩ]2例 [ĩʔ]7例
A₁A₂韵母相同　　　　　　　口音韵　　　　　　　　　　鼻音韵
A₂L 类声母　　　　　　　　　[l]　　　　　　　　　　　　[n]

在"AA 叫、IA 叫、IA₁A₂ 叫"三种格式里,A 的鼻音韵与声母的拼合有一定限制。A 的鼻音韵只和[m n ŋ tʻ tsʻ kʻ h ø]等八个声母相拼,其拼合关系见表八。

表八　潮阳话象声词 A、A₁的鼻音韵与声母的拼合关系表

	m	n	ŋ	tʻ	tsʻ	kʻ	h	ø	小计
AA 叫	1	1	3	2	2	1	9	5	24
IA 叫	1	2	2				1	1	7
IA₁A₂ 叫	1		1		1		3	3	9
合计	3	3	6	2	3	1	13	9	40

凡鼻音韵"AA 叫"的 A 和八个声母都可以相拼,"IA 叫"的 A 只拼[m n ŋ h ø]五个声母,"IA₁A₂ 叫"的 A₁也只拼[m ŋ tsʻ h ø]五个声母。"IA₁A₂ 叫"和"IA 叫"的显著差别是前者的 A₁ 不拼[n],后者的 A 可以拼[n]。这是不认为"IA 叫"是"IA₁A₂ 叫"省略式的主要依据。

潮阳话象声词与非象声词声母韵母的拼合关系有所不同。以[mʔ ŋʔ]两个韵为例。[mʔ]韵非象声词只拼[h]声母,象声词既可拼[h]声母(例⑩),也可拼零声母[ø](例⑫),而且只在"AA 叫"式里才有[mʔ]韵。而[ŋʔ]韵非象声词可拼零声母

[∅]和[t h]声母,象声词只拼[k·h]声母(例⑩和例⑱),而且只见于"AA叫"里的重叠成分。

各类象声词由于格式不同,声母韵母的拼合关系也有不同。"IA叫"里的I和A声母可以是[l]和[n],如例㉝[li↓ lo↓ kio↓],㉜[li↓ lom↓ kio↓],㊸[nĩʔ↓ nõʔ↓ kio↓],㊹[nĩʔ↓ niăp↓ kio↓]。但在"IA₁A₂叫"里绝没有[li↓ lo↓ lo↓ kio↓],[li↓ lom↓ lom↓ kio↓],[nĩʔ↓ nõʔ↓ nõʔ↓ kio↓],[nĩʔ↓ niăp↓ niăp↓ kio]之类。

这是因为"IA叫"格式的语音特点之一是声母相同。而"IA₁A₂叫"这一格式的语音特点之一虽然是IA₁声母相同,但"IA₁A₂叫"语音的内部结构是A₁与A₂声母不同,A₂的声母变为L类声母[l/n]。既然A₂的声母变为[l/n],A₁就不可能再出现与A₂相同的声母了。照此类推,在"IA₁A₂叫"里,I的声母自然也不可能出现L类声母。

我们可以进一步分析其中各种构词成分语音结构的关系。首先,A₁是基本形式老读本音,声韵调保持不变,是"IA₁A₂叫"整个格式的核心。I的韵母受A₁韵母的制约,只限于[i iʔ ĩ ĩʔ iŋ ik]等六韵。A₂声母受A₁韵母是元音还是鼻音的制约,只能变为L类声母。A₁的元音是口音,A₂的声母为[l],A₁的元音是鼻音,A₂的声母则为[n]。同时A₂的声母又反过来制约A₁的声母,使A₁无[l n]声母。其次,I的声母与A₁的声母相互呼应,则间接受A₂L类声母的牵制,也不可能有[l n]声母。I也辅助A₁用[i iʔ iŋ ik]对应A₂[l],用[ĩ ĩʔ]对应A₂[n],分别加强对A₂L类声母的牵制作用。无论声韵母变不变,受不受限制,声调一律不变。总而言之,IA₁A₂三者都已发挥出各自所处位置的作用,从而使"IA₁A₂叫"一起组成一个"双声"(I与A₁声母相同,韵母不同)"叠韵"(A₂与A₁韵母相同,声母不同)式的格式,韵律鲜明,形成一个紧密的有机整体。这就是象声词变声重叠式"IA₁A₂叫"语音结构的妙处。

肆　余论

关于象声词的历史渊源,黄侃先生在《声韵略说》中曾说过一段精辟的话,特摘录于下:"字音之起原,约分二类:一曰,表情感之音;二曰,拟物形、肖物声之音……。音之肖物声者,节节足足,肖鸟声也;譆譆,肖火声也;鼞鼞,肖鼓声也;圀圀,肖鸡声也;凄凄潇潇,风雨声也;玎玎铮铮,金玉声也。乃至丰隆以肖雷,咆哮以肖虎,镗鎝以肖钟;丁宁以肖钲;砰磅訇磕以肖水之流,毗刘暴乐以肖叶之落。此皆借人音以写物,而物名物义,往往傅焉。今试翻字书,肖声之字,触目皆是;间尝辑录以为一编,其字

之多,殆不下一千也。"(黄侃,1908)

如上文所述,潮阳话象声词变声重叠式的 I 类韵变和 L 类声变等音变规律,在语音系统里与其他音变规律一样,同等重要,而且关系非常密切,实在是潮阳话整个语音系统不可分割的有机部分。象声词的语音结构,显然蕴涵着并反映出语音系统内部某类音变的契机。这类音变融合在语词里,其构词成分往往带有彼此联系相互制约的性质,而且具有一定的共性。通过对象声词的透析,可以触类旁通,了解到与其他重叠式相关的音变规律,是一脉相通,相辅相成。由此可见,要深入研究某个方言的语音系统,最好也调查调查象声词,看做是方言调查工作的一小部分和值得研究的一个方面,自然会有若干收获。

朱德熙先生(1982)管"基本形式在前重叠部分在后"的重叠方式叫"顺向重叠",把"重叠部分在前基本形式在后"的重叠方式叫"逆向重叠",并且根据"潮阳话和北京话几种重叠式象声词里变声重叠都是顺向的,变韵重叠式都是逆向的"音变规律,提出了"变声重叠顺向,变韵重叠逆向,是不是所有汉语方言的共性,这还有待于事实的验证"这一推想。对此,陈亚川、郑懿德(1990)已用福州话的材料作出了肯定的回答。马庆株先生(1987)也证实朱先生的推论确实有道理,他说:"从我们收集到的例词来看,变韵重叠也是基本形式在后、重叠形式在前的逆向重叠。"更多的印证和充足的论据,还有待于其他方言的调查和研究。

从历年来一些学者的研究成果来看,象声词在汉语词类和语音结构研究方面确实不能忽略。总之,对汉语方言的象声词,尤其是对富有特点的,或者对蕴藏丰富语词尚未很好开发的,无论哪个方言,都值得做一番深入调查和仔细研究。

参考文献

陈亚川、郑懿德 1990 福州话形容词重叠式的音变方式及其类型,《中国语文》第 5 期
陈亚川、郑懿德 1993 《汉语集锦》,北京语言学院出版社
黄　侃 1908 声韵略说,收入《黄侃论学杂著》,上海古籍出版社,1980
孟　琮 1983 北京话的拟声词,中国语文杂志社编《语法研究和探索(一)》,北京大学出版社
马庆株 1987 拟声词研究,南开大学中文系编《语言研究论丛》第四辑,南开大学出版社
朱德熙 1982 潮阳话和北京话重叠式象声词的构造,《方言》第 3 期
张盛裕 1979 潮阳方言的重叠式,《中国语文》第 2 期
张盛裕 1981 潮阳方言的语音系统,《方言》第 1 期
张盛裕 1982 潮阳方言的象声字重叠式,《方言》第 3 期

Onomatopoeias in Chaoyang dialect

Zhang Shengyu

Abstract This paper is a comprehensive examination and analysis of the phonetic structure of onomatopoeias in Chaoyang dialect. Focusing on the phonetic features of the three patterns of "AA *jiao* (叫, cry/shout)", "IA *jiao*" and "IA$_1$A$_2$ *jiao*", this paper reveals the following rules: only 6 of the I type finals [i iʔ ĩ ĩʔ iŋ ik] appear in the onomatopoeias; the contrast of [l] vs. [n] exists in A$_2$L initials. It also exemplifies the mutual constraints of the lexical elements and phonetic structure in the reduplicated pattern of "IA$_1$A$_2$ *jiao*" which involves phonetic changes.

Key words Onomatopoeia, reduplicated pattern with phonetic change, I type finals, L type initials

湘语声调演变的一种特殊格局*

鲍厚星

(湖南师范大学中文系 长沙 410081)

提要 本文讨论湘语在湘乡、双峰一带存在平声、去声同时三分的现象,因而调类演变形成"三个平声+上声+三个去声"的特殊格局,并回顾湖南声调分布研究的历史,同有关方言进行了比较。

关键词 湘语 声调演变 特殊格局

壹

笔者在调查湖南汉语方言的过程中,陆续积累了一些不太常见的、调类分合具有特点的材料,其中有的方言形成了调类配置十分独特的格局。

1983年4月,我和沈若云、伍云姬带领中文系20多名学生到邵阳调查方言,发现邵阳方言古去声清声母字分化的特点是全清去声今读阴去,次清去声今并入阳去,对应十分整齐。

1985年4月,我和沈若云去涟源蓝田和安化梅城调查。涟源方言去声一分为三,古全清去、次清去和浊去分别构成今调类阴去、次阴去和阳去(这在1960年的《湖南省汉语方言普查总结报告》中有过记载)。在安化梅城也发现同样的情况。

2000年7月,我对函授学员湘乡月山镇人陈田华进行调查,发现该方言声调平声和去声都三分,外加一个上声,为阴平[˥]55、阳平[˧˥]24、次阳平[˧˧˦]334、上声[˧˩]31、阴去[˦˥]45、次阴去[˧˥]35、阳去[˨]22。入声已经分化,基本是全清入、浊入归次阳平,次清入归阳平。

---

*. 本文曾以提纲形式在全国汉语方言学会第十二届年会(2003.7.贵阳)上宣读。成文时作了修改和补充。

2002年12月带学生去岳阳荣家湾调查(此前已有三次对不同的发音人作过简略调查),确定该地方言去声也属三分,即全清去、次清去、阳去各为一类。

2003年4月调查双峰梓门桥镇方言,继月山镇方言之后,再次发现平声、去声都三分,外加上声的格局,调类为阴平[˥]55、阳平[˨˩˧]13、次阳平[˨˧]23、上声[˨˩]21、阴去[˧˥]35、次阴去[˨˦]24、阳去[˧]33。入声分派情况是:全清入归次阳平,次清入归阳平,次浊入归阴去,全浊入分归次阳平、阴去和次阴去。

2003年12月调查双峰井字镇(原属荷叶区)方言,又一次发现平声、去声都三分,外加一个上声的类型。

类似月山、梓门桥和井字镇的调类格局还在湘乡其他地点有所发现。这里需要特别介绍一下杨翊强先生(1989)对湘乡方言的研究。关于湘乡方言的声调,他记为七个调类(括号内为笔者加注):阴平[˥]55(包括全清、次清)、阳平[˩˨˨]122(原文指"次浊声母归阳平")、次阳平[˨˩˦]214(原文指"全浊声母归次阳平")、上声[˨˩]21(清上、次浊上仍归上声,全浊上归阳去)、阴去[˨˥]25(全清去声)、次阴去[˨˩˥]215(次清去声)、阳去[˩]11(全浊去声和次浊去声)。

双峰县是1952年从湘乡县划出来新设置的行政区。湘乡、双峰一带的方言被作为湘语中偏保守地区(或称老湘语区,或称娄邵片湘语)的典型代表,历来受到关注。

表一　永丰镇、杏子区、梓门桥镇、井字镇声调比较表

古调类	古清浊	永丰镇	杏子区	梓门桥镇	井字镇
平声	全清	阴平[˥]55	阴平[˥]55	阴平[˥]55	阴平[˥]55
	次清				
	全浊	阳平[˨˩˧]13	阳平[˨˧]23	阳平[˨˩˧]13	阳平[˩˨]12
	次浊			次阳平[˨˧]23	次阳平[˨˨]22
上声	全清	上声[˧˩]31	上声[˨˩]21	上声[˨˩]21	上声[˧˩]31
	次清				
	次浊				
	全浊	阳去[˧]33	阳去[˧]33	阳去[˧]33	阳去[˨˧]23
去声	全清	阴去[˧˥]35	阴去[˧˥]35	阴去[˧˥]35	阴去[˧˥]35
	次清			次阴去[˨˦]24	次阴去[˨˥]25
	全浊	阳去[˧]33	阳去[˧]33	阳去[˧]33	阳去[˨˧]23
	次浊				
入声	全清	阳平[˨˩˧]13	阳平[˨˧]23	次阳平[˨˧]23	次阳平[˨˨]22
	次清			阳平[˨˩˧]13	阳平[˩˨]12
	次浊	阳平/阴去	阳平/阴去	阴去[˧˥]35	阴去[˧˥]35
	全浊			次阳平、阴去、次阴去	次阳平、阴去、次阴去

表一仅就双峰境内的几个方言点的声调作一比较。表一有四个点:王福堂先生所记

永丰镇方言,向熹先生所记杏子区(也曾说过是丰瑞乡)方言,笔者所记梓门桥镇方言和井字镇方言。

从比较中可以看出以下三项区别:

(一)平声在永丰镇和杏子区两地是二分,即清平为一类,浊平(不分全浊、次浊)为一类;在梓门桥镇、井字镇两地是三分,即清平为一类,浊平又因全浊、次浊不同分为两类。

(二)去声在永丰镇和杏子区两地是二分,即清去为一类,浊去为一类;在梓门桥镇和井字镇两地是三分,即清去因全清、次清不同分为两类,浊去又是一类。

(三)入声在这四地都已失去独立调类,但在分派上显出一定差异。杏子区和永丰镇两地古清入归阳平,古浊入分归阳平和阴去;梓门桥和井字镇两地古清入因全清、次清不同分归次阳平和阳平,古次浊入归阴去,古全浊入分归次阳平、阴去和次阴去。

贰

这种"平声三分+上声+去声三分"的格局,在湖南方言研究历史上两次大规模的调查总结报告中都未曾有过记述。一次是1935年秋季史语所的调查,材料由杨时逢发表(1957,1974)。杨时逢(1957)把湖南方言声调的调类分为四类:

1. 四声调类。即无入声(入声大都归阳平),又不分阴阳去,为阴平、阳平、上声、去声。计有27县(当时湖南全省为75县)。

2. 五声调类。即有入声而不分阴阳去,为阴平、阳平、上声、去声、入声。计有18县。

3. 五声调类。即无入声而分阴阳去,为阴平、阳平、上声、阴去、阳去。计有14县。

4. 六声调类。即有入声又分阴阳去,为阴平、阳平、上声、阴去、阳去、入声。计有16县。

另一次是1960年湖南师范学院中文系汉语方言普查组编写的《湖南省汉语方言普查总结报告》,对湖南当时81县市方言的声调调类分布也分四个大类,但与杨氏有所不同:

1. 四声调类。无入声,不分阴阳去,入声绝大多数方言归入阳平。这对应杨氏第一类。

2. 五声调类。分为两种:A型,阴平、阳平、上声、阴去、阳去;B型,阴平、阳平、上声、去声、入声。这一大类中,大部分属A型,小部分属B型。这一类与杨氏二、三类对应。

3. 六声调类。又分四种：

A型 既有入声，又分阴阳去（阴平、阳平、上声、阴去、阳去、入声），这是六声调类中分布最广的一种，与杨氏的第四类对应。

B型 入声分阴阳，去声不分（阴平、阳平、上声、去声、阴入、阳入），仅祁阳、酃县（今炎陵——笔者注）两处。

C型 无入声，上声和去声都分阴阳（阴平、阳平、阴上、阳上、阴去、阳去），仅嘉禾一处。

D型 无入声，阴去分全阴去、次阴去（阴平、阳平、上声、全阴去、次阴去、阳去），仅涟源一处。

以上B、C、D三种类型，杨氏分类中无对应。

4. 七声调类。《报告》说，全省只有两处：

①祁东：阴平、阳平、上声、阴去、阳去、阴入、阳入。

②平江：阴平、阳平、阴上、阳上、阴去、阳去、入声。

这两次大规模调查中，除后一次发现涟源去声三分外，均未发现湘乡、双峰一带的平声、去声都三分的格局。主要原因或如杨时逢（1957）所言："我们所调查的区域，大半是偏城区为多，并没有能够到各乡镇作详细的调查，有些乡间的方言字调，也很可能跟所调查的城区方言的声调，有些差别，对调类分区上，也或稍有影响，那是很难免的事。"

参

比较一下其他方言，最能引起注意的是赣语。下面根据刘纶鑫（1999）选出有平声或去声三分的方言来进行比较，可分成以下几类：

①平声三分而去声未三分的有都昌、南昌塔城乡、新建、新余、南丰等地，其中新余是因清平两分导致平声三分的，不同于其他各点。都昌、南昌塔城乡、南丰三处来源于全清、次清的平声统为阴平，来源于次浊平的称为阳平1，来源于全浊平的称为阳平2。其调值形式为：

都昌	阴平 [˧]33	阳平1 [˧˧˦]334	阳平2 [˨˩˦]214
南昌塔城乡	阴平 [˦]44	阳平1 [˧˥]35	阳平2 [˨˦]24
南丰	阴平 [˨˧]23	阳平1 [˦˥]45	阳平2 [˧˦]34

至于新建,阳平虽分两类,但条件有所不同,次浊和全浊擦音为一类,全浊塞音和塞擦音为一类,与以上三处有所区别。

②去声三分而平声未三分的有湖口、星子、丰城等地,都是去声一分为三,即全清去、次清去、浊去各自成为一类。其调值形式为:

湖口	阴去1 [˧]35	阴去2 [˨˩˧]213	阳去 [˩˧]13
星子	阴去1 [˥]55	阴去2 [˨˩˦]214	阳去 [˩]11
丰城	阴去1 [˦]44	阴去2 [˧˥]35	阳去 [˩˧]13

③平声三分同时去声也三分的有永修、德安、修水等地,其去声三分也是分全阴去、次阴去和阳去,而平声的三分与湘语的不同,是全清平、次清平和浊平各为一类。其调值形式为:

永修	阴平1 [˧˥]35	阳平 [˧]33	阴去1 [˥]55	阳去 [˨˩˨]212
	阴平2 [˨˦]24		阴去2 [˦˦˥]445	
德安	阴平1 [˦]40	阳平 [˦˨]42	阴去1 [˧˥]35	阳去 [˩˨]12
	阴平2 [˧]33		阴去2 [˨˦]24	
修水	阴平1 [˧˦]34	阳平 [˩˧]13	阴去1 [˥]55	阳去 [˨]22
	阴平2 [˨˧]23		阴去2 [˦˥]45	

以上三类除湖口无入声外,其余都有入声调类,入声或不分,或两分、三分,甚或四分。

这样看来,湘语中湘乡、双峰一带"平声三分+上声+去声三分"的特殊格局在赣语中并无同类,这样说,并不排除湘语和赣语在声调演变的历史发展过程中可能存在某种关系。还须特别提到吴语的一些情况。赵元任(1928)记录吴江的黎里、盛泽两地去声三分:

| 黎里 | 全阴去 [˥˩˧]513 | 次阴去 [˨˩˧]213 | 阳去 [˩˩˧]113 |
| 盛泽 | 全阴去 [˦˩˨]412 | 次阴去 [˨˩˧]213 | 阳去 [˩˩˧]113 |

叶祥苓(1983)对吴江方言声调作过再调查。下页表二是叶氏的吴江七镇声调比较表,请比较。

范冰冰(2003)记宁国市南极乡方言,古平声今三分:阴平[˥]55、阳平[˩˧]13、次浊平[˧]33,这不同于吴江方言。吴语中平声因全浊次浊有别而导致三分的目前暂只见此一处。而去声因全清次清有别导致三分的现象倒不少见。虽然吴语声调中出现各种三分的情形,但也没有发现湘语中湘乡、双峰那种特殊和格局。至于闽北方言里古浊声母平声字今分读两个调类,并不是以次浊、全浊为分化条件的,就不在这里比较了。

表二　吴江七声调比较表

古调类	古清浊	行	例　字	今调类	松陵	同里	平望	黎里	芦墟	盛泽	震泽
平	全清	1	刚知丁边三安	全阴平	55	55	55	55	55	55	55
	次清	2	开超初粗天偏	次阴平	33	33	33		33		33
	浊	3	陈穷唐寒人云	阳　平	13	13	24	24	13	24	13
上	全清	4	古走短比死好	全阴上	51	51	51	51	51	51	51
	次清	5	口丑楚草体普	次阴上	42	42	34	34	并入次阴去	34	
	浊	6	近是淡厚老染	阳　上	31	31	23	21	并入阳去	23	31
去	全清	7	盖醉对爱汉送	全阴去	412	412	513	412	412	513	412
	次清	8	寇臭菜怕退气	次阴去	312	312	313	313	312	313	312
	浊	9	共大备树饭帽	阳　去	212	212	213	213	212	212	212
入	全清	10	各竹百说发削	全阴入	5	5	5	5	5	5	5
	次清	11	匹尺切铁拍曲	次阴入	3	3	3	3	3		3
	浊	12	局读白服岳六	阳　入	2	2	2	2	2	2	2
			今音声调总数		12	12	12	11	10	10	11

肆

　　湘乡、双峰一带"平声三分+上声+去声三分"这种声调格局的方言究竟如何分布的,有多大范围,目前还正在逐步调查之中。但有几点可以肯定:

　　(一)湘乡、双峰一带声调演变的类型具有多样性,而并不是铁板一块的。如平声、去声既有三分的,也有两分的。在我们调查的双峰的四个方言点中,梓门桥镇、井字镇两个点是平声、去声都三分而构成七个调类,花门、洪山殿两个点没有平、去声的三分,只有五个调类。

　　(二)湘乡、双峰一带这种特殊类型不是孤立的现象。其一,在湘乡、双峰一带这种特殊类型一而再、再而三地被发现出来,单就去声以全清、次清而分化的现象而言,已涉及到邵阳、涟源、安化、岳阳等地。其二,在赣语、吴语中存在的平声或去声三分的情况与湘语中湘乡、双峰一带的这种现象遥相呼应。

　　无论是湘语还是赣语、吴语,只要出现平声三分(一个阴平、两个阳平)或去声三分(两个阴去、一个阳去),其中次阴平、阳平(或曰阳平1、阳平2)在调型上调值上常呈现共同的特点,全阴去、次阴去(或曰阴去1、阴去2)也是如此。这就是:次阳平(阳平1)的调值比阳平(阳平2)的略高一些;次阴去(阴去2)的调值比全阴去(阴去1)的略低一些。如湘语:

梓门桥镇　阳平 [˧˩]13　次阳平 [˧˨]23　阴去 [˧˥]35　次阴去 [˨˦]24

井字镇　　阳平 [˩˨]12　次阳平 [˧˥]35　阴去 [˨˨]22　次阴去 [˨˥]25

一个方言的声调如何演变，最初的格局是什么状态，什么情况下会出现分化，什么情况下会出现合并，这样一个复杂的过程既带有整个汉语方言声调演变进程的共性，又呈现出因背景不同而产生的个性。要解读这样的个性，常常是一件复杂的事情。某些调类的分化可以从声母的差别上找到原因，例如由声母的全浊、次浊、全清、次清带来调类的分化，但为什么这样的变化只发生在甲方言里，而不发生在乙方言里呢？

我们来看湘乡白田镇的材料（文丹，2004）。该镇位于湘乡县北端，其口音从北向南，大概分仁厚、白田、沙田三种。仁厚话根据主要音韵特征当属长益片；沙田话是典型的湘乡话，应属娄邵片；而处在两地之间的白田，音韵特征兼具两地特色，声调特点同于仁厚，韵母系统特征接近沙田，声母系统带有仁厚与沙田的混合色彩。表三比较三地的声调特点。

表三　湘乡仁厚、白田、沙田声调比较表

项目		地点	仁　厚	白　田	沙　田
声调	古平声	清音	阴平[˧˧]33	阴平[˧˧]33	阴平[˧˧]33
		次浊	阳平[˧˩]13	阳平[˧˩]13	次阳平[˧˥]35
		全浊			阳平[˧˩]13
	古上声	清、次浊	上声[˦˩]41	上声[˦˩]41	上声[˨˩]21
		全浊	阳去[˩˩]11	阳去[˩˩]11	阳去[˨˨]22
	古去声	全清	阴去[˥˥]55	阴去[˥˥]55	阴去[˥˥]55
		次清			次阴去[˨˩˦]214
		次浊	阳去[˩˩]11　阴去[˥˥]55	阳去[˩˩]11　阴去[˥˥]55	阳去[˨˨]22　阴去[˥˥]55
		全浊	阳去[˩˩]11	阳去[˩˩]11	阳去[˨˨]22
	古入声	全清	入声[˨˦]24	入声[˨˦]24	阳平[˧˩]13
		次清			次阴去[˨˩˦]214
		次浊			阳平[˧˩]13
		全浊			阳平[˧˩]13　阴去[˥˥]55

白田话声调特点与仁厚话完全一致，仁厚虽在湘乡境内，但处于与长益片（北边的宁乡县）紧紧相连的地带，音韵特征的主导方面与长益片趋同，其声调就是典型的长沙话模式。白田虽在多数音韵特征上偏向于娄邵片，但声调却与仁厚的长沙型相同。至于沙田的声调则是湘乡、双峰一带平声、去声同时三分外带一个上声的特殊格局。同属一个镇，距离如此之近，声调格局却如此不同。很显然，白田与仁厚受到北面长益片方言的影响，虽然这一片交界地带的口音，都与长益片代表方言长沙话有明显的差异，但长沙型的声调格局影响的穿透力似乎特别强，不过到了沙田，就开始受

阻了。如果这种分析或者说推测有一定道理的话,那么,前面提出的湘乡、双峰一带平声去声同时三分的格局在甲方言里出现不在乙方言里出现的原因,就要考察某一方言的周边环境,考察语言接触的背景了。这至少是一个重要的原因。仁厚、白田和沙田的比较还给了我们一个启发,沙田话相对于白田话、仁厚话而言,处于更加保守的层面,因而它的平声、去声三分的格局应该在历史层次上早于平声、去声两分的格局。

附记:当本文写成时,正值我们调查湘乡泉塘方言(在沙田以南,离县城约10华里)。发音人刘佩兰,1948年生,教师,泉塘口音纯正。调查结果显示,泉塘话声调也是七类:阴平[˥]55、阳平[˩˧]13、次阳平[˨˧]23、上声[˨˩]21、阴去[˥]45、次阴去[˧˥]35、阳去[˧]33。无入声调类,全清入归次阳平,次清入归阳平,浊入分归次阳平、阴去。

参考文献

鲍厚星 1989 湖南邵阳方言音系,《方言》第3期
北京大学中国语言文学系 2003 《汉语方音字汇》(第二版重排本),语文出版社
丁邦新 1998 《丁邦新语言学论文集》,商务印书馆
范冰冰 2003 《吴语宣州片方言音韵研究》,华东师范大学出版社
刘纶鑫主编 1999 《客赣方言比较研究》,中国社会科学出版社
文 丹 2004 湖南宁乡与湘乡边界东段的方言状况,湖南师范大学硕士学位论文,未刊
向 熹 1960 湖南双峰县方言,《语言学论丛》第四辑,上海教育出版社
杨时逢 1957 湖南方言声调分布,(台湾)《历史语言研究所集刊》第29本上册
杨时逢 1974 《湖南方言调查报告》,(台湾)历史语言研究所专刊之六十六
杨翊强 1989 湘乡方音声调系统简析,《长沙水电师院学报》第3期
叶祥苓 1983 吴江方言声调再调查,《方言》第1期
赵元任 1928 《现代吴语的研究》,清华学校研究院

A special structure of tone change in Xiang group
Bao Houxing

Abstract The paper describes the special tonal structure of "three level tones plus one rising tone plus three departing tones" in Xiangxiang and Shuangfeng dialects under Xiang group. It also reviews the research history of tone distribution in Hunan province and gives a comparison as against other dialects.

Key words Xiang group, tone change, special tonal structure

南雄雄州镇方言里的促变音

谢自立

(中国人民大学中文系 北京 100872)

提要 本文集中讨论了粤北土语雄州话里促变音的音韵特征和语用语义功能。
关键词 方言 变音 语义

雄州话里基本上不存在连读变调(有个别变调的例子),但有比较丰富的变音现象。"变音"指有一些字在进入语词以后,读音发生某种变异。这种变异往往因词而异,找不到有规律的语音条件;分析这些变异,能够发现它们与本音之间在语用和语义方面有一定的差别。雄州话里的变音大致可以分为两类,一类是由原来的舒声调变为促声调,韵母也随之促化;另一类是舒声调由原来的本调变读舒声调的其他调类(绝大多数变读为阳平调)。我们把前一类叫促变音,后一类叫普通变音。本文集中讨论促变音。

有关雄州话的声韵调系统,见另文《南雄雄州镇方言里的变音现象》。

壹 雄州话促变音的音韵特征

雄州话促变音的基本形式是在本音的韵母后面加入一个喉塞音,从而造成短调和促韵,其音高跟原来的阳入调重合,都是一个较高略降的[ʔ˦]43 短调。雄州话的本音韵母一共是 57 个,其中阴声韵 22 个,阳声韵 17 个,入声韵 16 个,声化韵 2 个。能够发生促变音的韵母,我们记录到的是 29 个,基本上都集中在阴声韵和阳声韵里,其中阴声韵 17 个,阳声韵 12 个。入声韵因为里面已经有了喉塞音,由它构成的字本来就是短调促韵,所以不大可能再有新的促变形式,声化韵除了"鱼"字的本音是[ŋy˨],可以促变为[n̩ʔ˦]以外,就其本身作为本音而言,也没有发现有促变现象。

至于其他 5 个阴声韵和 5 个阳声韵为什么没有促变现象,有的似乎还能解释,如[ɚ]本身就是从官话里借来的文读韵,[ə]的字频太少等,别的就原因不明了,当然,这里不排除我们还没有记录到。

　　有些韵母促变时除后面加入了一个喉塞音,还会影响到原来的音值。这方面,17个阴声韵的情况尤其复杂,大体可以分为四种类型:(一)由本音韵母直接加上喉塞音,共 7 个,它们是[ɿ→ɿʔ],[i→iʔ],[u→uʔ],[a→aʔ],[ia→iaʔ],[e→eʔ],[ai→aiʔ]。(二)本音韵母在促变的同时,主要元音后化或低化,或者失落原有韵尾等,共 9 个,它们是:[o→ɔʔ],[io→iɔʔ],[ø→ɯʔ],[uø→uɯʔ],[au→ɔʔ],[iau→iɔʔ],[oai→oaʔ],[ei→eʔ],[iəu→iɯʔ]。(三)有 3 个本音韵母有两种促变形式:[u]除变[uʔ]外还变[uɯʔ],[a]除变[aʔ]外还变[oaʔ],[oai]除变[oaʔ]外还变[eʔ]。(四)"鱼"字促变时由本音[n̩y]变[n̩ʔ],看来和韵母[y]没有关系,另有原因。从上面还可看到,不同的本音韵母有的可以采取相同的促变形式,如[o]变[ɔʔ],[au]也变[ɔʔ];[io]变[iɔʔ],[iau]也变[iɔʔ];[e]变[eʔ],[ei]也变[eʔ]。所以除开"鱼"字的[y]韵以外,其他 16 个阴声韵其实只有 13 种促变形式,而这 13 种促变形式有 11 个是跟原来的入声韵重合的,不见于原来入声韵的只有[uʔ]和[oaʔ]两个。这样一来,一些本音本来不同音的字,促变后就变得相同了,如"雀"本音读[tɕiɔʔ]("广韵"即略切,雄州今读阳入),"茄"本音读[tɕio],"藠"本音读[tɕiau],在"雀俚、茄俚、藠俚"里都促变成[tɕiɔʔ],完全同音了。12 个阳声韵加入喉塞音之后,原来韵母的音值也有一些变化,可分为两类:(一)以前鼻音[-n]收尾的[an,ian,in,on,ion,oan,iɯn,uɯn] 8 个韵母韵尾后移并且弱化,喉塞音紧接在韵腹之后出现,原韵尾只以一种作势状态很微弱地附着在喉塞音之后;此外,[ian]韵里的主要元音前化、高化为[e]。它们分别变成了[aʔⁿ,ieʔⁿ,iʔⁿ,oʔⁿ,ioʔⁿ,oaʔⁿ,uɯʔⁿ,uɯʔⁿ]([iɯn]韵和[uɯn]韵合流为[uɯʔⁿ],跟[iɯn]韵读变音的具体字有关,另有原因)。由于韵尾后移后非常微弱,它与曲江大村土话里中塞性质变音的发音也不相同,感觉不到有两个音节(庄初升、林立芳,2000)。(二)以后鼻音[-ŋ]收尾的[iaŋ,ɔŋ,iɔŋ,ɑŋ]四个韵母是韵尾以鼻化状态前移,跟主要元音同现,喉塞音在最后,它们分别变成了[iãʔ,ɔ̃ʔ,iɔ̃ʔ,ɑ̃ʔ]。阳声韵中所有这些促变形式都不见于本音的韵母系统。有少数字促变后因某种原因还会引起声母和介音的变化。

　　下面分韵列举。先标本音原韵及其促变形式,如[ɿ→ɿʔ],再列变音字及其本音,后面举出词例,其后再用"∥"号隔开附列在某些词语里仍读本音的情况(个别尚未发现仍读本音的不附)。同一本音原韵有不同促变形式的分行列出;同一促变形式中有不同字的用①②表示；不同例词用"｜"号隔开。

[ɿ→ɿʔ]　①柿 tsɿ˪:柿饼 tsɿʔ˦ piaŋ˧ ∥ 柿子树 tsɿ˪ tsɿ˦ ɕy˧。②牸 tsɿ˪:猫牸俚猫姑娘 miau˧ tsɿ˦ le˧ ｜ 猪牸俚未阉的小猪 tɕy˥ tsɿʔ˦ le˧。

[i→iʔ]　①梨 li˪:雪梨 sɯ˥ liʔ˧ ｜ 沙梨 sa˥ liʔ˧ ∥ 梨花 li˥ fa˧。②鸡 ki˥:田鸡俚 tan˥ kiʔ˧ le˧ ∥ 鸡俚 ki˥ le˧。③脐 tsi˪:肚脐 tu˥ tsi˪。④剂 tsi˪:剂俚面肥 tsiʔ˦ le˧ ∥ 头剂药 tei˥ tsi˪ iɔ˪。⑤荠 tsi˪:田荠俚荸荠 tan˥ tsiʔ˧ le˧ ∥ 荠菜 tsi˪ tsʻø˪。⑥弟 ti˪:徒弟 tu˥ tiʔ˧ ∥ 兄弟 ɕiʌŋ˥ ti˪。⑦鼻 pi˪:针鼻俚 tɕin˥ piʔ˧ le˧ ∥ 鼻孔 pi˪ kʻʌŋ˧。⑧皮 pi˪:刨皮俚刨花 pau˥ piʔ˧ le˧ ∥ 猪皮 tɕy˥ pi˪。⑨糍 tsi˪:糯米糍俚一种糯米做的饼 no˪ mi˧ tsiʔ˧ le˧ ∥ 油糍一种过油的米饼 iəu˥ tsi˪。⑩计 tɕi˪:伙计 ho˥ tɕiʔ˧ ｜ 伙计婆俚妻子 ho˥ tɕiʔ˦ pɔʔ˦ le˧ ∥ 算计 son˥ tɕi˪。

[u→uʔ]　肚 tu˪:猪肚 tɕy˥ tuʔ˧ ｜ 鱼肚 ŋy˥ tuʔ˧ ｜ 小肚一种熟肉制品 sai˧ tuʔ˦ ∥ 肚脐 tu˥ tsi˪。

[u→uɯʔ]　芋 vu˪:芋俚 vuɯʔ˦ le˧ ｜ 芋仔俚 vuɯʔ˦ tsø˧ le˧ ｜ 芋头 vuɯʔ˦ tei˥ ∥ 芋头蛋煮鸡蛋 vu˪ tei˥ toaʔⁿ˧。

[a→aʔ]　①画 fa˪:画画 fa˪ faʔ˧ ｜ 山水画 soan˥ ɕy˧ faʔ˧ ∥ 画押 fa˪ eʔ˧。②麻 ma˪:麻俚芝麻果实 maʔ˦ le˧ ｜ 做麻俚出麻疹 tso˥ maʔ˦ le˧ ∥ 麻油 ma˥ ieu˪ ｜ 麻子老哥麻脸男人 ma˪ tsɿ˧ lau˧ ko˥。③蛇 sa˪:天檐蛇俚壁虎 tʻan˥ ian˥ saʔ˧ le˧ ∥ 毒蛇 təʔ˧ sa˪ ｜ 泥蛇 ne˥ sa˪。④码 ma˪:筹码 tɕiəu˧ maʔ˦ ∥ 码头 ma˪ tei˥。⑤巴 pa˥:下巴 ha˪ paʔ˦ ∥ 巴结 pa˥ tɕieʔ˦ ｜ 巴掌 pa˥ tsɔŋ˧。⑥下 ha˪:一下俚一起 ieʔ˦ haʔ˧ le˧ ∥ 下头 ha˪ tei˥ ｜ 下半日 ha˪ poan˥ n̩iʔ˧。

[a→oaʔ]　哪 la˪:哪佬谁 loaʔ˦ lau˧ ∥ 哪里 la˪ li˧。

[ia→iaʔ]　爷 ia˪:爷佬背称父亲 iaʔ˦ lau˧ ｜ 后来爷继父 hei˪ lø˥ iaʔ˦ ∥ 舅爷 tɕieu˥ ia˪。

[e→eʔ]　弟 te˪又读:弟佬 teʔ˦ lau˧ ∥ 弟弟 te˪ te˧。

[o→ɔʔ]　①婆 po˪:鸡婆母鸡 ki˥ pɔʔ˦ ｜ 鸭婆母鸭 eʔ˥ pɔʔ˦ ｜ 哑婆哑女 a˧ pɔʔ˦ ｜ 聋婆聋女 lʌŋ˥ pɔʔ˦ ｜ 麻婆女麻子 ma˪ pɔʔ˦ ｜ 斋婆尼姑 tsoai˥ pɔʔ˦ ｜ 填房婆俚续弦 tan˥ fɔŋ˥ pɔʔ˦ le˧ ｜ 后来婆后娘 hei˪ lø˥ pɔʔ˦ ｜ 丈人婆丈母娘 tsɔŋ˪ n̩in˥ pɔʔ˦ ｜ 烧火婆俚妻子 sau˥ ho˧

poʔ˦ leˊ//婆婆面称祖母 po˩ po˩ˇ 家婆婆婆 ka˥ po˩ 亚婆俚老大娘 a˥ po˩ leˊ 婆佬背称祖母 po˩ lauˊ 老婆 lauˊ po˩。②螺 lo˩:石螺俚 saʔ˦ lɔʔ˦ leˊ//田螺 tan˩ lo˩。③雏 tso˩:鸡雏俚 ki˥ tsɔʔ˦ leˊ//雏鹰 tso˩ in˥。

[io→iɔʔ] 茄 tɕio˩:茄俚 tɕiɔʔ˦ leˊ 番茄 foan˥ tɕiɔʔ˦。

[ø→ɯʔ] ①台 tø˩:台俚桌子 tɯʔ˦ leˊ 圆台 ion˩ tɯʔ˦ 八仙台 paʔ˥ san˥ tɯʔ˦ 方台 fɔŋ˥ tɯʔ˦//烛台 tsuʔ˥ tø˩ 灯台俚 tin˥ tø˩ leˊ。②袋 tø˩:脓袋傻子,无能的 nʌŋ˩ tɯʔ˦//袋俚 tøˇ leˊ 衫袋 soan˥ tøˇ。③碎 sø˩:口水碎俚唾沫星子 heiˇ ɕyˊ sɯʔ˦ leˊ//碎布 sø˩ puˇ 粉碎 fuɯˊ sø˩。

[uø→uɯʔ] 盖 kuø˩:板盖 poanˊ kuɯʔ˦//盖起来 kuø˩ ɕiˊ lø˩。

[au→ɔʔ] ①桃 tau˩:桃俚 tɔʔ˦ leˊ//桃花 tau˩ fa˥。②号 hauˇ:字号 tsʐˇ hɔʔ˦//号召 hauˇ sauˇ。③帽 mauˇ:帽俚 mɔʔ˦ leˊ//礼帽 liˊ mau˩。④稻:水稻 ɕyˊ tɔʔ˦ 稻俚 tɔʔ˦ leˊ。

[iau→iɔʔ] ①荞 tɕiauˇ:荞俚蕹类,俗写作"荞" tɕiɔʔ˦ leˊ。②轿 tɕiauˇ:扛轿佬 kɔŋ˥ tɕiɔʔ˦ lauˊ//小轿车 saiˊ tɕiauˇ tsʻai˥。③藻 piauˊ:藻俚浮萍 piɔʔ˦ leˊ。

[ai→aiʔ] ①调 taiˇ:音调 in˥ taiʔ˦//调头摇头 taiˇ tei˩。②聊 lai˩:聊套做客,聊天 laiʔ˦ tʻau˩//无聊 vu˩ lai˩。

[oai→oaʔ] ①鞋 hoai˩:水鞋雨鞋 ɕyˊ hoaʔ˦ 鞋底 hoaʔ˦ tei˩ 鞋面 hoaʔ˦ mian˩ 鞋□鞋尖 hoaʔ˦ tøʔ˦//暖鞋棉鞋 non˩ hoai˩ 花鞋 fa˥ hoai˩。②坏 foaiˇ:好坏 hauˊ foaʔ˦//坏事 foai˩ sʐˇ。

[oai→eʔ] 牌 poai˩:天牌牌九的一种花 tʻan˥ peʔ˦ 地牌牌九的一种花 ti˩ peʔ˦ 神主牌灵牌 ɕin˩ ɕyˊ peʔ˦//招牌 tsau˥ poai˩ 牌坊 poai˩ fɔŋ˩。

[ei→eʔ] ①头 tei˩:木头小木块 mɯʔ˥ teʔ˦ 鱼骨头鱼刺 nˊ kuɯʔ˥ teʔ˦//石头 saʔ˦ tei˩ 砖头 tɕion˥ tei˩。②豆 teiˇ:红豆 hʌŋ˩ teʔ˦ 眉豆扁豆 mi˩ teʔ˦ 冬豆豌豆 tʌŋ˥ teʔ˦ 豆角豇豆 teʔ˦ kɔʔ˥ 豆腐 tøʔ˦ fuˊ 油豆腐 iɐuˊ teʔ˦ fuˊ 豆豉 teʔ˦ sʐˇ 豆乳腐乳 teʔ˦ yˊ。③猴 hei˩:猴哥俚猴子 heʔ˦ ko˥ leˊ//猴年 hei˩ nan˩。

[iəu→iɯʔ] ①榴 liəu˩:石榴 saʔ˦ liɯʔ˦//榴花 liəu˩ fa˥。②稠 tɕiəuˇ:稠砣砣 tɕiɯʔ˦ to˩ to˩//稠密 tɕiəu˩ miʔ˥。

[an→aʔⁿ]　①年 nan˩:明年 mian˥ naʔⁿ˦ | 旧年 tɕiəu˨ naʔⁿ˦ // 今年 tɕin˧ nan˩ | 前年 tsan˩ nan˩ | 往年 vɔŋ˧ nan˩ | 年头年初 nan˩ tei˧。②楝 lan˨:苦楝子树 fu˨ laʔⁿ˦ tsɿ˧ ɕy˨。③钱 tsan˩:钱俚 tsaʔⁿ˦ ne˧ | 零用钱 lian˩ iʌŋ˨ tsaʔⁿ˦ | 本钱 puɯn˧ tsaʔⁿ˦ | 利钱 li˨ tsaʔⁿ˦ | 赚钱 tson˨ tsaʔⁿ˦ | 零钱俚 liaŋ˩ tsaʔⁿ˦ ne˧ 一块钱 ieʔ˦ kʻoai˨ tsaʔⁿ˦ // 工钱 kʌŋ˧ tsan˩ | 钱庄 tsan˩ tsɔŋ˧ | 学钱学费 hɔʔ˦ tsan˩ | 姓钱 ɕian˩ tsan˩。④链 lan˨:锁链 so˧ laʔⁿ˦ // 链条 lan˨ tai˩。⑤蚕 tsan˩:养蚕 iɔŋ˧ tsaʔⁿ˦ | 蚕叶 tsaʔⁿ˦ ieʔ˦。

[ian→ieʔⁿ]　①辫 pian˨:辫俚 pieʔⁿ˦ ne˧。②蝉 ɕian˩:蝉俚 ɕieʔⁿ˦ ne˧ // 蝉蜕 ɕian˩ tʻø˨。③钳 tɕian˩:钳俚 tɕieʔⁿ˦ ne˧ // 火钳 ho˧ tɕian˩。④焰 ian˨:火焰 o˧ ieʔⁿ˦ // 焰火 ian˨ ho˧。

[in→iʔⁿ]　①人 ȵin˩:男子人男人,丈夫 noan˩ tsɿ˧ ȵiʔⁿ˦ | 仔俚人男孩儿 tsø˧ le˧ ȵiʔⁿ˦ | 女俚人女孩儿 n˧ ne˧ ȵiʔⁿ˦ | 新人新娘 sin˧ niʔⁿ˦ // 丈人佬 tsɔŋ˨ ȵin˩ lau˧ | 内人 nø˨ ȵin˩ | 人口 ȵin˩ hei˧。②绳 ɕin˩:绳俚 ɕiʔⁿ˦ ne˧ | 井桶绳 tɕiaŋ˧ tʻʌŋ˧ ɕiʔⁿ˦ // 绳之以法 ɕin˩ tsɿ˧ i˧ fɯ˦。③胫 tɕin˧:鸡胫俚 ki˧ tɕiʔⁿ˦ ne˧。④仁 ȵin˩:花生仁 fa˧ sin˧ ȵiʔⁿ˦ // 仁化县名 ȵin˩ fa˨。⑤筝 tsin˧:风筝 fʌŋ˧ tɕiʔⁿ˦ // 古筝 ku˧ tsin˧。

[on→oʔⁿ]　团 ton˩:泥团 ne˩ toʔⁿ˦ // 团结 ton˩ tɕieʔ˧。

[ion→ioʔⁿ]　①圆 ion˩:汤圆 tʻɔŋ˧ ioʔⁿ˦ ne˧ | 芋圆俚 vu˨ ioʔⁿ˦ ne˧ // 圆圈 ion˩ tɕion˧。②丸 ion˩:肉丸 ȵiɯ˧ ioʔⁿ˦ // 药丸 iɕ˧ ion˩。③铅 ion˩:铅俚 ioʔⁿ˦ ne˧ // 铅笔 ion˩ piʔ˧。④船 ɕion˩:走船俚走之旁 tsei˧ ɕioʔⁿ˦ ne˧ // 走船俚走辶旁 tsei˧ ɕion˩ ne˧。

[oan→oaʔⁿ]　①盘 poan˩:盘俚 poaʔⁿ˦ ne˧ // 盘山路 poan˩ soan˧ lu˨。②篮 loan˩:篮俚 loaʔⁿ˦ ne˧ | 花篮 fa˧ loaʔⁿ˦ // 花篮牌 fa˧ loan˩ poai˨。③环 foan˩:耳环俚 ȵi˧ voaʔⁿ˦ ne˧ // 铁环 tʻaiʔ˦ foan˩。④馅 hoan˨:包馅包子馅 pau˧ hoaʔⁿ˦。⑤蛋 toan˨:鸡蛋 ki˧ toaʔⁿ˦ | 皮蛋 pi˩ toaʔⁿ˦ | 芋头蛋煮鸡蛋 vu˨ tei˩ toaʔⁿ˦ | 鸭蛋 eʔ˧ toaʔⁿ˦ | 荷包蛋 ho˩ pau˧ toaʔⁿ˦ 蒸蛋 tɕin˧ toaʔⁿ˦。⑥弹 toan˩:子弹 tsɿ˧ toaʔⁿ˦ // 弹起来 toan˩ ɕi˧ lø˨。⑦眼 ŋoan˧:鸡眼踝子骨 ki˧ ŋoaʔⁿ˦ // 鸡眼脚上角

质层增生形成的硬块 ki˧ ŋoan˨˦。

[iɯn→uɯʔⁿ] ①裙 tɕiɯn˩：裙俚 kuɯʔⁿ˦ ne˨˦｜围身裙围裙 vi˨˦ ɕin˧ kuɯʔⁿ˦//花裙 fa˧ tɕiɯn˩ 筒裙 tʌŋ˩ tɕiɯn˩。②菌 tɕiɯn˩：菌俚菌菇 kuɯʔⁿ˦ ne˨˦//细菌 se˧ tɕiɯn˩。

[uɯn→uɯʔⁿ] ①蠓 muɯn˩：蠓俚蚊子 muɯʔⁿ˦ ne˨˦。②门 muɯn˩：后门 hei˨˦ muɯʔⁿ˦｜侧门俚边门 tsiʔ˧ muɯʔⁿ˩ ne˨˦｜小东门当地城门名 sai˧ tʌŋ˩ muɯʔⁿ˦//大门 toai˨˦ muɯn˩｜前门 tsan˩ muɯn˩｜宾阳门当地城门名 pin˧ iɔɕi˩ muɯn˩｜大南门当地城门名 toai˨˦ noan˩ muɯn˩。③轮 luɯn˩：轮俚轮子 luɯʔⁿ˦ ne˨˦//轮流 luɯn˩ lieu˩。

[iaŋ→iãʔ] ①瓶 piaŋ˩：花瓶 fa˧ piãʔ˦｜酒瓶 tɕieu˨˦ piãʔ˦。②坪 piaŋ˩：空坪场院 kʼʌŋ˧ piãʔ˦。③领 liaŋ˨˦：衣领 i˧ liãʔ˦//领工资 liaŋ˨˦ kʌŋ˧ tsɿ˧｜领带 liaŋ˨˦ toai˧。④铃 liaŋ˩：铃俚 liãʔ˦ ne˨˦｜门铃 muɯn˩ liaŋ˩。⑤屏 piaŋ˩：宝屏屏风 pau˨˦ piãʔ˦//屏风 piaŋ˩ fʌŋ˧。

[ɔŋ→ɔ̃ʔ] ①房 fɔŋ˩：一间房 ieʔ˧ koan˧ fɔ̃ʔ˦｜班房 poan˧ fɔ̃ʔ˦｜班房鬼犯人 poan˧ fɔ̃ʔ˦ kui˨˦//新房 sin˧ fɔŋ˩｜楼房 lei˩ fɔŋ˩。②塘 tɔŋ˩：老虎塘 lau˨˦ fu˨˦ tɔ̃ʔ˦//塘边 tɔŋ˩ pian˧。③肠 tsɔŋ˩：风肠 fʌŋ˧ tsɔ̃ʔ˦｜桂花肠 kui˧ fa˧ tsɔ̃ʔ˦//小肠 sai˧ tsɔŋ˩。④仗 tsɔŋ˩：炮仗爆竹 pʼau˩ tsɔ̃ʔ˦//打仗 ta˨˦ tsɔŋ˩。

[iɔŋ→iɔ̃ʔ] ①样 iɔŋ˩：模样 mo˩ iɔ̃ʔ˦｜样子 iɔ̃ʔ˦ tsɿ˧//样板戏 iɔŋ˨˦ poan˨˦ ɕi˧。②娘 ɲiɔŋ˩：妇娘女人 fu˩ ɲiɔ̃ʔ˦//娘娘叔母 ɲiɔŋ˩ ɲiɔŋ˨˦｜娘娘姑妈 ɲiɔŋ˨˦ ɲiɔŋ˨˦。

[ʌŋ→ɔ̃ʔ] ①虫 tsʌŋ˩：米虫 mi˨˦ tsɔ̃ʔ˦//蚊虫 muɯn˩ tsʌŋ˩。②篷 pʌŋ˩：篷俚 pɔ̃ʔ˦ ne˨˦//大篷 toai˨˦ pʌŋ˩。③缝 fʌŋ˩：一条缝 ieʔ˧ tai˩ fɔ̃ʔ˦//缝补 fʌŋ˩ pu˨˦。④笼 lʌŋ˩：鸡笼 ki˧ lɔ̃ʔ˦｜灯笼 tin˧ lɔ̃ʔ˦//笼子包小笼包 lʌŋ˩ tsɿ˧ pau˧。⑤筒 tʌŋ˩：竹筒 tsuʔ˧ tɔ̃ʔ˦｜瓦筒 va˨˦ tɔ̃ʔ˦//筒裙 tʌŋ˩ tɕiɯn˩。

[ŋy→n̩ʔ] 鱼 ŋy˩：鱼俚 n̩ʔ˦ ne˨˦｜鲫鱼俚 tsiʔ˧ n̩ʔ˦ ne˨˦｜鱼鳞 n̩ʔ˦ lin˩｜鱼骨头 n̩ʔ˦ kuɯʔ˧ te˨˦//金鱼 tɕin˧ ŋy˩｜鱼肚 ŋy˩ tuʔ˦。

  上面我们列举的促变音字总共有近 100 个。一个非常值得注意的现象是它们绝大部分都是阳调类字，也就是古代的浊声母字，其中阳平字 60 个，阳去字 26 个，再加 2 个次浊声母上声字，共达 88 个之多；而阴平字和阴去字却只各有 4 个，合在一起也

· 36 ·

不到总数的10%。前文讨论普通变音时曾指出，能发生普通变音的字绝大部分是阴调类字尤其是阴平字。这两者之间正好呈现一种互补状态，不像是偶然的巧合。另外，在普通变音里除了极个别的例外，也没有发现阴入和阳入这两类入声字有变音的例子。综合这些情况，我们认为，从音韵方面来说，雄州话的变音具有如下三个重要特征：(一)平声字比较容易发生变音。(二)古清声母字的变音比较容易采取普通变音的方式，跟阳平调交混；古浊声母字的变音比较容易采取促变音的方式，跟阳入调交混。(三)入声字原则上不发生变音。

贰　对雄州话促变音字语用和语义功能的考察

李荣先生曾经指出，"变音是本音带有某种意义的派生形式"(1983)，它"不但是语音单位，也是意义单位"(1978)。雄州话的变音，不论是普通变音还是促变音，同样具有这种性质。

跟其他同样具有变音现象方言里的变音情况相比较，雄州话的变音有两点和它们是很相像的，这就是：(一)变音只在口语中使用；(二)除了少数例外，发生变音的词语都是名词或带有名词性的词组。变音只在口语中使用，意思是，凡是出现有变音的词语一定是本地人在日常生活中都会经常使用的词语。同一个字如果只在读书识字时使用，一般来说不会用变音（个别情况是少数变音字的本音已经被湮没）；一些从共同语中引进的文化词、新词（包括历史较短的生活词）和书面色彩较浓的词，还有某些需要比较庄重的词（如姓氏），也不会用变音。比较上面材料里"∥"号前后的具体词语，大家不难看出这点。这里我们还可以再指出一种现象：有些字在雄州话里有文白两种读法，即所谓的文白异读。从语音系统来说，文白两种读音都是它们的本音，但是，如果这个字还有变音的话，那么它一定只出现在白读音中。如"瓶、领"两个字都有文白两种读法，文读分别是[pin˨]和[lin˨]，白读分别是[piaŋ˨]和[liaŋ˨]，而它们在"花瓶"和"衣领"里的变音[fa˦ piaʔ˦]和[i˦ liaʔ˦]，显然就是从白读音来的；当地话里还有一个泛指瓶子的"瓶俚"，说作[pin˨ ne˦]，尽管也是口语中的常用词，因为用的是文读音，就不变音。还有一些字，今天一般人单念的时候可能认为它只有一种读法，可是通过它在某些词语里的变音，我们可以发现现在的这种读法实际上只是后起的文读音，在较早时期它肯定还会有一个白读音存在。比如列举材料的[iɯn]韵里面有"裙、菌"两个字，以及[y]韵里的一个"鱼"字，今天一般人都只会把它们读成[tɕiɯn˨]或[ȵy˨]，似乎不觉得还有另外的本音。然而在"裙俚、菌俚、鱼俚",它们分别促变为[kuɯʔ˩ ne˦]("裙俚、菌俚"同音)和[n̩ʔ˩ ne˦],前者连声母和介音都变了,后来则韵母[y]消失,原来的声母变为一个舌尖鼻音的声化韵。这跟本音促变的一般规则不合,只有设想它们在早期还应该分别有一个群母不腭化的白读的本音[kuɯn]和疑母白读为[n̩]的本音,才能解释得通,只是这些白读的本音现在已经失传了。顺便提一句,易家乐(1983)没有提出变音的概念,简单地把促变音也说成是白读音,这是欠妥当的。尽管白读音也在口语中使用,但它是一种本音,两者不能混为一谈。

出现有变音的词语绝大多数都是名词或具有名词性这一点,我们通过列举的材料也能看得非常清楚,其中除了"聊套"和"稠砣砣"不是名词以外,其他的都是名词或具有名词性。而在材料里面的某一个字(语素)如果有两种词性的话,那么一定是名词读变音,非名词读本音。如"画"在"画画"里面,前一个是动词读本音,后一个是名词读变音;"碎"在"碎布"里面读本音,在"口水碎俚"读变音;"盖"在"盖起来"里读本音,在"板盖"里读变音;"调"在"调头"里读本音,在"音调"里读变音;"圆"在"圆圈"里读本音,在"汤圆"里读变音;"盘"在"盘山(路)"里读本音,在"盘俚"里读变音;"领"在"领工资"里读本音,在"衣领"里读变音等等。"俚"是雄州话里一个常见的名词后缀,相当于北京话的"子"或"儿",而促变音非常容易在带"俚"的词中出现,材料里超过50个,这也说明了促变音的这一特性。

有的方言里变音的语义功能相对来说比较单一,比如主要用来表示小称,因而有所谓"小称变音"一说(李冬香,2000;钱惠英,1991;叶国泉、唐志东,1982;庄初升、林立芳,2000),如粤语的信宜方言甚至已经发展成一套很完备的系统。雄州话里用变音来表示相当于小称的情况也有,典型的如"门",在"大门、前门、大南门、宾阳门"里读本音,而在"侧门、后门、小东门"里读变音。其他如"猫崽俚、猪崽俚"里的"崽","木头、鱼骨头"里的"头","鸡雏俚"里的"雏","花生仁"里的"仁","鸡胗俚"里的"胗","汤圆俚、芋圆俚"里的"圆","肉丸"里的"丸","筹码"里的"码","耳环俚"里的"环"等都读促变音,把它们归入表小称不会有问题。不过从总体来看,这类例子并不算太多。我们觉得在雄州话里,变音跟本音在语义上的差异类型是多元的,并不只限于某一、两个方面。仅根据上面列举的材料来分析,至少还可以指出以下这些方面:

(一)区别所指的不同。如"鸡眼","眼"读本音指脚上皮肤角质层增生,读变音指踝子骨;"走船俚","船"读本音指汉字笔形的走辵旁,读变音指汉字笔形的走之旁;"剂"在"头剂药"里读本音,在"剂俚"里读变音;"鸡"在"鸡俚"里读本音,在"田鸡俚"里读变音;"肚"在"肚脐"里读本音,在"猪肚、鱼肚、小肚"里读变音;"菌"在"细菌"里读本音,在"菌俚"里读变音。

(二)区别本义和引申义或比喻义。如"鼻"在"鼻孔"里读本音,在"针鼻俚"里读变音;"弟"在"兄弟"里读本音,在"徒弟"里读变音;"蛇"在"毒蛇、泥蛇"里读本音,在"天檐蛇俚"里读变音;"皮"在"猪皮"里读本音,在"刨皮俚"读变音;"袋"在"袋俚"里读本音,在"脓袋"里读变音;"肠"在"小肠"里读本音,在"风肠、桂花肠"里读变音。也有相反的情况,如"台"在"台俚、圆台、方台、八仙台"里读变音,在"烛台、灯台"里读本音。

(三)区别泛指和专指。雄州人常用"唔要移塘边聊,唔系就跌下塘不要去塘边玩儿,不然会掉到塘里去"这句话来展示本地话里两个"塘"字的不同读音:前一个"塘"字是泛指有塘的地方,所以读本音;后一个则指所在的具体的那个塘,读变音。"老虎塘"是本地的一个塘名,读变音。又如"螺"在"田螺"里是泛指田里的螺蛳,读本音,"石螺俚"专指一种螺蛳,读变音;"瓶"在"瓶俚"里读文读本音,在"花瓶、酒瓶"里读白读变音。

(四)区别实义和虚义。有的字在有些词语里是实义,而在有些词语里却虚化为近乎词缀一类的东西,它们也可能读变音。"婆"是最突出的一个例子,它在"婆婆、家婆、亚婆俚、婆佬、老婆"里都有实义,读本音;而在"鸡婆、鸭婆、哑婆、聋婆、麻婆、斋婆、填房婆、后来婆、丈人婆、烧火婆俚"里实际已虚化为表示雌性和女性的词缀,读变音。

(五)动植物的子实常读变音。如"梨、桃、榴、麻、柿"在"梨花、桃花、榴花、黄麻、柿子树"里读本音,而在"雪梨、沙梨、桃俚、麻俚、柿饼"里读变音;指称豆类植物的子实如"红豆、黄豆、眉豆、冬豆、刀豆、绿豆、乌豆"以及它们的加工制成品"豆腐、豆豉、豆乳"里的"豆"差不多都读变音。指称禽卵的各种"蛋"差不多也都读变音。当然也可以把它们理解成表"小"。

除了以上这些容易看出意义差别的以外,还有一些字的本音和变音之间的关系至少目前还不能得到很好的解释。比如同样是"钱",在"钱俚、零用钱、本钱、利钱、赚钱、零钱俚、一块钱"里读变音,在"钱庄、姓钱"里读本音可以说是后起词或姓氏字,可是"工钱、学钱"也读本音,这是什么原因呢? 同样是"鞋",在"鞋底、鞋面、水鞋"里读变音,而在"暖鞋、花鞋"里读本音又怎样解释呢? 再比如"年"在"明年、旧年"里读变音,而在"今年、前年、往年"里读本音,也不知其由。[易家乐(1983)把"今年、前年"也标成变音形式,我们的发音合作人对此有犹豫。]也许这只是一种习惯,表现了语言符号约定俗成的一面;也许还有更深层次的原因,现在不好妄说,有待于挖掘更多的材料(包括其他方言的同类材料),作进一步的研究。

要强调指出,对雄州话变音和本音之间的语用和语义差别方面的一些说法,都只是现象而不是规律,因为它们都不具有开放性,不能类推,只能逐词分析,而且带有一定的主观随意性;更何况这些考察是在很有限的材料范围里进行的。不过尽管如此,一个大致的轮廓还是明显的,这就是:对于本音来说,变音具有更强的口语性、名词化和意义上的某种差别。

参考文献

李冬香 2000 粤北仁化县长江方言的归属,《语文研究》第 3 期
李 荣 1978 温岭方言的变音,《中国语文》第 2 期
李 荣 1983 关于方言研究的几点意见,《方言》第 1 期
南雄县地方志编纂委员会 1991 《南雄县志》,广东人民出版社
钱惠英 1991 屯溪方言的小称音变及其功能,《方言》第 3 期
谢自立   南雄雄州镇方言里的变音现象,待刊
叶国泉、唐志东 1982 信宜方言的变音,《方言》第 1 期
易家乐[丹麦] 1983 南雄方言记略,《方言》第 2 期
庄初升、林立芳 2000 曲江县白沙镇大村土话的小称变音,《方言》第 3 期

Abrupt sound changes in dialect of Xiongzhou township in Nanxiong county

Xie Zili

Abstract This paper is a continuation to the author's previous paper "Sound changes in dialect of Xiongzhou township in Nanxiong county", focusing on the phonetic features and pragmatic / semantic functions of the abrupt sound changes in this dialect.

Key words Dialect, sound change, semantics

汉语方言的轻声变调[*]

李 小 凡

(北京大学中文系、汉语语言学研究中心 北京 100871)

提要 本文是《汉语方言连读变调的层级和类型》(《方言》2004年第1期)的续篇。本文对北京话和汉语方言里的轻声进行全面的比较,在此基础上对以往基于北京话的轻声理论加以重新审视,并根据汉语方言里轻声的表现及其与连读变调的关系把轻声归入连读变调。轻声和重叠变调、小称变调同属于音义变调。

关键词 方言 轻声 连读变调 音义变调

壹 北京话里的轻声

长期以来,人们通常把轻声和连读变调看做两种不同的语言现象,这种认识最初是从北京话中产生的。1922年,赵元任(2002:25)在与黎锦熙讨论国语罗马字的通信中使用了"轻声"概念,同年发表的《国语罗马字的研究》(2002:58)则称"轻音"。二者名异实同。

对北京话轻声和变调较为系统的分析始见于赵元任1929年《北平语调的研究》,该文在"中性语调"一节列举了北京话"语句里头的字调也因地位的不同而经种种的变化"的4种现象(2002:255–261):①轻音。②赏声变化。③重叠形容词或副词。④"一"和"不"。1932年《国语语调》的演讲则择其要只提前两项:"中性语调里有两种变化:一种是字与字相连所发生的变化,一种是因字音的轻重而发生的声调上的变化。"(2002:428)于是,轻声和上声连读变调便被视为两种并列的语音现象。

关于轻声和连读变调性质上的差异,赵元任1933年在《汉语的字调跟语调》一文中作了进一步的讨论(2002:741–743):将连读变调归因于"声调环境",即"在连

---

[*] 本文受教育部哲学社会科学研究博士点基金资助,项目批准号:01JB740004。

贯的言语中发生的……声调间的相互影响,通常是第二个声调影响前一个";而将轻声归因于"声调重音",它"使非重读音节不但元音趋于模糊,而且失掉了原有的声调,通常只剩下一个短平调,其高低由前面的音节来决定"。1968 年他在《汉语口语语法》中又进一步加以界说(1979:21-32):连读变调是"声调连在一起时"出现的"某些音位的和音位变体的变化","在官话以及其他方言中,一个音节的声调主要受后一个音节声调的影响,而不是受前一个音节声调的影响"。"当一个声调的变体同另一个声调相同时"则成为"形态音位变调"。轻声则是"声调幅度差不多压缩到零,其持续时间也相对地缩短"的"弱重音","它紧跟在一个重音音节之后,这个重音音节的声调决定这个弱重音音节的声调的高度"。

赵元任的上述观点经过多年的检验、补充和修正,形成了今天对北京话轻声的几点共识:①轻声的音长缩短一半以上。②轻声的音高变化幅度趋向于零,调型模糊以致丧失。③轻声的音高由前面的重读音节决定。④轻声音节在声调弱化的同时伴有某些音素的变化。⑤轻声字大都有各种不同的本调。⑥轻声有一定的词汇、语法功能,并出现在相应的位置。⑦轻声在哪些复合词里出现难以预测,有的词读不读轻声两可。上述特点中,前 4 项是可以直接感知的语音特征,后 3 项是经过分析归纳出来的音系特征和语义特征。前者可称为判别特征,具有规定性,只有满足这些特征才能视为轻声。后者可称为分析特征,具有概括性,具体实例允许有不同的表现。北京话轻声的所有这些特征都与连读变调截然不同,因此,将轻声和连读变调视为两种性质不同的平行语音现象,就北京话而言是十分自然的。

贰　方言里的轻声

1926 年,赵元任(2002:137)在《北京、苏州、常州语助词的研究》一文中指出,方言里的语助词和北京一样读轻声,从而将轻声的概念扩展到方言:"北京有阴平、阳平、赏声、去声四种声调,但得勒呐吗等字也不是阴平,也不是阳平,也不是赏声,也不是去声,乃是一种短而中性的'轻声'声调。……语助词差不多全是轻声字……'来勒'……南方人虽然不会说北京音'勒令'的勒,而说起'来勒'(= 了)的勒,可以跟北京人说得一样。"1928 年《现代吴语的研究》第五章"词汇"(赵元任,1956:90)也记录了"轻声",第六章"语助词"(赵元任,1956:118)则称"轻音"。1929 年的《南京音系》(赵元任,2002:279)指出:"南京的轻音字的声调当然也要因声调的轻读的影响而发生变化。"但 1933 年《汉语的字调跟语调》(赵元任,2002:743)则将"声调重音"

限定在"少数几种方言,包括北京话",而"在大多数汉语方言中不起任何重要作用"。1962 年的《绩溪岭北音系》(赵元任,2002:578 - 581)则只谈连调,不提轻声。而据《现代汉语方言大词典》(李荣,2003:116),该方言是有轻声的。

受赵元任影响,罗常培(1999:28 - 34)的《厦门音系》也将轻声和连调作为两种不同的现象分别描写:轻声是七个基本调类之外的一种声调,"在厦门语调里,颇为重要"。连读变调则称为联词变调,七种基本调值"用作联词的第一个字,就会发生很大的变化",而在轻声字前面则保持不变。但后来的《临川音系》也只讲联词变调,不提轻声了,不过,记音材料里语气词和"子、头、个"等后缀还是记作轻声的。这种模式对后来的方音描写影响很大,不少方音材料都是只描写连读变调,而在给出单字调系统时附带说一句"不包括轻声"或"轻声在外",表示有轻声而无需描写。也有的材料根本不提轻声,使人无从知晓该方言有无轻声。直到最近,《普通话基础方言基本词汇集》仍采取这种模式,该书收录 93 个官话方言点的音系,其中 77 个点有两字组连调的描写,而只有 11 个点作为连读变调的条件才提到轻声。例如,保定话的部分阴平字在轻声前由[⌐]45 变为[⌐]21,上声在阴平、去声和轻声前由[↙]214 变为[↙]21,去声在轻声前一般由[↘]51 变为[↗]53。这 11 个点中,除保定举了一个复合词"瓦·刀"后字读轻声的例子外,其他例子都是后缀。

方言轻声的上述描写方式隐含的逻辑前提是,它跟北京话的轻声是相同的。这表明,在很长一段时间里,人们是用北京话的轻声来认同方言的轻声的。这对于许多官话方言来说未尝不可,只要符合判别特征便可视为轻声,即使它们的分析特征和北京话并不完全相同。

例如,北京话轻声随前字声调而有四种不同的音高:在上声后面为[4],阳平后为[3],阴平后为[2],去声后为[1]。武汉话轻声则只有 2 种不同的音高:在阴平、去声后面为[5],阳平、上声后为[3](北京大学中文系语言学教研室,1995:15)。长沙话轻声只有一种音高,大约在 3 度左右(北京大学中文系语言学教研室,1995:26)。

又如,北京话轻声引起韵腹元音央化及复元音单化,太原话轻声不引起复元音单化,却使部分音节因短促而入声化(北京大学中文系语言学教研室,1995:13)。银川话轻声则引起与[ts、tʂ]组声母相拼的开口呼韵母的舌尖化,例如:风·筝(tsəŋ→tsʅ)、韭·菜(tsʻɛ→tsʻʅ)、惊·蛰(tʂɛʔ→tʂʅ)、灶·神(ʂən→tʂʅ)(李荣,2003:91)。南京话轻声引起入声韵失落喉塞尾(李荣,2003:44)。武汉话轻声则不引起韵母的变化(北京大学中文系语言学教研室,1995:15)。

再如,北京话轻声出现在语气词(吧、吗、呢、啊)、助词(的、地、得、了、着、过)、重叠式后一音节（看看、试试、爸爸、宝宝）、趋向补语（回来、出去、放下来）、构词后缀（子、头、们、么）、方位词（上、下、里、面、边）和某些复音节词语的后一音节，而不少方言轻声的分布范围比北京话要小，主要是复音节词语里的轻声比北京话少。例如，《汉语方言词汇》共收20个方言，其中，包括北京话在内的13个方言有轻声，在该书所收1230条词语中，北京话读轻声的复音节词有281条，厦门话、潮州话和福州话的轻声主要是语气词和助词，上述词语都不读轻声。其他9个方言词语能读出轻声的词语都少于这281条。下面抽取20条词语，列表观察这9个方言轻声词语的多寡：（表左是方言词，表端是方言点，"+"表示读轻声，"-"表示不读轻声）

北京	武汉	西安	济南	扬州	合肥	长沙	南昌	太原	温州
茄·子	+	+	+	+	+	+	+	+	茄·儿
燕·子	+	+	+	+	+	+	+	+	燕·儿
饺·子	+	+	+	+	+	+	+	+	饺·儿
石·头	+	+	+	+	+	+	+	+	-
木·头	+	+	+	+	+	+	-	+	-
码·头	+	+	+	+	+	+	-	+	-
芝·麻	+	+	+	+	+	+	+	+	-
狐·狸	+	+	+	+	+	+	+	+	-
尾·巴	+	+	+	+	+	+	+	+	-
烟·筒	+	+	+	+	+	+	+	+	-
太·阳	+	+	-	+	+	+	+	+	-
时·候	+	+	+	+	+	+	+	+	-
葡·萄	+	+	+	-	+	-	+	-	-
棉·花	+	+	+	+	+	+	+	+	-
算·盘	+	+	-	-	-	-	-	-	-
天·气	+	-	-	-	-	-	-	-	-
打·算	+	+	+	+	+	-	-	-	-
值·得	+	+	+	+	+	+	+	+	+
清·楚	+	-	+	+	+	-	-	+	-
容·易	+	+	+	+	-	-	-	-	-

近20年来，人们对汉语方言轻声现象的描写分析越来越丰富和细致，其中有些轻声现象与北京话的轻声存在比较大的差异，已为北京话轻声的判别特征所难容。以下几种现象尤其值得注意：

一、轻声不轻。北京话轻声的判别特征要求它读得短而轻，并且无调型，但是，近年来，关于轻声不轻的报告屡见不鲜，分布地域也越来越广。例如：

新疆汉语"巴里坤话轻音词后音节给人的印象是不弱不短，所以我们说巴里坤话的轻音词不轻"。这"在新疆这似乎并不是个别现象"。（曹德和，1987：91，101）

温岭话的轻声分三类:第一类最轻,也最容易识别;第二类中轻,有时与第一类不好分;第三类略轻,接近于非轻声。第一类轻声不区分调值。第二类轻声根据声母区分阴阳,根据韵母区分舒促。第三类轻声字音的缩短不明显,也不失去原有调型或引起声韵变化,例如,"五斤[ʔŋ˧˩ tɕin˧]"粗听时不易听出轻声,通过比字才能听出它比"五经[ʔŋ˧˩ tɕin˧]"略短。(李荣,1992:1-8)

敦煌话的轻声"既不轻也不短","这种现象在西北方言里比较普遍"。(曹志耘,1998:13)

海安话的轻声"在这种方言中虽然总的说来短于非轻声,但在某些声调后却可以不短。轻声与非轻声在长短上的差异也没有北京话那么大"。(王韫佳,1998:216)

神木话的轻声调值"是固定的,并且有一定的调域,并没有弱化到完全由前字的调值来决定轻声字的高低,不能'处理成没有起头和终点、没有音高变化的音点'"。(邢向东,1999:69)

山东不少方言点的轻声"并不是一个非常轻短的声调"。(钱曾怡,2001:113)

河北迁西话有A、B两种失去了原调的轻声,A式与北京话的轻声一样,B式则类似去声的高降调,相比于A式来说,不轻也不短。(江海燕,2004:26)

二、轻声引起前一音节的变调。北京话轻声的判别特征规定,轻声的调值受制于它前面的重读音节,"轻声就是轻声,它对前面的音节不应起第三声的作用"。(赵元任,1979:39)但是,有些方言的轻声却反过来引起前面重读音节的变调。前文提到,《普通话基础方言基本词汇集》中就有11个方言点把轻声和其他调类一样当作连读变调的条件。《汉语方言词汇》(北京大学中文系语言学教研室,1995:18,24,9)也指出:合肥话的轻声使前面的阴平字发生变调,温州话的轻声使前面的阴入字和阳入字发生不同的变调,济南话的轻声使前面各种声调的字全都发生不同的变调。

近年来,对轻声引起前字变调的现象有了更加深入的描写分析。

山东不少地方轻声词里的重读音节跟相应的非轻声词有不同的变调行为,有些在非轻声词里不变调的,在轻声词里反而要变调,有的轻声词还有不止一种变调方式。例如,聊城话有阴平[˨˩˧]213、阳平[˦˨]42、上声[˥˥]55、去声[˧˩˧]313四个单字调,非轻声两字组连读,只有以下两类前字变调:①两个上声连读,前字变同阳平。②后字为去声时,前字阳平变同上声,前字阴平和去声都变成[˨˧]23调。但在轻声词里,前字既可以不变调,也可以变调,还可以不止一种变调。具体情况是:①阴平在轻声前变[˩˧˩]131调。②阳平在轻声前变[˦˦]44调。③上声在轻声前变[˧˥]35调。④去

声在轻声前变[ʁ]31调。⑤上去二声在轻声前又都可以变同阳平。(钱曾怡,2001:102-113)

河北迁西话 B 式轻声的前字都要变调,来源于各种声调的前字全都被类化成[ʴ]35调。河北昌黎、新乐、定兴等地也有类似现象。(江海燕,2004:26-33)

三、轻声与连读变调难以区分。北京话的轻声与连读变调判然有别,有些方言的轻声则与连读变调难以区分,有些方言的连读变调又与北京话的轻声难以分别。近年来,此类报告时有所见。例如:

贵阳话没有跟北京话一样的轻声,只有一种相当于轻声的变调,调值跟阴平相同。贵阳话的连读变调很简单,变调的字在北京话里大多读轻声。所以,贵阳话的变调大致相当于轻声。(李荣,2003:61-62)

海安话轻声的最大特色是其音高与前面非轻声的音高存在特殊关系,即轻声获得前字底层声调的终点音高特征,前字则保留了其底层声调的起点音高特征。这种关系与上海话二音节复合词中前后字声调的关系极为相似。(王韫佳,1998:216)

万荣话阴平、上声、去声后面的轻声,调值轻而短,与北京话的轻声相似。阳平后面没有轻而短的调子,相当于其他方言轻声的字一律重读[ʴ]33调,与去声同调。这些字可以分为两类:一类是去声字,其中一部分相当于其他方言的轻声,另一类是由阴平、阳平、上声变来的相当于其他方言的轻声字。(李荣,2003:100)

苏州话的轻声有两种,无喉塞音尾的是[˨˩]21调,有喉塞音尾的是[˨]2短调。无喉塞音尾的轻声[˨˩]21跟舒声字在阴平后面的变调[˨˩]21无法区别,例如:新郎[siŋ˦ lã˨˩]=心·浪心上[siŋ˦·lã]。(李荣,2003:147)然而,其他学者并不认为苏州话有轻声,那么,"心浪"和"新郎"就是同一种连读变调。(谢自立,1982;钱乃荣、石汝杰,1983;汪平,1996;李小凡,1998)

萍乡话的轻声被同一位学者先后作了两种不同的处理,始而认为"萍乡话的非重音尽管在语音上跟通常所说的'轻声'没有多大两样,但它并非轻声",而"只是一种变调",继而又认为"连读变调产生的短调纯属调值的轻声"。(魏钢强,2000:20-29)

叁 轻声和音义变调的同一性

上节列举的汉语方言的种种轻声现象显示,它们与北京话的轻声有所不同,而这些不同点恰恰又是与连读变调的相似点,也就是说,它们似乎既可以看做轻声,也可以看做连读变调。轻声和连读变调既然有纠缠,就需要我们加以重新审视,否则,今后处理同类问题时，将难以避免像上面提到的苏州话那样的因人而异或萍乡话那样的前后不一。

本文第一节列举了北京话轻声和连读变调的7项不同特点，以往注重的是前4项语音特征，因为对于北京话来说，这就足以判别轻声和连读变调了。其实，后3项音系和语义特征处于语言结构更深的层次，应该比表层语音特征更深刻也更具普遍性。在分析方言的轻声和连读变调时，单纯从语音特征着眼常常会碰到困难，因此有必要对音系和语义方面的深层特征作进一步的挖掘。

北京话轻声的第5项特征是一项音系学特征，通常认为这项特征只是考察轻声字原先有没有本调，其实还有更深刻的内涵：各种不同本调的字都可以读作轻声，从音系学角度看，就是发生了某种程度的调类合并或调位中和。从这个角度看，北京话的上声连读变调也造成一定程度的调位中和，只是中和发生在前字位置而显得与轻声不同，或许正是这个原因使二者在音系学上的共同性被忽略了。方言里的连读变调现象远比北京话丰富，其中不乏后字位置的调位中和。于是，这一类连读变调与轻声在音系学上的共同性逐渐引起了人们的注意。

不少学者指出，北部吴语的连读变调与北京话轻声相似。其中，有的学者着眼于二者后一字的调值都是前一字声调的延长（王韫佳，1998；王福堂，1999；王洪君，1999），有的学者着眼于二者都在后字位置上发生了调位中和。石汝杰（1996：75）将二者统称为"中性调，用来指汉语语音中，在某个位置上，本来不同类别的声调之间的对立消失的情况"。平山久雄（1992：246-247）认为"北京话的演变过程中间，前重格式两字组里不带重音的后字像吴语那样发生了声调合并的趋向……后字的声调发生调类的简化甚至变为轻声"。

有些学者注意到西北方言的重轻式连读变调也和北京话轻声、北部吴语连读变调有音系学上的共同性。邢向东（2004：17）认为，西北方言"重轻式两字组后字趋于一致的调位中和模式"，"是音系学上的轻声"，如果"已经弱化到北京话轻声那样的'音点'"，则成为"语音学和音系学都应该承认的轻声"。李倩认为："普通话的轻声、银吴片方言的连调乙以及苏州话的复合词连调式在音系表现上有共通之处，决定连调语音形式的都是前字，后字在连调形式中都发生了中和。"（李倩，2001：128-129）

还有些学者从实验语音学和生成音系学角度认识到，包括北京话在内的一些方言的轻声和连读变调具有音系学上的共同性，并"对北京话、天津话和津南话的轻声在音系层次上的音高与连读变调进行统一分析"。（王嘉龄，2000：229）

北京话轻声的后二项特征和语义层面相关。其实，判别北京话轻声与连读变调，语义特征的重要性并不在语音特征之下，赵元任（2002：429）早年在《国语语调》的演讲中就说过："轻重音的分别，这个比上声的变化还更要紧，因为它跟词类语法都有关系的。"在《汉语口语语法》（赵元任，1979：27）中又说："有无轻声纯粹是词汇问题。"其他学者也有很多类似的论述，例如，"轻音是语法现象，同时是词汇现象。"（王力，1980：198）"两个正常重读的上声音节相连的声调变化是以词内两个音节的声调为条件而引起的直接的声调变化，它属于语音学平面上的音变现象，基本上不涉及语法和语义的问题。而轻声词内上上相连的声调变化，首先是以第二个上声音节变读轻声为条件的，这是发生在构词法平面上的语言事件，它是受深层语义变化的控制而产生的一种语法形态变化。"（曹剑芬，1995：317）

北京话的连读变调是单纯的语音现象，和语义不发生直接的关系，但这并不代表整个汉语方言。笔者在《汉语方言连读变调的层级和类型》（李小凡，2004）一文中将汉语方言的连读变调分为语音变调和音义变调两个不同的层次，字组连读时只发生调型、调值等语音变化的是语音变调，同时还发生语义关系变化的是音义变调。那么，音义变调在音义关联这一点上就与轻声有了共同性。例如，在北京话里，"宝贝[pɑu˩˨˦ ·pei]"①连读，前字声调由[214]变为[21]，后字通常失落原有声调[51]，读作轻声；同时，"宝"和"贝"由两个离散的语义单位聚合成一个凝固的整体，"贝"的词义被复合词吸收，其自身原有词义"介壳软体动物的总称"趋于消失。又如，"宝宝[pɑu˩˨˦ ·pɑu]"前后两字相同，连读时前字声调由[˩˨]214变成[˩]21，后字失去原有声调，读作轻声，同时，两个字凝聚成合成词，单字的字义发生变化，形成新的专门意义"小孩的昵称"。再如，"走走[tsəu˩˨˦ ·tsəu]"连读时前字声调由[˩˨]214变成[ˇ]35，后字失去原有声调，读作轻声，同时，两字聚合成一个整体，后字原有字义虚化，附属于前字，表示体范畴意义。以上三例在苏州话中都是音义变调，分别读作："宝贝[pæˇ pEˢ˩]、宝宝[pæˇ pæˢ˩]、走走[tseiˇ tseiˢ˩]"，连读时语法语义关系也发生与北京话上述轻声词相同的变化。显然，北京话的轻声、重叠变调与苏州话的音义变调是具有共同性的。

再从历时角度看，轻声的发展轨迹也与音义变调一致。《汉语方言连读变调的层级和类型》一文曾以苏州话为例揭示过音义变调的衍生历程，和这一历程十分相似，轻声最初也源自由实词虚化而来的助词。"在普通话里，轻音的产生应该是在动

---

① 《现代汉语词典》"宝贝"未标轻声，《轻声和儿化·北京话轻声词汇表》（鲁允中，2001）则收录。

词形尾'了''着'形成的时代,在介词'之'字变为定语语尾'的'字的时代,在新兴的语气词'吗''呢'等字产生的时代。估计在12世纪前后,轻音就产生了。而这些语法成分从开始就是念轻音的。后来复音词的后一成分或后面两三个成分也都变为轻音。"(王力,1980:198)根据金有景(1984)的研究,"北京话的轻声不是一个历史时期的产物","子"尾、"儿"尾的轻声化约在10—11世纪,助词"过""得"的轻声化约在12—13世纪,助词"了、着"和语气词"吗、呢"的轻声化约在13—14世纪,"老虎、小姐"等合成词的轻声化约在15-16世纪。合成词后字读轻声的时间也有不同层次,较早的是重叠式和后加式名词,例如"姐姐[tɕie ˧˩·tɕie]""椅子[i ˧˩·tsʅ]"等。较晚的是复合词,例如"小姐[ɕiau ˧˩·tɕie]""早起[tsau ˧˩·tɕ'i]"等。轻声复合词在17世纪的《金瓶梅》《水浒传》里已有所反映,例如"晓得、家火、横竖、央告、闹动"。(李荣,1987)"在《红楼梦》时代,轻音在北京话里已经是个很普遍的语音现象了。"例如"编排、便宜、差事、搭讪、懒得、打点、打量、端详、端的、敢自、估量、摸索、糟蹋"。(李思敬,2000)此外,表示尝试、不经意等语法意义的动词重叠式后字也一律读轻声,其产生时间可能要早于合成词。总之,"语法成分或虚词素的轻化早于词汇成分或实词素的轻化,或者说无辨义作用的轻声早于有辨义作用的轻声"。(劲松,2002:64)17世纪时,山东一带方言也已经有了类似北京话的轻声词语,例如"门子、太太、烧饼、兄弟、笑话、证见、铺衬、晃荡、知道、叫唤、告诵、自在"。(张树铮,2003:267-268)

面对轻声和上述音义变调的种种共同性,一些学者开始重新思考二者的关系。主要有两种思路,一种思路是根据二者的共同性重新加以概括。石汝杰(1988:107)将二者统称为"轻声语音词",后又称为"中性调"(1996:75)。平山久雄(1992:244)认为二者的"基础是共同的",都源于汉语祖语偏正式结构的前重后轻模式。王福堂(1999:175)将吴语的首字扩展型连读变调视为"特殊的轻声",而"轻声也是一种变调"(1999:161)。王洪君(1999:253-254)认为二者同属"特征延伸式"变调。李倩(2001:127)将官话银吴片方言连调乙看做"音系学意义上的轻声"。岩田礼(2004)将二者统称为"词声调"。另一种思路是根据二者的差异性将后者从连读变调中析出并划归轻声,于是就有了两类甚至三类不同的轻声。魏钢强(2000:20)认为"汉语的轻声可以从两方面来认识,……调值的轻声指连读时读得很短的字调,……调类的轻声指失去原调类的轻声"。邢向东(2004:17)认为,"存在两个类型的轻声。一个类型是极短极弱的、已经表层化的轻声,是语音学和音系学都应该承认的轻声。另一个类型是大量重轻式语音词中经调位中和以后形成的轻声,'轻声不轻',是音系学上的轻声。"汪化云(2003:50)在魏钢强的两类轻声之外又增加了第三类"调值调类的轻声",这三类轻声还仅仅是次类,它们分别隶属于"自主的轻声"和"非自主的轻声"两个大类,这样就将轻声分成了六类。

我们不主张采取后一种思路,因为增加轻声的种类会使概念繁琐,也不能解决"轻声不轻"这一名实相悖的问题,尤其是"调类的轻声"这种说法容易引起理论上的混乱。事实上,这种混乱从一开始就出现在创始者自己的界说词中:"调类的轻声在许多方言里都**不是一个独立的调位**。区别母语的调位是所有人与生俱来的本领;而认识调类尤其是**轻声这一调类**则要通过比较,分析,必须兼及历史。调类的轻声和调位的关系很有些像**形态音位**和音位的关系。"(魏钢强,2000:28-29)这一界说与下面的说法不无龃龉:"国音有所谓'轻声'一种声调,但这并不是阴阳上去之外又加上一个第五种字调";(赵元任,2002:429)"把轻声设立成声调里的第五个音位:阴、阳、上、去、轻";(赵元任,1980:71)"在北京语要设立一个轻声,另外成一个音位"。(赵元任,1980:87)《汉语口语语法》1.3.8节专讲形态音位,其中包括上声连读变调,却不包括轻声。(赵元任,1979)

我们认为,"如果联系汉语所有的方言来看,应该认为轻声也是变调的一种。"(罗常培、王均,1981:134)连读变调现象比轻声更普遍,连读变调概念的外延也比轻声更宽广,凡是字组连读时声调发生变化的,都可以称作连读变调,而不必拘泥于变化的方式和原因,也不必计较在变调的同时是否还伴随音素的变化。因此,我们完全可以将轻声视为一种音义变调,与重叠变调、小称变调等处于同一层次。这样处理只需调整原有概念的层级关系而不必增加新的概念,在理论上是可行的,在实践上则将为方言调查和分析描写带来便利。

参考文献

巴维尔 1987 北京话正常话语里的轻声,《中国语文》第5期
北京大学中国语言文学系语言学教研室 1995 《汉语方言词汇(第二版)》,语文出版社
曹德和 1987 巴里坤话的轻音词,《新疆大学学报》第3期
曹剑芬 1995 连读变调与轻重对立,《中国语文》第4期
曹志耘 1998 敦煌方言的声调,《语文研究》第1期
曹志耘 2001 南部吴语的小称,《语言研究》第3期
陈 刚 1986 北京话里轻声音节的变异,《语文研究》第4期
陈 国 1960 汉语轻音的历史探讨,《中国语文》第3期
陈章太、李如龙 1991 《闽语研究》,语文出版社
陈章太、李行健 1996 《普通话基础方言基本词汇集》,语文出版社

高玉振 1980 北京话的轻声问题,《语言教学与研究》第 2 期

贺　巍 1987 获嘉方言的轻声,《方言》第 2 期

江海燕 2004 迁西方言的轻声与轻声前字的变调,《南开语言学刊》第 3 辑

蒋　平、谢留文 2001　南昌县(蒋巷)方言的轻重音与变调,《方言》第 2 期

金有景 1984 北京话"上声+轻声"的变调规律,《语海新探》第一辑,山东教育出版社

劲　松 2002 《现代汉语轻声动态研究》,民族出版社

李　明 1983 关于轻声语素前的上声变调问题,《语言教学与研究》第 2 期

李　倩 2001 中宁方言两字组的两种连调模式,《语言学论丛》第二十四辑,商务印书馆

李　荣 1987 旧小说里的轻音字例释,《中国语文》第 6 期

李　荣 1992 温岭方言的轻声,《方言》第 1 期

李　荣 2003 《现代汉语方言大辞典》,江苏教育出版社

李如龙 1962 厦门话的变调和轻声,《厦门大学学报》第 3 期

李思敬 2000 现代北京话的轻音和儿化溯源,《语文研究》第 3 期

李小凡 1998 《苏州方言语法研究》,北京大学出版社

李小凡 2003 也谈吴语变调和北京话轻声的关系,《吴语研究》,上海教育出版社

李小凡 2004 汉语方言连读变调的层级和类型。《方言》第 1 期

李智强 1996 北京话轻音音节的音系表达式,《第三届全国语音学研讨会论文集》

厉为民 1981 试论轻声和重音,《中国语文》第 1 期

林　焘 1962 现代汉语轻音和句法结构的关系,《中国语文》第 7 期

林　焘 1983 探讨北京话轻音性质的初步试验,《语言学论丛》第十辑,商务印书馆

刘　娟 1997 轻声的本质特征,《语言教学与研究》第 1 期

刘俐李 2002 20 世纪汉语轻声研究综述,《语文研究》第 3 期

鲁允中 2001 《轻声和儿化》,商务印书馆

罗常培 1999 《罗常培文集》(第一卷),山东教育出版社

罗常培、王　均 1981 《普通语音学纲要》,商务印书馆

孟　琮 1982 一些与语法有关的北京话轻重音现象,《语言学论丛》第九辑,商务印书馆

平山久雄 1992 从历时观点论吴语变调和北京话轻声的关系,《中国语文》第 4 期

平山久雄 1998 从声调调值演变史的观点论山东方言的轻声前变调,《方言》第 1 期

钱乃荣、石汝杰 1983　关于苏州方言连读变调的意见,《方言》第 4 期

钱曾怡 2001 《山东方言研究》,齐鲁书社

乔全生 1994 洪洞话轻声的语法语义作用,《语文研究》第 4 期

石汝杰 1988 说轻声,《语言研究》第 1 期

石汝杰 1996 关于汉语的中性调,《第三届全国语音学研讨会论文集》

汪化云 2003 自主的轻声和非自主的轻声,《语文研究》第 1 期

汪　平 1996 《苏州方言语音研究》,华中理工大学出版社

王洪君 1999 《汉语非线性音系学》,北京大学出版社

王洪君 2001 音节单双、音域展敛(重音)与语法结构类型和成分的关系,《当代语言学》第 4 期

王嘉龄 2000 实验语音学、生成音系学与汉语轻声音高的研究,《当代语言学》第 4 期

王嘉龄、姜　晖　1997　天津话轻声的语音性质和音系分析,《庆祝中国社会科学院语言研究所建所四十五周年学术论文集》,商务印书馆
王嘉龄、李淑婷　1996　天津南郊方言的连读变调与轻声,《第三届全国语音学研讨会论文集》
王　力　1980　《汉语史稿》,中华书局
王福堂　1999　《汉语方言语音的演变与层次》,语文出版社
王旭东　1992　北京话的轻声去化及其影响,《中国语文》第2期
王韫佳　1998　海安话轻声与非轻声关系初探,《方言》第3期
王志洁　1996　从轻声和变调看音系分析的范畴与层次,《第三届全国语音学研讨会论文集》
魏钢强　2000　调值的轻声和调类的轻声,《方言》第1期
谢自立　1982　苏州方言两字组的连读变调,《方言》第4期
邢向东　1999　神木方言的两字组连读变调和轻声,《语言研究》第2期
邢向东　2004　论西北方言和晋语重轻式语音词的调位中和模式,《南开语言学刊》第3辑
岩田礼　2004　汉语方言词声调的形成和发展(未刊)
殷作炎　1982　关于普通话双音常用词轻重音的初步考察,《中国语文》第3期
张树铮　2003　蒲松龄《聊斋俚曲集》所反映的轻声及其他声调现象,《中国语文》第3期
张洵如　1956　北京话里轻声的功用,《中国语文》第5期
赵　杰　1996　《北京话的满语底层和"轻声""儿化"探源》,燕山出版社
赵元任　1956　《现代吴语的研究》,科学出版社
赵元任　1979　《汉语口语语法》,商务印书馆
赵元任　1980　《语言问题》,商务印书馆
赵元任　2002　《赵元任语言学论文集》,商务印书馆
郑良伟　1987　北京话和台湾话轻声出现的异同、历史由来和台湾新生代国语的形成,《语言研究》第1期
钟　奇　2003　长沙话的轻声,《方言》第3期

Neutral tone sandhi in Chinese dialects
Li Xiaofan

Abstract　This paper is a continuation to the previous paper "Levels and classes of tone sandhi in Chinese dialects". It comprehensively compares the neutral tone of Beijing Mandarin with that of other Chinese dialects, on the basis of which surveys the theories of neutral tone of Beijing Mandarin, and classifies neutral tone into tone sandhi with reference of its manifestations in Chinese dialects and its relations to tone sandhi. Like diminutive and reduplicative tone changes, neutral tone is a phonetic-semantic tone change.

Key words　Dialect, neutral tone, tone sandhi, phonetic-semantic tone change

嘉善方言的连读变调

徐 越

（杭州师范学院 杭州 310036）

提要 本文对吴语嘉善方言的声调和两字组连读变调做了深入的调查和研究。对嘉善方言81种连调组合变调后归并出的40种连调模式做了描述和分析。

关键词 嘉善方言 连读变调

嘉善县地处浙北杭嘉湖平原之东北端,江浙沪二省一市交会处。东邻上海,南接平湖,西连嘉兴,北靠江苏吴江。明宣德五年(1430),析嘉兴东北境建县,"因旧有迁善六乡俗尚敦庞、少犯宪辟,故曰嘉善"（光绪《嘉善县志》）。今下辖9个镇,10个乡。面积506平方公里,人口近40万。

嘉善方言属吴语太湖片苏沪嘉小片。本文按作者的母语县城魏塘镇的方言记音。

壹 嘉善方言声韵调

1.1 声母28个,包括零声母在内。

p pʻ b m f v t tʻ d n l ts tsʻ s z tɕ tɕʻ dʑ ɲ ɕ ʑ k kʻ g ŋ h ɦ ø

① [f v]跟[u oŋ oʔ]三韵母相拼时有[ɸ β]、[f v]、[h ɦ]三种自由变读。

② 鼻音和边音就发音方法说,可分两套,一套读紧喉,一套带浊流。前者出现在阴调字,后者出现在阳调字。

③ 没有[dz]声母,吴语其他方言读[dz]声母的字在嘉善方言中读[z]。

1.2 韵母44个,包括自成音节的[m̩]。

ɿ a ɔ ɛ ø e o ɜ̃ uɛ oŋ aʔ iʔ oʔ m̩ ŋ̍
i ia iɔ iɛ iø iɜ̃ in ioŋ iaʔ iəʔ ioʔ
ʮ u au əu uɛ̃ ũ uəŋ uaʔ uəʔ ouʔ
ʯ
y

① [u]跟唇音以外的声母相拼时读作[ᵒu]。

② [ɛuɛ]中的[ɛ]略高;[ɜiɛ ɜuɛ]中的[ɜ]略后。

③ [uɛ uɛ̃ uən]在零声母后读作[ʋɛ ʋɛ̃ ʋən]。

④ [in]与[tɕ]组声母相拼时读作[iən]。

1.3 单字调7个。

1 阴平[˧]53 高安天粗飞三	5 阴去[˦]335 变爱送兔菜裤,土彩苦口楚草
2 阳平[˩]31 穷平徐神龙云	6 阳去[˨]113 大病饭树漏纬,坐淡厚父老有
3 阴上[˧]33 古短比纸好碗	7 阴入[˥]5 竹笔百歇黑一,曲七缺铁塔哭
	8 阳入[˨]2 白食药月六麦

① 古平上去入依声母的清浊各分阴阳,古浊上字今归阳去。

② 上声和入声的清声母字存在气流分调。其中,全清上读阴上,次清上归阴去,但在连读调中次清上与清去相分。全清入和次清入在单字调里都读阴入,但在连读调中相分。(详见下节)

贰 嘉善方言两字组连读变调

嘉善方言两字组连读变调(与语法结构相关的变调除外)相当复杂,81种连调组合变调后归并为40种连调模式。其基本规则详见表一。次清上(次阴上[˦]335)和次清入(次阴入[˥]5)在连调中自成调类,所以各分成两类(记作3ʰ和7ʰ)。表一中,[˧]50与[˨]30都表示轻声,前者调值略高于后者,下同。

表一 嘉善方言两字组连读变调表

前字 \ 后字	1阴平 [˧]53	3阴上 [˦]33	3ʰ次阴上 [˦]335	5阴去 [˦]335	2阳平 [˩]31	6阳去 [˨]113	7阴入 [˥]5	7ʰ次阴入 [˥]5	8阳入 [˨]2
1 阴平[˧]53		35 50			35 30		55 54		55 21
3 阴上[˦]33	33 53	55 50		33 31	55 30		33 45		33 12
3ʰ 次阴上[˦]335		33 35				33 13			
5 阴去[˦]335		55 50			55 30				
2 阳平[˩]31	13 53	13 50			13 30		11 54		11 21
6 阳去[˨]113	11 53	11 35		11 31	11 13		11 45		11 12
7 阴入[˥]5	54 53	45 50		54 31	45 30		45 54		45 21
7ʰ 次阴入[˥]5		54 35			54 13		54 45		54 12
8 阳入[˨]2	21 53	21 35		21 31	21 13		21 45		21 12

就变调类型论,嘉善方言两字组连读变调以前后字都变调为主。在81种调类组

合中,有79种组合前后字都变调,只有两种前后字都不变调。

　　就单字调和连调的关系而言,调类合流和调类复原都很突出。任何一个调类作前字或后字时最多只有两种调值变化。例如,阴平、阴去、阳平作为前字,在舒声前分别变作[˦]35、[˥]55、[˧]13;在入声前分别变作[˥]55、[˦]33、[˩]11。次清上与清去单字调中调值相同,都是[˧]335;次清入与全清入单字调中调值也相同,都是[˥]5。但是连读变调有别,次阴上和次阴入均自成调类(关于气流分调问题拟另文讨论)。

　　就调值说,有两种情况:一是不超出七个单字调。二是出现了七个单字调之外的新调值。这种由连调产生的新调值共有9个:[˦]35由阴平变来出现在前字、由阴去(次清上)变来出现在后字。[˩]11由阳平、阳去变来,只出现在前字。[˥]55由阴平、阴上、阴去变来,只出现在前字。[˦]50由阴平、阴上、阴去变来,只出现在后字。[˧]30由阳平、阳去变来,只出现在后字。[˨]12和[˨]21由阳入变来。[˥]45和[˦]54由阴入变来。

　　下面是两字组连读变调的举例。前后字调类次序为:1阴平、2阳平、3阴上、3ʰ次阴上、5阴去、6阳去、7阴入、7ʰ次阴入、8阳入。每一行是一种调类排列,先写出调类,再用数字标明调值,然后写例字。例字后头只标声韵,不再标调。

前字阴平

阴平+阴平	[53-35 53-50]	冬瓜 toŋ ko	风车 foŋ tsʻo	村庄 tsʻən tsã	先生 siɪ sẽ
阴平+阳平	[53-35 31-30]	天堂 tʻiɪ dã	拖鞋 tʻu ɦa	工人 koŋ n̠in	千梨 tɕʻiɪ li
阴平+阴上	[53-35 33-50]	山顶 sɛ tin	东海 toŋ hɛ	班长 pɛ tsã	清爽 tsʻin sã
阴平+次阴上	[53-35 335-50]	青草 tɕʻin tsʻɔ	天体 tʻiɪ tʻi	猪草 tsʅ tsʻɔ	辛苦 ɕin kʻu
阴平+阴去	[53-35 335-50]	商店 sɛ tiɪ	青菜 tsʻin tsʻɜ	车票 tsʻo pʻiɔ	纱布 so pu
阴平+阳去	[53-35 113-30]	清静 tsʻin ziŋ	温暖 uən nø	鸡蛋 tɕi dɛ	山路 sɛ lu
阴平+阴入	[53-55 5-54]	高级 kɔ tɕʻiʔ	中国 tsoŋ koʔ	钢笔 kã piʔ	收作 sə tsoʔ
阴平+次阴入	[53-55 5-54]	精赤 tsin tsʻəʔ	亲戚 tsʻin tsʻiɪʔ	生铁 sɛ tʻiɪʔ	稀客 ɕi kʻaʔ
阴平+阳入	[53-55 2-21]	舒服 sʅ voʔ	通俗 tʻoŋ zoʔ	生日 sɛ n̠iɪʔ	开业 kʻɜ n̠iɪʔ

　　千梨:梨。收作:收拾。精赤:裸下身。

前字阳平

阳平+阴平	[31-13 53-50]	桃花 dɔ ho	排班 ba pɛ	全亏 ziɪ tɕʻy	扶梯 ɦu tʻi
阳平+阳平	[31-13 31-30]	蚊橱 mən zy	拳头 dziø də	眉毛 mi mɔ	牛皮 n̠iø bi
阳平+阴上	[31-13 33-50]	苹果 bin ku	齐整 zi tsən	游水 ɦiø sʅ	雷响 lɛ ɕiã
阳平+次阴上	[31-13 335-50]	门口 mən kʻə	潦草 liɔ tsʻɔ	银厂 n̠in tsʻã	油彩 ɦiø tsʻɜ
阳平+阴去	[31-13 335-50]	蓝布 lɛ pu	寒假 ɦø ka	长裤 zã kʻu	咸菜 ɦɛ tsʻɜ
阳平+阳去	[31-13 113-30]	城市 zən zʅ	杨柳 ɦiã liø	同事 doŋ zʅ	门面 mən miɪ
阳平+阴入	[31-11 5-54]	毛竹 mɔ tsoʔ	墙脚 ziɛ tɕiaʔ	颜色 ŋɛ səʔ	头虱 də səʔ
阳平+次阴入	[31-11 5-54]	明察 min tsʻaʔ	油朴 ɦiø pʻoʔ	玩客 mɛ kʻaʔ	球拍 dziø pʻaʔ

| 阳平+阳入 | [31-11 2-21] | 成熟 zən zoʔ | 邮局 ɦiə dziɔʔ | 咸肉 ɦiɛ ȵioʔ | 阳历 ɦiɛ liıʔ |

排班:排队。全亏:幸亏。蚊橱:蚊帐。齐整:漂亮。油朴:油豆腐。玩客:顽皮的小孩。

例外:阳平+阴入 [11 54] 读如阳去+阴入 [11 45]。例如:"头发 də fəʔ"。

前字阴上

阴上+阴平	[33 53]	水缸 sʅ kɑ̃	小工 sio koŋ	死尸 si sʅ	火烧 fu sɔ
全阴上+阳平	[33 31]	枕头 tsən də	水潭 sʅ dø	酒瓶 tsiə bin	纸船 tsʅ zø
阴上+阴上	[33-55 33-50]	水果 sʅ ku	勇敢 ioŋ kø	喜酒 çi tsiə	首长 sə ʒɛ
阴上+次阴上	[33-55 335-50]	水草 sʅ tsʰɔ	纸厂 tsʅ ʒɛ	火腿 fu tʰɛ	水厂 sʅ ʒɛ
阴上+阴去	[33-55 335-50]	比赛 pi sɛ	手套 sə tʰɔ	小气 sio tɕʰi	韭菜 tɕiə tsʰɛ
阴上+阳去	[33-55 113-30]	早稻 tsɔ dɔ	少女 sɔ ny	子弹 tsʅ dɛ	死路 çi lu
阴上+阴入	[33 5-45]	粉笔 fən piʔ	手脚 sə tɕiaʔ	小脚 sio tɕiaʔ	纸屑 tsʅ çiıʔ
阴上+次阴入	[33 5-45]	宝塔 pɔ tʰaʔ	水塔 sʅ tʰaʔ	手帕 sə pʰaʔ	粉扑 fən pʰoʔ
阴上+阳入	[33 2-12]	主席 tsʅ ziıʔ	酒药 tɕiə ɦiaʔ	狗肉 kə ȵioʔ	小麦 çio maʔ

水潭:小水坑儿。粉扑:扑粉的用具。

例外:阴上+阴上 [33-55 33-50] 读如阴上+阴平 [335-33 53]。例如:"手表 sə piɔ"。

前字次阴上

次阴上+阴平	[335-33 53]	体温 tʰi uən	普通 pʰu tʰoŋ	起初 tɕʰi tsʰu	草坡 tsʰɔ pʰu
次阴上+阳平	[335-33 31]	起床 tɕʰi zɑ̃	企图 tɕʰi du	口头 kʰə də	草莓 tsʰɔ ʒm
次阴上+阴上	[335-33 33-35]	巧果 tɕʰiɔ ku	毯子 tʰɛ ʒʅ	浅水 tɕʰiı ʃʅ	土纸 tʰu tsʅ
次阴上+次阴上	[335-33 335-35]	产品 tsʰɛ pʰin	起草 tɕʰi tsʰɔ	土产 tʰu tsʰɛ	可耻 kʰo tsʰʅ
次阴上+阴去	[335-33 335-35]	吵架 tsʰɔ ka	讨厌 tʰɔ iı	体泰 tʰi tʰa	土布 tʰu pu
次阴上+阳去	[335-33 113-13]	处理 tsʰʅ li	起步 tɕʰi bu	吵闹 tsʰɔ nɔ	巧妇 tɕʰiɔ vu
次阴上+阴入	[335-33 5-45]	丑角 tsʰə koʔ	启发 tɕʰi fəʔ	彩色 tsʰɛ səʔ	起脚 tɕʰi tɕiaʔ
次阴上+次阴入	[335-33 5-45]	口吃 kʰə tɕʰiʔ	坦克 tʰɛ kʰəʔ	吐出 tʰu tsʰəʔ	孔雀 kʰoŋ tɕʰiaʔ
次阴上+阳入	[335-33 2-12]	普及 pʰu dziıʔ	体育 tʰi ɦioʔ	腿肉 tʰɛ ȵioʔ	土木 tʰu moʔ

体泰:慢慢儿地。起脚:(鞋子)跟脚。

前字阴去

阴去+阴平	[335-55 53-50]	挂肩 ko tɕiı	信封 sin hoŋ	菜心 tsʰɛ çin	货车 fu tsʰo
阴去+阳平	[335-55 31-30]	戏台 çi dɛ	刺毛 tsʰʅ cm	菜油 tsʰɛ ʒiɤ	透明 tʰə min
阴去+阴上	[335-55 33-50]	报纸 pɔ tsʅ	要紧 ɦiɔ tɕin	汽水 tɕʰi ʃʅ	跳板 tʰiɔ pɛ
阴去+次阴上	[335-55 335-50]	细巧 çi tɕʰiɔ	布厂 pu tsʰɛ	汽体 tɕʰi tʰi	进口 tɕin kʰə
阴去+阴去	[335-55 355-50]	记性 tɕi çin	戏票 çi pʰiɔ	意见 i tɕiı	布套 pu tʰɔ
阴去+阳去	[335-55 113-30]	汉语 hø ȵy	带便 ta biı	进步 tɕin bu	记认 tɕi ȵin
阴去+阴入	[335-33 5-45]	印刷 in søʔ	臂膊 pi poʔ	戏法 çi fəʔ	庆祝 tɕʰin tsoʔ
阴去+次阴入	[335-33 5-45]	信壳 çin kʰoʔ	扣吃 kʰə tɕʰiʔ	顾客 ku kʰaʔ	欠缺 tɕʰiı tɕʰioʔ
阴去+阳入	[335-33 12]	算术 sø zəʔ	贵族 kuɛ zoʔ	快活 kʰɔ ɦuɤʔ	炸药 tso ɦiaʔ

挂肩:背心。刺毛:毛虫。带便:顺便。记认:记号。臂膊:手臂。信壳:信封。扣吃:略胜

一筹。

例外:① 阴去 + 阴平 [55 30]读如次阴上 + 阴平 [33 53]。例如:退休 tʻɛ ɕiɤ｜信心 ɕin ɕin｜气温 tɕʻi uən。② 阴去 + 阳平 [55 30]读如次阴上 + 阳平 [33 31]。例如:兔毛 tʻu mɔ｜假期 ka dʑi。③ 阴去 + 次阴上 [55 50]读如次阴上 + 次阴上 [33 35]。例如:次品 tsʻɿ pʻin｜痛苦 tʻoŋ kʻu。④ 阴去 + 阴去 [55 50]读如次阴上 + 阴去 [55 35]。例如:菜票 tsʻɛ pʻiɔ｜痛快 tʻoŋ kʻua｜困觉 kʻuən kɔ｜气泡 tɕʻi pʻɔ。⑤ 阴去 + 阳去 [55 30]读如次阴上 + 阳去 [33 13]。例如:菜饭 tsʻɛ vɛ青菜咸肉煮饭｜气味 tɕʻi vi｜创造 tsʻaŋ zɔ｜气量 tɕʻi liaŋ｜漂亮 pʻiɔ liaŋ。

前字阳去

阳去 + 阴平	[113 – 11 53]	被单 bi tɛ	杜鹃 du tɕio	马车 mo tsʻo	老衣 lɔ i
阳去 + 阳平	[113 – 11 31]	被头 bi də	礼堂 li dã	大排 du ba	稻柴 dɔ za
阳去 + 阴上	[113 – 11 33 – 35]	米粉 mi fən	市长 zɿ tsɜ	冷水 lɜ sɿ	老板 lɔ pɛ
阳去 + 次阴上	[113 – 11 335 – 35]	事体 zɿ tʻi	稗草 ba tsʻɔ	稻草 dɔ tsʻɔ	户口 ɦu kʻə
阳去 + 阴去	[113 – 11 335 – 35]	便当 biɪ tã	野菜 ɦia tsʻɛ	眼镜 ŋɛ tɕin	惹厌 za iɪ
阳去 + 阳去	[113 – 11 113 – 13]	道士 dɔ zɿ	豆腐 də vu	近视 dʑin zɿ	眼泪 ŋɛ li
阳去 + 阴入	[113 – 11 5 – 45]	负责 vəˀ tsəˀ	冷粥 lɜ tsoˀ	眼色 ŋɛ səˀ	外国 ŋa koˀ
阳去 + 次阴入	[113 – 11 5 – 45]	市尺 zɿ tsʻaˀ	字帖 zɿ tʻiɪˀ	露出 lu tsʻəˀ	免脱 miɪ tʻəˀ
阳去 + 阳入	[113 – 11 2 – 12]	断绝 də ziɪˀ	树叶 zɿ ɦiɪˀ	礼物 li ɦuəˀ	眼药 ŋɛ ɦiaˀ

稻柴:稻草。野菜:荠菜。免脱:免去。

前字阴入

阴入 + 阴平	[5 – 54 53]	黑心 həˀ ɕin	浙江 tsøˀ kã	□蛛 təˀ tsɿ	作□ tsoˀ ɕin
阴入 + 阳平	[5 – 54 31]	骨头 kuəˀ də	隔离 kəˀ li	鸭头 əˀ də	节头 tɕiɪˀ də
阴入 + 阴上	[5 – 45 33 – 50]	黑板 həˀ pɛ	百响 paˀ ɕiɛ̃	缩水 soˀ sɿ	角子 koˀ tsɿ
阴入 + 次阴上	[5 – 45 335 – 50]	百草 paˀ tsʻɔ	色彩 səˀ tsʻɛ	搁浅 koˀ tɕʻiɪ	作品 tsoˀ pʻin
阴入 + 阴去	[5 – 45 335 – 50]	笔记 piɪˀ tɕi	角票 koˀ pʻiɔ	缩菜 soˀ tsʻɛ	折扣 tsəˀ kʻə
阴入 + 阳去	[5 – 45 113 – 30]	接近 tɕiɪˀ dʑin	谷米 koˀ mi	速度 soˀ du	革命 kəˀ min
阴入 + 阴入	[5 – 45 5 – 54]	结束 tɕiɪˀ soˀ	剥削 poˀ ɕiaˀ	祝福 tsoˀ foˀ	隔壁 kəˀ piɪˀ
阴入 + 次阴入	[5 – 45 5 – 45]	接触 tɕiɪˀ tsʻoˀ	竹筷 tsoˀ kʻuaˀ	一切 iɪˀ tɕʻiɪˀ	决策 tɕuəˀ tsʻa
阴入 + 阳入	[5 – 45 2 – 21]	积极 tɕiɪˀ dʑiɪˀ	设立 søˀ liɪˀ	节目 tɕiɪˀ moˀ	作孽 tsoˀ ɲiɪˀ

□[təˀ]蛛:蜘蛛。作□[ɕin]:可能。节头:手指头。百响:鞭炮。缩水:隔夜水,与"鲜鲜水"相对。缩菜:隔夜菜。

前字次阴入

次阴入 + 阴平	[5 – 54 53]	铁花 tʻiɪˀ ho	塔尖 tʻəˀ tɕiɪ	铁锹 tʻiɪˀ tsʻɔ	客车 kʻaˀ tsʻo
次阴入 + 阳平	[5 – 54 31]	铁皮 tʻiɪˀ bi	客人 kʻaˀ ŋin	插头 tsʻaˀ də	出门 tsʻəˀ mən
次阴入 + 阴上	[5 – 54 33 – 35]	铁板 tʻiɪˀ pɛ	塔顶 tʻəˀ tin	秃顶 tʻøˀ tin	拍板 pʻaˀ pɛ
次阴入 + 次阴上	[5 – 54 335 – 35]	缺口 tɕiøˀ kʻə	脱产 tʻəˀ tsʻɛ	出口 tsʻəˀ kʻə	七巧 tɕʻiɪˀ tɕʻiɔ
次阴入 + 阴去	[5 – 54 335 – 35]	铁店 tʻiɪˀ tiɪ	促进 tsʻoˀ tɕin	吃透 tɕʻiəˀ tʻə	缺欠 tɕʻiøˀ tɕʻiɪ

次阴入+阳去	[5-54 113-13]	铁箅 tʻiɪʔ lə	铁路 tʻiɪʔ lu	赤豆 tsʻaʔ də	出动 tsʻəʔ doŋ
次阴入+阴入	[5-54 5-45]	赤膊 tsʻaʔ poʔ	铁铳 tʻiɪʔ təʔ	吃瘪 tɕʻiəʔ piɪʔ	赤脚 tsaʔ tɕiaʔ
次阴入+次阴入	[5-54 5-45]	迫切 pʻəʔ tɕʻiɪʔ	出客 tsʻəʔ kʻaʔ	扑克 pʻoʔ kʻəʔ	插扑 tsʻaʔ pʻoʔ
次阴入+阳入	[5-54 2-12]	脱落 tʻəʔ loʔ	吃力 tɕʻiəʔ liɪʔ	魄力 pʻəʔ liɪʔ	泼辣 pʻaʔ ləʔ

出门:出嫁。铁铳:四齿的农具。吃瘪:不占上风。出客:得体大方。插扑:插座。

前字阳入

阳入+阴平	[2-21 53]	石灰 zaʔ fɛ	实心 zəʔ ɕin	肉丝 ȵioʔ sŋ̍	落苏 loʔ su
阳入+阳平	[2-21 31]	食堂 zəʔ dã	骆驼 loʔ du	辣茄 ləʔ ga	木鱼 moʔ ŋ
阳入+阴上	[2-21 33-35]	石板 zaʔ pɛ	白纸 baʔ tsŋ̍	药水 ɦiaʔ sŋ̍	药酒 ɦiaʔ tɕiə
阳入+次阴上	[2-21 335-35]	特产 dəʔ tsɛ	肉体 ȵioʔ tʻi	食品 zəʔ pʻin	杂草 zəʔ tsʻɔ
阳入+阴去	[2-21 335-35]	日报 zəʔ pɔ	特价 dəʔ ka	白菜 baʔ tsʻɛ	力气 liɪʔ tɕʻi
阳入+阳去	[2-21 113-13]	实在 zəʔ zɛ	日里 ȵiɪʔ li	特地 dəʔ di	月亮 ȵioʔ liɛ
阳入+阴入	[2-21 5-45]	熟悉 zoʔ ɕiɪʔ	蜡烛 ləʔ tsoʔ	落雪 loʔ ɕiɪʔ	蹩脚 biɪʔ tɕiaʔ
阳入+全阴入	[2-21 5-45]	熟铁 zoʔ tʻiɪʔ	木壳 moʔ kʻoʔ	落脱 loʔ tʻəʔ	木刻 moʔ kʻəʔ
阳入+阳入	[2-21 2-12]	特别 dəʔ biɪʔ	学习 ɦiøʔ ziɪʔ	熟肉 zoʔ ȵioʔ	热烈 ȵiɪʔ liɪʔ

落苏:茄子。辣茄:辣椒。落脱:丢失。木壳:大而不灵活。

Disyllabic tone sandhi in Jiashan dialect

Xu Yue

Abstract This paper is an in-depth investigation and inquiry of the tones and disyllabic tone sandhi in Jiashan dialect under Wu group, with a description and analysis of the 40 tone sandhi patterns as summarized from 81 patterns of tone combination.

Key words Dialect of Jiashan, tone, tone sandhi

昆明方言的儿化

丁 崇 明

(北京师范大学汉语文化学院　北京　100875)

提要　本文对昆明方言的儿化现象从功能、使用范围、重叠与变调等几个方面进行了描述和研究

关键词　昆明方言　儿化

壹　昆明方言的儿化韵

1.1 昆明方言的声韵调。

㈠ 声母 22 个(包括零声母)。

p pʻ m f t tʻ n l ts tsʻ s tʂ tʂʻ ʂ ʐ tɕ tɕʻ ɕ k kʻ x ø

㈡ 韵母 29 个。

ɿ ʅ i u a ia ua o io uo ɤ ɔ i ɔ ei uei ɤ iɤu iu ã iã uã iẽ ɤ̃ uɤ̃ oŋ ioŋ

㈢ 声调 4 个。

阴平 [˦]44　　阳平 [˧˩]31　　上声 [˥˧]53　　去声 [˨˩˨]212

1.2 昆明方言的儿化韵。昆明方言的 29 个韵母中有 16 个可以儿化。昆明方言"儿"单字的读音是[ə]。昆明方言的儿化韵不论原来韵母的主要元音是什么,儿化后主元音变[ə]。有以下几种情况:

㈠ 开口呼单元音韵母儿化以后均变为中央元音[ə]。

a	→	ə	扎儿
ɛ	→	ə	带儿、韭菜薹儿、蒜薹儿
ɿ	→	ə	次儿
ʅ	→	ə	汁儿

㈡ 有的韵母韵头不变,主要元音变为[ə]。由于昆明方言只有两个韵头[i]和[u],所以产生了两个儿化韵母。齐齿呼的单韵母和复韵母儿化后,变为[iə]。其中齐齿呼单元音韵母儿化,在[i]后面加上[ə]。

  i → iə 梨儿、豆米儿、山猫狸儿
  iɛ → iə 叶儿、一截儿、淡撇儿撇

合口呼韵母儿化,韵母一律变为[uə]。其中合口呼单韵母儿化,在原韵母[u]后面加[ə]。

  u → uə 癫呱呱儿
  ua → uə 猴抓儿抓儿
  ue → uə 筷儿、歪儿歪儿
  ue → iuə 位儿、谷穗儿

㈢ 以[ɔ̃]、[ã]和[ɛ̃]为主要元音的鼻化元音韵母,儿化后鼻化消失,主要元音变为[ə],保留韵头。

  ɔ̃ → ə 灯儿、家门儿
  ã → ə 腰杆儿、半瓣儿、板儿
  ĩ → iə 菌儿、姜饼儿、影影儿、今儿日、明儿日
  iẽ → iə 钱儿、片儿、圈儿、点儿、稀儿
  uã → uə 罐儿、老倌儿、团儿、鸡冠儿
  uɔ̃ → uə 鸡肫儿、腮墩儿

可以看出,昆明方言只有三个儿化韵。其中,[ə]是原来的韵母,[iə]、[uə]是两个专用的儿化韵。

贰 儿化词语的范围

2.0 昆明方言儿化主要是出现在名词和量词中,代词有极个别带有特定构词成分的儿化,少数形容词可儿化,极个别动词可儿化,儿化还作为构词语素。总体来看,儿化词数量不多。

2.1 儿化名词及常用名词性短语。名词儿化是数量最大的,以下名词及常用名词性短语读儿化韵:

汁儿 tʂə˧ | 梨儿 liə˨ | 山猫狸儿 ʂã˧ mɔ˧ liə˨ | 眼皮儿 iẽ˥ pʰiə˨ | 蛐蛐儿 tɕʰi˧ tɕʰiə˧ | 豆米儿 təu˥ miə˥ | 带儿 tɛ˥ | 竹筷儿 tʂu˧ kʰuə˥ | 菜薹

儿 ˌtsɿ˧ ɻ˦ | 歪*儿歪*儿小蚌 uə˦ uə˦ | 炸了儿知了 tʂa˦ liə˧ | 叶儿 iə˦ | 这会儿年 tʂʅ˦ xuəɻ˦ nie˧ | 谷穗儿 ku˧ suə˦ | 掸帚儿 tã˧ tʂəɻ˧ | 癞呱呱儿癞蛤蟆 lɜɻ˧ ku˧ kuəɻ˧ | 伴儿 pəɻ˦ | 脚底板儿 tɕiɔ˧ ti˧ pəɻ˧ | 手杆儿 ʂəuɻ˧ kəɻ˧ | 盘儿 p'əɻ˦ | 鞋襻儿 xɜ˦ p'əɻ˦ | 鸡毛毽儿 tɕi˧ mɔ˦ tɕiəɻ˦ | 项圈儿 xã˦ tɕʰiəɻ˦ | 钱儿 tɕʰiəɻ˦ | 肚脐眼儿 tu˧ tɕʰiɻ˦ iəɻ˧ | 老倌儿 lɔ˧ kəɻ˦ | 馒馒团儿饭团儿 mã˦ mã˦ t'uəɻ˦ | 饭碗儿 fã˧ uəɻ˧ | 姜饼儿 tɕia˧ piəɻ˧ | 眼镜儿 iɛ˧ tɕiəɻ˦ | 今儿日 tɕi˧ ʐʅɻ˧ | 杏儿 ɕiəɻ˦ | 影影儿 i˧ iəɻ˧ | 草墩儿 ts'ɔ˧ tuəɻ˧ | 鸡肫儿 tɕi˧ tʂuəɻ˧

有的名词儿化只出现在动宾组合中,如"妈孩儿"不能单说只能出现在"架妈孩儿|骑妈孩儿"中。"架妈孩儿"是把一个人(一般是小孩)放到自己脖子或肩膀上骑着。"骑妈孩儿"是一个人(一般是小孩)骑到另一个人的脖子上或者肩膀上。

2.2 带特定构词成分的儿化代词。单音节的代词没有儿化的,只有复合代词可以儿化。一类是带构词成分"点儿"的以下代词是儿化词:

那点儿那儿 nə˧ tiəɻ˦ | 哪点儿哪儿 naɻ˧ tiəɻ˦ | 这点儿这儿 tʂʅ˧ tiəɻ˦ | 多点儿多少 to˧ tiəɻ˦ | 多大点儿多少 to˧ ta˧ tiəɻ˦

"多点儿|多大点儿"是发话人认为数量不多时用的,数量多的就用"多少"。例如:

(1)你带了多点儿钱?

量词"份儿[fəɻ˦]"要儿化,由指示代词"这""那"与量词"份儿"构成的指量短语"这份儿这种 tʂʅ˧ fəɻ˦ | 那份儿那种 nə˧ fəɻ˦"也要儿化。

(2)你莫仿这份儿整,有哪样么明说,冇得意思你不要像这样搞,你有什么意见你明说,没有意思。

(3)他那份儿那种样子,稀奇成个哪样的,才是个处长,将仿很像是掌着多大权样的。

2.3 儿化动词。严格意义的单音节动词儿化的只有"点儿"。例如:

(4)你莫讲话了,招呼着老师点儿着小心被老师批评。

(5)他儿子着他们班主任点儿着去了他儿子被他们班主任叫去批评了。

双音节儿化动词只有动补型动词"奄连儿",读为[t'a˧ liəɻ˧]。

(6)你看看,你衣服么奄连儿着些须须像个妥神样的你看看,你衣服拖着一些线像个没有精神的懒汉一样的。

2.4 儿化量词。

㈠ 名量词。量词中能够儿化的最多的是名量词。例如：

瓣儿 pə˩ │ 饼儿 piə˥ │ 盘儿 pʻə˩ │ 串儿 tsʻuə˩ │ 截儿 tɕiə˩ │ 米儿小块儿 miə˥ │ 片儿 pʻiə˩ │ 篇儿 pʻiə˥ │ 圈儿 tɕʻiə˥ │ 腿儿 tʻuə˩ │ 团儿 tʻuə˩ │ 扎儿 tsa˩ │ *抓儿支,串或束(用于某些植物的量词) tsuə˥

名量词中有的是借用的量词。例如"腿儿"是用于表示蛐蛐的量词。

名词"饼"儿化以后"饼儿"词性变化,语义也同时变化,变为量词,是表示像饼一样的东西的量词。例如：一饼儿泥巴 │ 一饼儿稀屎 │ 两饼儿雀屎。

㈡ 动量词。能够儿化的量词只有"次儿[tsə˩]"和兼名词、名量词和动量词的"盘儿"。例如：

(7) 给我玩一盘儿冒让我玩一次吧,你都玩了好一阵了。

㈢ 儿化的不定量词"点儿"读为[tiə˥]可以充当补语、定语,使用频率比较高。例如充当补语的：

大了点儿 │ 马虎点儿 │ 赶紧点儿 │ 赶点儿 │ 隔下点儿等一会儿 │ 过下点儿 │ 马萨点儿马马虎虎

"点儿"还可以构成一些表示量小的很有特点的不定量词：

小咪施点儿 ɕiə˩ mi˥ ʂʅ˥ tiə˥ │ 小咪渣点儿 ɕiə˩ mi˥ tʂa˥ tiə˥ │ 小咪渣施点儿 ɕiə˩ mi˥ tʂa˥ ʂʅ˥ tiə˥ │ 滴滴点儿 ti˥ ti˥ tiə˥

2.5 儿化形容词。 少数形容词可以儿化。

㈠ 单音节儿化的有：

稀儿不结实,质量不好 ɕiə˥ │ 嫩儿 nuə˩ │ *滂儿腌制的咸菜不好的味道以及其他臭的味道;衣物等色彩样式看上去令人不舒服 pʻə˥

前两个儿化形容词可以充当谓语中心语和定语。例如：

(8) 我才出去一个礼拜,回到家首家里,闻着起一大股*滂儿味。

(9) 咋个做客么穿件这份儿衣服？太*滂儿了,将仿就像二十年前大字不识几个的大嬷。

㈡ 单音节形容词+儿化叠音词缀。这种形式的儿化形容词比较多,我们搜集到的有：

薄菲儿菲儿 po˩ fə˥ fə˥ │ 淡撇儿撇儿 tā˩ piə˥ piə˥ │ 猴抓儿抓儿 xəu˩ tʂuə˥ tʂuə˥ │ 短截儿截儿 tuə˩ tɕiə˩ tɕiə˩ │ 烂粉儿粉儿 lā˩ fə˩ fə˩

(10) 你莫那种猴抓儿抓儿的看着我,将仿我用着你的钱一样的你别那样盯着我,就像我用了你的钱似的。

（三）儿化形容词＋不儿化叠音词缀。

这种类型的只有：嫩儿央央 nuə˩ iã˥ iã˥。

（四）非形容词性儿化语素构成的合成形容词。儿化语素有的是名词的，有的是量词的。例如：

高低点儿差不多 kɔ˥ ti˥ tiə˩｜点儿模点儿样完全一样 tiə˩ ʋom˥ tiə˩ iã˩。

（11）何消那么认真，高低点儿就可以了何必那么认真，随便点儿就可以了。

形容词"拌盘儿"述宾型词，其中的"盘儿"是名词性的语素。"拌盘儿"是兼类词，兼形容词和名词，意思大致相当于"二百五"或"二百五那样的人"。例如：

（12）他媳妇太拌盘儿了二百五了，哪些话该说，哪些话不该说，一点儿谱气把握都冇得。

（13）她是个拌盘儿二百五，你莫理她。

2.6 儿化象声词。象声词儿化的不多。我们搜集到的有 3 个：咕儿吞咽食物的声音 kə˩｜呱儿 kə˩｜咕呱儿青蛙叫的声音 ku˥ kə˩。例如：

（14）这个娃娃太怕他了，将将刚才还哭着起，看见他一进去，呱儿的一声就歇嘚停了。

叁　昆明方言儿化的功能

3.1 儿化作为构词手段。儿化作为构词手段又可以分为以下三种：

（一）改变词性，构成新词。例如"尖"是形容词，有多种意思，儿化以后变成名词，表示"物体末端或细小的头儿"的意思。例如："树尖儿、刀尖儿"。

"带"动词，儿化以后"带儿"变为名词，意思是"带子"。"米"是"大米"或"去掉壳的子实"的意思，儿化以后"米儿"变为量词，表示"很小的一块儿"的意思。例如：

（15）你挨给我另外拿一个好的来，这个边边上掉嘚了一小米儿一小块儿。

"米儿"也可以不改变词性，而改变词义表示"去掉皮或壳的种子粒"。如"青豆米儿、刀豆米儿、豌豆米儿"。

"扎"是动词，儿化以后"扎儿"变为量词，表示"小把"的意思。

（16）我不咋个怎么饿，你挨给我煮一小扎儿面就够了。

（二）改变词义，构成另一个新词。动词"点"，读[tiẽ˥]，有多个义项，如"点菜｜点名｜点豆腐"中的"点"；儿化以后"点儿"读为[tiə˩]韵母和声调都发生变化，语义也发生了变化，意思是"盯着某人去干某事"，或"点名批评"，或"叫去批评或惩罚"，实际上产生出动词"点儿"这个词。例如：

(17) 他这个人溜尖耍滑的,这件事只有你点儿他去干才整得成。

又如"稀"表示"水分多",与"稠"相对。但儿化为"稀儿"以后,表示不结实。

又如"位"既是名词性语素,也是量词。作为名词性语素可以构成"地位",另外它儿化以后可以构成名词"位儿",意思是"坐位"或"属于某人临时占有的位置"。例如：

(18) 你挨给我拿一个位儿来_{你给我拿一个凳子来}。

(19) 你挨给你 ᶜ霸着一个位儿了,你赶快点儿来,是不然人家[ðˇ ˌ tɕĩ ˥]不认呢。

(三) 整个儿化韵作为构词成分的一部分,与其他语素一起构成新词。又可以分为两种：一是儿化韵作为附加式合成词中的词缀,二是儿化韵作为合成词中的一个实语素。例如：

充当词缀的:薄菲儿菲儿、淡撒儿撒儿、猴抓儿抓儿、烂粉儿粉儿

充当复合词中实语素的:多点儿_{多少}、多大点儿_{多少}、脖喉眼儿_{喉咙}、点儿模点儿样_{完全一样}

(20) 这些旧书报纸烂粉儿烂粉儿_{破烂不堪}的,只好当废纸卖嘚了。

(21) 他一剑,正好刺着对手的脖喉眼儿_{喉咙}。

3.2 小称功能。昆明方言的儿化只有少数的表示小称。"带儿"有小称的含义。有的表示轻松随意的含义,如"盘儿"。

昆明方言儿化多数已经是它的基本形式,已经成为了它最基本的用法了,一般人已经意识不到它是一种儿化形式,所以有很多并没有表示小称、数量少,也没有语气随意轻松的语用色彩,构成其他短语时用的也是儿化形式。例如"罐儿""钱儿""菌儿"它们作为一个词的时候是儿化形式,作为构词语素或是构成其他短语时用的也是儿化形式;可以构成定中短语,也可以构成述宾短语。例如：

罐儿:药罐儿、酒罐儿、沙罐儿、腌菜罐儿、尿罐儿、鲊罐儿、攒钱儿罐儿、买一个罐儿、打烂嘚两个罐儿、药罐儿罐儿、装罐儿

钱儿:压岁钱儿、工钱儿、本钱儿、零钱儿、一块钱儿、五块钱儿_{五块左右}、一百块钱儿、二十万块钱儿、小钱儿、大钱儿、赚点儿小钱儿、换两张大钱儿、使钱儿、领钱儿、冇得钱儿、攒钱儿、赚大钱儿、钱儿多、钱儿少、费钱儿、管钱儿、零嘴钱儿、讨钱儿、要钱儿

梨儿:梨儿树、宝珠梨儿、麻梨儿、酸罐儿梨儿、海东梨儿、火把梨儿、腌梨儿、酒

· 64 ·　　中国方言学报

梨儿、鸭梨儿、削梨儿、煮梨儿、蒸梨儿、泡梨儿

从以上例子可以看出,昆明话的"钱儿"并没有小称的含义,数量多的钱也称"钱儿",如"100万块钱儿"。"钱儿"本身就是一个纯粹的词汇形式。这与北京话不同,北京话的"钱儿"有数目少的意思,只有数目少的才能说"钱儿"。如北京话"挣钱儿不多,还爱摆阔"。但同时我们也要看到,昆明方言中的"钱"这个字用作姓氏时不儿化。当然这种情况近年来有了一点儿变化,我们将另文讨论。

肆 儿化词的重叠与变调

4.1 儿化词的重叠

(一) 儿化词重叠即"X儿X儿"。单音节儿化量词一般都可以重叠,重叠后一般表示"每一"的语法意义。例如:

(22) 你说的点儿点儿每一处都合对,就是现在实行不了。

(23) 我就不信,次儿次儿每一次都是他赢,我再玩一次儿,我就是不信会再输给他。

"儿+儿化量词重叠"或"儿+小+儿化量词重叠"的语法意义不是"每一",而是量小、随意的语法意义。特别需要指出的是,这种情况下的儿化重叠除阴平调的和"几腿儿腿儿"这个例外以外,后面一个音节要变调,这里的变调有区别意义的功能。例如:

几串儿串儿 tɕiˇ ʈʂʰəuˇ ʈʂʰəuˇ | 几截儿截儿 tɕiˇ tɕieˇ tɕieˇ | 几片儿片儿 tɕiˇ pʰieˇ pʰieˇ | 几瓣儿瓣儿 tɕiˇ pəˇ pəˇ | 几扎儿扎儿 tɕiˇ tsaˇ tsaˇ

(二) 两个可以儿化的单音节形容词中"稀儿"充当定语时必须重叠。如"稀儿稀儿货质量差的东西",这一说法已经习语化。

(24) 他最爱捡烂便宜,净买一些稀儿稀儿货,用都用不成。

(三) 儿化名词中能够重叠的有:罐儿→罐儿罐儿、圈儿→圈儿圈儿、叶儿→叶儿叶儿、带儿→带儿带儿、盘儿→盘儿盘儿、汁儿→汁儿汁儿、枝儿→枝儿枝儿、尖儿→尖儿尖儿

一般重叠以后随意的语用含义更突出。"尖儿"与"尖儿尖儿"比较,重叠形式强调更靠顶部的位置。例如:

(25) 有只谷雀麻雀站着树尖儿上。

(26) 有只谷雀麻雀站着树尖儿尖儿上。

4.2 构词成分的重叠

㈠ 儿化叠音充当后缀的：状态形容词"短截儿截儿、淡撒儿撒儿、猴抓儿抓儿"。

㈡ 儿化韵叠音词。仅有名词"歪*儿歪*儿"一例，单独的"歪*儿"没有意义。

㈢ 叠音语素后面部分儿化。仅有名词"蛐蛐儿"一例，其中一部分没有意义。

㈣ 实语素重叠，后一音节儿化。名词"影影儿[iˇ iəˇ儿]"儿化后有随意的含义。例如：

(27) 他儿子将将刚刚都还在着起，一下子就跑了影影儿影子都冇得没嗬了。

4.3 上声音节儿化以后变调的规律性最强，绝大多数上声音节儿化以后变为阳平[ˋ]31调。例如：

腰杆儿 ɿɛˇ kəˋ儿 ｜ 米儿 mieinˋ儿 ｜ 豆米儿 təuˋ mieinˋ儿 ｜ 石坎儿 ʂʅˊ kʰəˋ儿 ｜ 脚底板儿 tɕiɔˇ tiˋ pəˋ儿 ｜ 肚脐眼儿 tuˋ tɕʰiˋ iəˋ儿 ｜ 点儿 tiəˋ儿 ｜ 那点儿 nəu tiəˋ儿 ｜ 姜饼儿 tɕiãˉ pieˋ儿 ｜ 一饼儿 iˊ pieˋ儿 ｜ 抿铲 miˇ tʂʰˋ儿

去声儿化重叠后，前字不变调，后字变为44调。例如：

带儿带儿 təˋ təˉ儿 ｜ 罐儿罐儿 kuəˋ kuəˉ儿

阴平调的音节儿化重叠不变调。例如：歪*儿歪*儿小蚌 ɛuˉ ɛuˉ儿。

阳平儿化韵也有少数变阴平44调的，多数的阳平儿化韵不变调。例如：

耷连儿 tʰaˉ lieˊ儿 ｜ 肉花鱼儿 zueˋ xuaˉ ieˊ儿 ｜ 叶儿叶儿 ieˊ ieˊ儿 ｜ 今儿日 tɕieˉ ʐʅˊ儿

参考文献

董绍克 1985　阳谷方言的儿化，《中国语文》第4期
方松熹 1993　浙江吴方言里的儿尾，《中国语文》第3期
胡光斌 1994　遵义方言的儿化韵，《方言》第3期
蒋　平、沈　明 2002　《晋语的儿尾变调和儿化变调》，《方言》第4期
厉　兵 1981　长海方言的儿化与子尾，《方言》第2期
李宇明 1996　泌阳方言的儿化及儿化闪音，《方言》第4期
钱曾怡 1995　论儿化，《中国语言学报》第5期
万幼斌 1990　鄂州方言的儿化，《方言》第2期
王福堂 1999　《汉语方言语音的演变和层次》，语文出版社
王理嘉、贺宁基 1983　北京话儿化韵的听辨实验和声学分析，《语言学论丛》第十辑，商务印书馆
王洪君 1999　《汉语非线性音系学——汉语的音系格局与单音字》，北京大学出版社

邢向东 1996 神木方言的儿化变调,《方言》第1期
徐通锵 1985 宁波方言的"鸭"[ɛ]类词和"儿化"的残迹,《中国语文》第3期
杨述祖 1991 太谷方言的儿韵、儿尾和儿化,《语文研究》第1期
应雨田 1990 湖南安乡方言的儿化,《方言》第1期
赵日新 1999 徽语的小称音变和儿化音变,《方言》第2期
赵元任 1979 《汉语口语语法》(吕叔湘译),商务印书馆
张树铮 1996 山东寿光北部方言的儿化,《方言》第4期

-Er suffixation in Kunming dialect
Ding Chongming

Abstract This paper describes and studies -er suffixation in Kunming dialect from the perspectives of function, scope of use, reduplication and tone change.

Key words Kunming dialect, -er suffixation

赣东北方言词汇接触的表现*

胡松柏

（南昌大学中文系　江西　330047）

提要　本文考察了赣东北赣语、吴语、客家话、闽语在内的32个方言点的语言接触状况,就方言词汇接触的表现类型做了研究和归纳。

关键词　赣东北方言　词汇　语言接触

方言接触是指不同方言因地缘相接,横向间相互影响从而引起方言演变。赣东北地区汉语方言复杂,赣语、吴语、徽语、闽语、客家话以及官话在赣东北形成纷繁多姿的方言接触局面。研究赣东北的汉语方言接触状况,对于认识汉语的共时面貌和发展历史,对于整个汉语的方言接触研究,具有重要的语料价值和类型学上的理论意义。

方言接触的基本方式是在接触的方言之间发生语言成分的借贷。本文考察赣东北方言之间词汇成分借贷的情况,归纳各方言词汇接触的表现的类型。

本文考察赣东北方言32处方言点,包括3类地点方言。(一)3个设区市的市区话和14个县及县级市的城区话:[赣语]景德镇话、波阳话、乐平话、万年话、余干话、余江话、鹰潭话、贵溪话、弋阳话、横峰话、铅山话,[吴语]上饶话、广丰话、玉山话,[徽语]浮梁话、德兴话、婺源话;(二)7处位于方言边缘地带前沿的方言点:[赣语]莽塘话(波阳县北,近徽语区),[吴语]江村话(铅山县东北,近赣语区)、葛源话(横峰县北,近赣、徽语区)、郑坊话(上饶县北,近赣、徽语区),[赣语]占才话(德兴市西,近吴语区)、珍珠山话(婺源县西,近赣语区)、江湾话(婺源县东,近徽语区);(三)8处方言岛:[赣语]石峡南丰话(上饶县北,位吴语区中)、红门建宁话(上饶县

---

* 本文的研究得到2000年度国家社会科学基金的资助。项目名称:"赣语、吴语、徽语、闽语、客家话在赣东北的交接与相互影响",项目批准号:00BYY004。

东南,位吴语区中),[客家话]大溪汀州话(上饶县南,位吴语区中)、塘湾广东话(德兴市西南,位徽语区中)、太源畲话(铅山县西南,位赣语区中),[闽语]姚家福建话(横峰县西南,位赣语区中)、廿四都福建话(广丰县西,位吴语区中)、紫湖福建话(玉山县北,位吴语区中)①。

壹　词语的移植

　　词的移植指发生接触的方言中的一方直接借贷另一方言的词语。借贷词是施借方言和受借方言的共有词语。借贷词对施借方言而言,是借出词;对受借方言而言,是借入词。就受借方言词汇系统内部关系而言,方言借贷词是与方言固有词相对的。固有词是方言中本来就有的词语,是方言在演化过程中承继下来相沿使用的;借贷词则是方言之间横向传递借用的。下面举例说明赣东北方言接触中词语移植的情况。先比较关于"明天"的不同说法及其分布。

明天

　　明朝(波阳、莽塘、余干、万年、乐平、景德镇、余江、鹰潭、贵溪、弋阳、横峰、铅山——江村、上饶——浮梁——石峡、红门)

　　明日(广丰、玉山、郑坊、葛源——德兴、占才、江湾、婺源、珍珠山——姚家、廿四都、紫湖)

　　天光(大溪)

　　明□[·m̩]日(塘湾)

　　□□[nan˧ tʻɛu˩](太源)

　　大溪话"天光"的说法与福建长汀话、宁化话相同,属于客家话的固有词。太源话的"□□[nan˧ tʻɛu˩]"应是畲话中的独有词。除此以外,赣东北方言关于"明天"的说法基本上分为"明朝"和"明日"两个系列(塘湾话应属"明日"系列)。可以看出,在赣东北地区,赣语一律说"明朝"(包括石峡南丰话、红门建宁话);闽语都说"明日",吴语和徽语大部分说"明日"。值得注意的是,吴语江村话、上饶话和徽语浮梁话不与吴语区、徽语区多数方言点一致而与赣语区相同,显然是受赣语影响所致。因此可以确定,江村话、上饶话和浮梁话中的"明朝"是这3处方言点从赣语中直接移

---

① 本文中赣东北以外的客家话、闽语材料分别参见李如龙、张双庆1992《客赣方言调查报告》,厦门大学出版社。

植的借贷词。

赣东北有众多的方言岛。下面再考察方言岛区域的词语移植情况。

漂亮

熨贴（姚家——横峰、铅山——江村、葛源）

清简（廿四都——广丰、上饶、郑坊）

□□[tɕiʌ˧ bən˧]（紫湖）——□□[dzə˧ iap˧ dei˧]（玉山）

赣东北闽语3个方言点，关于"漂亮"的说法，姚家话与横峰话相同，廿四都话与广丰话相同，只有紫湖话与玉山话不一样，尚未发生接触演变。可以确定，姚家话中的"熨贴"系从本地方言横峰中移植而来，廿四都话中的"清简"系从本地方言广丰话中移植而来。

贰 词语的仿拟

词语的仿拟指发生接触的方言中的一方依照另一方言的构造而使用自身方言的语素来构成词语，所构成的词语称为方言仿拟词。与受借方言中的仿拟词相对的是施借方言中的提供仿拟样本的词语，这样的词语称为样本词。样本词与仿拟词不构成方言共有词语，因为它们之间只存在相似的关系，要说相同，也只是词语构造方式的相同。

词语的仿拟与词语的移植相比，它所借用的只是词语的构造方式。这里所谓词语的构造方式，指的是词语的造词理据。造词理据相同，应是词语的结构关系相同，词语的结构成分的语义(但不能是语素)也相同。如横峰话中喻称"打水漂"(用瓦片等击打水面使之在水面上连续跳跃向前)为"吃粥"，姚家话则仿照横峰话的说法称"食糜"。"食糜"也即"吃粥"，但用的是闽语的语素，构造方式同而词形不同。也有部分词形相同的情况。如横峰话称一种小板凳(即杌子)为"蛤蟆凳"，但闽语中有"椅"无"凳"，凳子亦称为"椅"，故姚家话便称横峰话所谓的"蛤蟆凳"为"蛤蟆椅"。这样，不但造词理据相同，其中部分构词材料也相同了。例如：

插秧　栽秞(姚家)　　　栽禾(横峰)、栽田(广丰)　　　播塍(泉州)

眼泪　目瞤水(姚家)　　眼泪水(横峰)　　　　　　　　目屎(泉州)

表示"插秧"，姚家话不再同于泉州话说"播塍"，而是仿照赣东北赣语、吴语"栽×"的格式说"栽秞"，"秞"系仿照中与横峰话"禾"对应的语素(如"割稻子"：横峰话说"割禾"，姚家话说"割秞")。姚家话中"眼泪"不用闽南语的"屎"而用赣语中的

"水"作中心语素(姚家话中"目屎"与横峰话的"眼屎"同,指"眼眵")。此外还值得注意的是,姚家话在构词时还仿用横峰话的词缀来构成某些不同于横峰话的词语。横峰话中有个表亲属称谓词语的词缀"□[·e]",如"公□[·ŋe](祖父)""姨□[·e](姨母)",而姚家话中不仅也说"公□[·ŋe]""姨□[·e]",并且"伯父""叔母"也因此分别称作"伯□[·e]""姨□[·ne]"(横峰话中称的是"伯伯""奶奶")。借入的构造方式发生了更大范围的类化作用,可见施借方言的这种模式对受借方言的影响之大,也说明格式借贷的作用力比单个词语借贷的显然要大。以下从赣东北大范围区域分析词语仿拟的情况:

看望坐月子的妇女

看月里(波阳、余干、万年、乐平、余江、贵溪)　　看坐房个(景德镇)

看生姆(上饶、江村——弋阳、横峰、铅山)　　送生妇儿(浮梁)

送羹(广丰、玉山——廿四都、紫湖)　　望月里(莽塘)

睇月(太源)　　捞月里(乐平)

望生妇(婺源)　　觑做月里(德兴)

望月婆(大溪——江湾)　　看生妇(占才、珍珠山)

送荤(余江)　　看月里婆(塘湾)

觑生姆(郑坊、葛源)　　捞伢崽(红门)

看月婆(石峡)

表示"看望坐月子的妇女"在赣东北基本可分为"看"和"送"两个系列,其中各又可分为动作涉及人和动作涉及物的两小类。德兴话、太源话应是仿照赣东北赣语北片和南片西小区多数点的"看物"的构造方式,而赣东北赣语南片东小区的弋阳话、横峰话、铅山话应是仿照徽语和吴语多数点的"看人"的构造方式。

浮梁话中的"送生妇儿"与婺源话中的"望生妇",余江话中的"送荤"和玉山话中的"送羹"也各有结构上的部分相同,不过这种相同的类型已经属于词语融合的情况。

叁　词语的融合

词语的融合指发生接触的方言的一方借贷另一方言的词(或语素)与自身方言的词(或语素)共同构成一个新的词语,所构成的词语称为方言融合词。赣东北方言中有不少很有特点的这类因方言接触而形成的融合词。下面先看一个例子。

蚂蝗

蚂蝗（景德镇、弋阳、铅山——江村、上饶、广丰、郑坊、葛源——浮梁——石峡、
　　红门——大溪）

蚂蝗蜞（波阳、莽塘、乐平、横峰——占才——塘湾、太源——姚家）

蚂登蜞（德兴、珍珠山）　　　　　水蜞（婺源）

蚂师（玉山）　　　　　　　　　　窟蜞（廿四都）

蜈蜞（紫湖）　　　　　　　　　　蚂蜞（余干、万年）

蚂蝗精（余江、鹰潭、贵溪）　　　蜞（江湾）

　　对以上关于"蚂蝗"的说法的类型与分布作粗线条的划分，"蚂蝗"是吴语的说法，"蜞"是徽语的说法，而赣语的说法是吴语说法和徽语说法的融合。"蚂蝗蜞"是一个非常典型的赣语、吴语、徽语相互接触而形成的方言融合词。"蚂登蜞"和"蚂蝗精"是"蚂蝗蜞"的音变形式，其中"蚂蝗精"似属小称音变，即"蚂蝗蜞儿"的音读。"蚂蜞"是"蚂蝗蜞"的省略形式，"蚂师"也可能是"蚂蜞"的变读。吴语各点基本上都说"蚂蝗"，"蚂蝗"是赣东北吴语的固有词应该没有问题。"蜞"在江湾话中单说，在婺源话中是主要词根，也应为徽语所固有。"蜞"也是闽语、客（家话）的基本词根，如"蚂蝗"在泉州话中说"蜈蜞"，在梅州话中说"湖蜞"（游汝杰，2000）。紫湖话、廿四都话的说法属于闽语固有词。石峡话、红门话、大溪话和戈阳话、铅山话都受吴语上饶话的影响；徽语德兴话和珍珠山话则受赣语的影响。

　　从融合词的构词方式来看，"蚂蝗蜞"采用了并列合成的复合式。游汝杰认为"合璧词"是"指来自不同方言的语素组成一个同义复合的合成词"。（游汝杰，2000）但考察赣东北方言中的方言融合词，这种"同义复合"还有不同的情况，不只限于游著中所例举的"铰剪""翼膀""咳嗽"一类简单加合的方式，如姚家话"公鸡"说"鸡角公"，由闽语的"鸡角"（如紫湖话、泉州话）和赣语的"鸡公"（如横峰话、铅山话）融合而成。这种词语采用提取方言双音节词语的相同语素再融合其不同语素的方式来构成，其结构类型是"A+(B$_1$+B$_2$)"型或"(A$_1$+A$_2$)+B"型，不同于简单"A$_1$+A$_2$"型。下面再分别举例说明。

"A$_1$+A$_2$"型的如下：

缝隙

　　坼缝（江村、上饶、广丰）　坼（广丰、浮梁）　　　　　缝（铅山、德兴）

馅儿

　　馅心（乐平、万年、余干）　馅（景德镇、贵溪、德兴）　心（波阳、余江、上饶）

柱子

柱挑(廿四都)　　　　　　柱(广丰)　　　　　　　挑(紫湖)

丢失

跌落(余江、鹰潭、贵溪)　跌(弋阳、横峰、上饶)　落(万年、余干、德兴)

"A+(B₁+B₂)"型的如下：

玉米

包萝粟(广丰)　　　　　　包萝(乐平、江村、婺源)　包粟(贵溪、上饶、大溪)

车轮

车轮毂(玉山)　　　　　　车轮(婺源)　　　　　　车毂(铅山、广丰、塘湾)

厢房

厢间房(塘湾)　　　　　　厢间(郑坊、贵溪、大溪)　厢房(余干、浮梁)

起床

爬条起(上饶)　　　　　　爬起(广丰、大溪)　　　　条起(上饶、弋阳)

"(A₁+A₂)+B"型的如下：

砧板

刀砧板(浮梁)　　　　　　刀板(江湾)　　　　　　　砧板(景德镇、乐平)

说话

讲话事(玉山)　　　　　　话事(广丰、余江、红门)　讲事(德兴)

此外也还有一些其他复合方式的融合词,如分别提取前位语素和后位语素交叉合成,或以一个整词加合另一词的语素构成,词例如下：

坐月子

打产母(弋阳)　　　　　　打月里(乐平、万年、贵溪)　做产母(铅山、江村)

拍马屁

托马屁(弋阳、横峰)　　　拍马屁(余江、乐平、万年)　托卵脬(贵溪、铅山)

高粱

高粱粟(上饶、广丰、郑坊)　高粱(德兴、弋阳)　　　　芦粟(横峰、铅山)

中午

当日昼(紫湖)　　　　　　当昼(姚家、铅山、婺源)　　日昼(廿四都、太源)

赣东北方言中的方言融合词属于以上述构成方式中的"A₁+A₂"型和"+(B₁+B₂)"型的比较多,而以"A+(B₁+B₂)"型的为最多。

肆 词语的叠置

词语的叠置指发生接触的方言的一方借贷另一方言的词语,方言中的借贷词与固有词构成方言叠置词。方言叠置词是方言词汇中一种一词多义的现象。一义多词通常称为同义词。本文之所以作名称上的区别,是因为叠置词与同义词有着不同之处。

同义词也有因借入其他的语言或方言的词语而构成的情况,但语言中形成同义词最主要的还是自身词汇系统发展的结果。同义词所谓同义更多的是意义相近。同义词之间有着词义差异,而这正是同义词具有积极的表达功用的体现。意义完全等同的等义词,在语言中没有积极作用,其发展结果或是归并,即几个等义词只保留其中一个而淘汰其余的,或是在使用中发生分化,产生细微的差别。

方言叠置词基本上属于等义词,因为一组叠置词之间不存在诸如意义轻重、范围大小、感情色彩、语体色彩、搭配对象、词性和句法等方面的差异。如果说有什么差别的话,那就是在选用叠置词的时候,多少会体现出方言使用者在年龄层次上的差异,老派说法可能更多地使用这一词语,新派说法可能更多地使用那一词语。当然,老派说法通常总是属于固有词,而新派说法通常总是属于借贷词。

作为一种等义词,方言叠置词的发展前景也是要么发生词义、用法上的分化,要么进行词语的归并。一般地说,归并是方言叠置词演变的主要方向,而且归并的途径都是淘汰固有词而保留借贷词。固有词消亡,只剩下借贷词,方言叠置词不复存在,因此,方言接触演变中受借方言已经完成向施借方言借贷词语并替换固有词的全过程,最终实现方言词语的更替。

由于是一种消极的语言现象,等义词在语言中是不容易长期存在的,因此方言中的叠置词现象并不普遍。但方言叠置词所反映的是方言接触的正在进行当中的过程现象,对于方言接触的研究具有非常可贵的价值,值得认真地探寻和整理。

语言和方言中都有其同义词系统,同义词通常总是数量众多的。考察方言叠置词,要注意把叠置词与同义词区别开来,要排除方言中一些词义有差别细微的同义词,也要排除方言中古词与今词、旧词与新词共现的情况。例如以下词语就只是同义词而不是叠置词。

吵架 相骂;搅家(上饶)   **看** 觑;□[mɛ˦](广丰)

米汤 饮汤;米汤(占才)   **水泥** 洋灰;水泥(铅山)

上饶话中"相骂"是一般性说法,"搅家"只适用于妇女。广丰话中"觑"表示具体动作进行,所带宾语范围较广,"□[mɛ˦]"常常表示动作的能力,所带宾语范围较窄,如只说"觑书",不能说"□[mɛ˦]书"。"饮汤"则是方言中的古语词,"洋灰"则是方言中的旧词语。以下举例说明赣东北方言中叠置词的情况。

白天

日上(余江、弋阳、横峰、铅山——江村、上饶、广丰、郑坊、葛源——德兴——石峡、红门——大溪、塘湾)

日时(广丰、玉山——姚家、廿四都、紫湖)

茄子

茄哩(余干、余江、鹰潭、贵溪——石峡)

落苏(波阳、莽塘、万年、乐平、景德镇、余江——浮梁、德兴、占才、江湾、婺源、珍珠山)

可以看出,广丰话中的"日时"应该属赣东北吴语广(丰)玉(山)片的固有词,而"日上"则是通过与赣语接触而从中借入的借贷词。余江话中"茄哩"应该属赣语南片西小区的固有词,而"落苏"则是通过与赣语北片接触(也与徽语共有)而从中借入的借贷词。再看一些方言点中的词语叠置情况:

刮风	发风(婺源、江湾——弋阳)	起风(婺源、德兴——横峰)
今天	今日(德兴、婺源——玉山)	今朝(德兴——乐平、横峰)
蜘蛛	蟢(上饶、广丰、玉山)	飞丝虫(上饶——弋阳、横峰、铅山)
手帕	手巾(儿)(广丰、上饶——铅山)	手捏子(广丰——弋阳、德兴)
回去	去归(大溪——玉山、葛源)	转去(大溪——上饶——铅山)
买肉	斫肉(廿四都——广丰、弋阳)	□[kuã˦]肉(廿四都、紫湖)

参考文献

李如龙、张双庆 1992 《客赣方言调查报告》,厦门大学出版社
王建设、张甘荔 1994 《泉州方言与文化》,鹭江出版社
游汝杰 2000 《汉语方言学导论》,上海教育出版社

Lexical contacts in the dialects of northeast Jiangxi province

Hu Songbai

Abstract This paper studies language contacts in 32 dialect areas covering the groups of Gan, Wu, Hakka and Min in northeast Jiangxi province and summarizes the types of lexical contacts in these dialects.

Key words Northeast Jiangxi province, dialectal lexicon, language contact

粤方言"咗"新议[*]

陈 晓 锦

（暨南大学中文系 广州 510632）

提要 本文以具体的语言事实说明：1."咗"不是粤方言唯一的动词完成体的标记，粤方言各次方言中表示动作完成的方法是丰富多彩的；2."咗"在马来西亚吉隆坡和泰国曼谷粤语中，除了能够出现在句子的动宾之间，动补结构之后，还可以出现在动宾之后，而这后一种用法是国内广州话等粤语所没有的。

关键词 粤语 动词完成体 咗

谈到粤方言的"完成体"，人们总会想到"咗"。通常笼统地认为在谓词后紧接"咗"是粤方言表示完成的手段。也有另一类意见，认为应把"咗"看作"形态词"（参见刘叔新，2003）。

本文就"咗"在粤方言中流行的范围，以及"咗"出现的位置作一点新的探讨。我们暂时还是把它称为词尾。

壹

"咗"广州话音[tsɔ˧˥]。由于广州话是粤方言的代表，又由于"咗"在广州话中出现的频率非常高，论述它的文章又很多，所以它似乎已经成了粤方言的一个标志，甚至让人产生了错觉，似乎凡是粤方言都在使用"咗"表示动作的完成。例如，袁家骅先生（1960）就说："粤方言动词有时、体的语法范畴。表现'体'的方式主要依靠动词后面加词

---

[*] 本文关于广东顺德陈村、南海九江、三水芦苞、鹤山古劳、从化神岗、高明西安、开平赤坎、新会司前、恩平江洲、台山四九、化州的资料由同学、同事甘于恩先生提供，特此致谢！

尾。常见的表示'体'的词尾有以下几个：……表示已经完成的'完成体'用'咗'。"不过，詹伯慧先生(2002)则说："粤方言动词的'体'较多……完成体用'咗'或'□hɛu'等。"

事实到底如何？"咗"是否整个粤方言表示动作完成之标志？如果不是所有粤语都使用"咗"表示动作的完成，那么，不用词尾"咗"的地点用什么方法去标示完成体？

的确，粤方言区使用"咗"的地方不少，已知在广州、香港、番禺、花都、增城、从化，粤北一带的清远、英德、韶关、曲江、仁化，粤西的罗定等地方的粤方言中，它都存在。在海外，马来西亚吉隆坡和泰国曼谷的粤语也有这个作用相同的"咗"。

但是，我们也发现很多地点的粤方言并没有"咗"的踪影。在我们调查过的广西玉林市玉州区白话、福绵管理区成均镇白话、兴业县石南镇白话、容县城区白话、北流市市区白话、陆川县马坡镇白话、博白县城厢镇地佬话、贵港市市区街上话、贵港市东津镇洋七桥行政村平垌自然村白话、平南县城区白话、桂平市桂平镇白话、桂平市木乐镇白话、北海市市区白话、北海铁山港区南康镇白话、北海铁山港区营盘镇石村佤话、合浦县廉州镇廉州话、合浦县沙田镇对达村海边话，动作完成的表示都不用"咗"。不但在广西，就是广东的粤方言，也有相当多是没有"咗"的。例如西部湛江市的市区、茂名、电白、吴川、化州、阳江、封开、广宁、怀集、新兴，四邑一带的开平赤坎、台山四九、鹤山古劳、恩平江洲、新会司前，甚至在粤方言的大本营，珠江三角洲腹地的东莞莞城、南海九江、顺德的陈村、三水芦苞、高明西安等地，也都是这样。

那么，这些粤方言以什么方式去表示动作的完成？调查显示，表示动作完成的手段主要是在谓词后面加词尾，而这个词尾很多样，可以说是"五花八门"。以下是28个地点粤方言情况(广东、广西各14个，例子的右上方加"="号的，表示使用的是同音字)：

地点(广东)	词尾	地点(广西)	词尾
东莞莞城话	敲=(休) hau˧	北海市区话	□ lɛ˧, 了 liu˧
顺德陈村话	□ hɛu˥	合浦廉州话	□ lɛ˧, ɛ˧
三水芦苞话	□ hɛu˥	北海南康话	□ tei˨
南海九江话	□ e˥	北海佤话	□ lɛ˧, 了 liu˨
高明西安话	阿 a˧, 阿 a˥	合浦海边话	□ lɛ˥, 了 liu˨
鹤山古劳话	□ e˨	陆川马坡话	□ lɛ˨, 了 liu˨, 了 la˨
新会司前话	□ e˨	博白城厢地佬话	□ lɛ˨, 了 liu˨
开平赤坎话	□ e˨	玉林福绵成均话	了 liu˨, 了 la˨
台山四九话	□ a˨	北流市城区白话	开 hɔi˥, □ lɛ˨
恩平江洲话	阿 a˨	容县城区白话	了 liu˨

湛江市区话	嗲⁼tɛ˩,嗲⁼tia˩	兴业石南白话	开 wui˥,了 liu˩,了 la˦
怀集桥头话	□ˌɛ˦	玉林玉州区白话	了 la˦,了 liu˦
化州话	嗲⁼tɛ˩	贵港城区街上话	开 huiˌ˥,了 la˦
新兴话	标⁼piu˥	桂平木乐镇白话	开 hɔi˥,了 liu˦,了 liau˦

下面举10个点的例句(广东、广西各5个点):

广东东莞莞城话:冇一早就走敲⁼(休)[hau˩]他一早就走了。│阿叔返敲⁼(休)[hau˩]工叔叔上班了。

广东三水芦苞话:我食□[hɛu˥]晏昼我吃午饭了。

广东开平赤坎话:我㗖□[e˧]饭我吃饭了。

广东湛江市区话:冇咧嗲⁼[tɛ˩]觉他睡觉了。│我食饭嗲⁼[tia˩]我吃饭了。

广东新兴白话:冇插标⁼[piu˥]一张田他插完了一块田。

广西容县白话:花开了[liu˦]两朵花开了两朵。

广西北流市市区白话:开□[lɛ˩]两朵花开了两朵花。│㗖开[kɔi˥]饭再讲吃了饭再说。

广西合浦廉州话:阿伟去睇电影□[ɛ˦]小伟去看电影了。│开□[ɛ˩]两朵花花开了两朵。

广西合浦县沙田镇对达村海边话:阿妹去看电影□[ɛ˦]妹妹去看电影了。│开了[liu˦]两朵花开了两朵花。

广西贵港市市区街上话:侬去了[la˦]我去了。│㗖开[hui˥]饭再讲吃了饭再说。

上面有限的例子已经可以说明,"咗"并非是粤方言表示完成体的唯一标记。随着粤方言调查研究的一步步深入开展,我们还可能会发现粤语更多不同的动词完成体的表现方式。

贰

以往的论述,大都认为"咗"能够:(1)出现在句子的末尾,句中的停顿之前;(2)能够出现在动宾之间,动补结构之后。例如广州话:

事头走咗老板走了。("咗"出现在无宾语句的句末)

我个表停咗,而家几点我的表停了,现在几点钟?("咗"出现在句中的停顿之前)

着咗衫,戴咗帽穿了衣服,戴了帽子。("咗"分别出现在动词"着"和宾语"衫"、动词"戴"和宾语"帽"之间)

细佬打烂咗两只碗弟弟打破了两个碗。("咗"出现在动词"打"和补语"烂"之后)

这对于广州话来说,是没有问题的。但我们在海外粤方言,如马来西亚吉隆坡和泰国曼谷的粤语中看到了"咗"的不同表现。

吉隆坡粤语和曼谷粤语都有表示动词完成体的词尾"咗",上述广州话"咗"的表现,这两个远离中国大陆的海外粤方言也都同样有,例如:

①广州话　　　　食咗饭再讲吃了饭再说。

　吉隆坡粤语　　食咗饭再讲。

　曼谷粤语　　　食咗饭再讲。

（以上"咗"出现在动词后宾语前）

②广州话　　　　本书撕烂咗这本书撕破了。

　吉隆坡粤语　　本书撕烂咗。

　曼谷粤语　　　本书烂咗。

（以上"咗"出现在动补结构后）

③广州话　　　　阿珍嘅面红咗小珍的脸红了。

　吉隆坡粤语　　阿珍嘅面红咗。

　曼谷粤语　　　阿珍嘅面红咗。

（以上"咗"出现在无宾语句的句末）

可是,下面例子中吉隆坡粤语和曼谷粤语"咗"的用法却是不见于广州话的:

④a广州话　　　　炳叔嘅几个仔女都出咗身炳叔的几个孩子都自立了。

④b吉隆坡粤语　　炳叔嘅几个仔女都出身咗炳叔的几个孩子都自立了。

⑤a广州话　　　　阿刘畀事头炒咗鱿鱼小刘被老板辞退了。

⑤b吉隆坡粤语　　阿刘畀事头炒鱿鱼咗小刘被老板辞退了。

在例④b中,吉隆坡粤语的"咗"不是像例④a的广州话那样,出现在动词"出"和宾语"身"之间,而是出现在动词"出"所带的宾语"身"后面。例⑤b吉隆坡粤语的"咗"出现在动词"炒"所带的宾语"鱿鱼"后面,也跟例⑤a广州话出现在动词"炒"和宾语"鱿鱼"之间不同。

⑥a广州话　　　　佢畀法院判咗刑他被法院判了刑。

⑥b曼谷粤语　　　佢畀法院判刑咗他被法院判了刑。

⑦a广州话　　　　佢去咗劳改他去劳改了。

⑦b曼谷粤语　　　佢去劳改咗他去劳改了。

"判刑"是个离合词,例⑥b曼谷粤语的"咗"不是像例⑥a广州话那样出现在动词"判"和宾语"刑"之间,而是出现在动宾后面表示动作的完成。例⑦b曼谷粤语的"咗"出现在动词"去"所带的宾语"劳改"后面,也与例⑦a广州话出现在动词"去"和宾语"劳改"之间不同。

以上吉隆坡粤语和曼谷粤语的说法都是广州话所没有的。

另外，我们在曼谷还听到"讲唔识咗不会讲了"这样的说法。这个意思在广州话应该说"唔识讲喇"。"喇"在广州话里是语气助词，能够在句末表示事态等出现了变化，这种句子的句中常会有"咗"与"喇"相呼应，如：我食咗药喇我吃了药了。曼谷"讲唔识咗"一句，除了否定副词"唔识"（不懂、不会）放在动词"讲"之后和广州话放在"讲"之前不相同以外（这恐怕是受了泰语修饰后置的影响），不用"喇"单用"咗"，也令广州话的使用者觉得不寻常。但这种用法出现得不多，我们在吉隆坡和曼谷听到的"咗"有别于广州话的"咗"的用法，主要是上面例④至例⑦所指的。

吉隆坡、曼谷粤语"咗"可置于动宾之后的用法未见于广州话等国内的粤方言。这种类似语气助词的用法是如何形成的？源头何在？国内的粤方言区里有没有我们未发现的同样用法？这都需要进一步调查和研究。

参考文献

李新魁、黄家教、施其生、麦耘、陈定方 1995 《广州方言研究》，广东人民出版社

刘叔新 2003 广州话的形态词及其类别，《第六届国际粤方言研讨会论文集》，澳门中国语文学会

彭小川 1996 广州话的动态助词"咗"，胡明扬[主编]《汉语方言体貌论文集》，江苏教育出版社

袁家骅 1960 《汉语方言概要》，文字改革出版社

詹伯慧主编 2002 《广东粤方言概要》，暨南大学出版社

詹伯慧、张日升主编 1990 《珠江三角洲方言综述》，广东人民出版社

张洪年 1972 《香港粤语语法的研究》，香港中文大学出版社

张双庆 1996 香港粤语动词的体，《动词的体》（中国东南部方言比较研究丛书第二辑），香港中文大学中国文化研究所吴多泰中国语文研究中心

New comments about Yue dialect's perfective marker [tsɔʌ]咗

Chen Xiaojin

Abstract This paper bases the following findings on substantial language facts: 1) With varied ways of denoting the accomplishment of acts in its dialects, Yue group features more perfective markers than just [tsɔʌ]咗; 2) The Yue dialects in Kuala Lumpur, Malaysia and Bangkok, Thailand [tsɔʌ]咗 can also appear after verb-object phrases, which is absent in Chinese Mainland's Yue dialects.

Keywords Yue dialect, perfective, [tsɔʌ]咗

广州方言文化词两则

麦 耘

(中国社会科学院语言研究所 北京 100732)

提要 本文分析两组广州方言文化词:(1)"荷兰"和"红毛",其中涉及明末荷兰人在西南太平洋海域活动的历史;(2)"凶"与"输"的同音避讳,讨论到"避讳级度"问题。

关键词 广州方言 文化词 历史 避讳

壹 "荷兰"和"红毛"

广州话中有几个带"荷兰"和"红毛"的词,如下:①

1. 荷兰豆 [hɔ˨ lan˦ tɐw˨] 简称"兰豆"。菜豌豆,一种以嫩荚做菜的豌豆,是广州人的家常菜蔬之一。这种菜近年传到中国北方,就连同这个名称也传去了。
①今日啲荷兰豆唔算贵_{今天这些菜豌豆不算贵}。

2. 荷兰薯(藷) [hɔ˨ lan˦ sy˨] 马铃薯。目前广州市区此名称已罕用,一般称为"薯仔",而在近郊有不少地方仍叫"荷兰薯"。
②呢窟地种荷兰薯_{这一片地种马铃薯}。

3. 红毛头 [hoŋ˨ mow˨ tɐw˦] 西洋人,白种人(鄙称或谑称)。"头"是带贬义的表人词尾,可省去而称"红毛"。此词近年渐少用,而代之以"鬼佬"。
③行入去一睇,哗,净系红毛头_{走进去一看,嚯,全是老外}!

4. 红毛泥 [hoŋ˨ mow˨ nɐj˨] 水泥。近年渐被"水泥"取代。

---

① 白宛如(1998:47)还收有"荷兰水(汽水)"和"荷兰水樽(以早期横置的汽水瓶喻爱睡觉的懒人)"。但此二词广州人早已不用。又,现代香港粤方言有"荷兰水盖(对勋章的戏称,取其形似汽水瓶盖)"一词。

④要落多呐红毛泥至得要多下点儿水泥才行。

关于"荷兰豆"和"荷兰薯",周振鹤、游汝杰先生(1986:118)说:

马铃薯也是原产南美洲的。……有一种看法认为马铃薯刚入中土的时候,先引种到华北的京津和山东,以后推广到内蒙。拿北方来说可能是如此。但是南方沿海的马铃薯则完全可能是从日本、台湾或南洋引种的。这从梅县、广州和潮州把它称作"荷兰薯"可以看出。日本的马铃薯先是由荷兰人在长庆年间传到长崎,明治初年再由美洲输入良种。明朝初年①荷兰人在台湾和南洋的活动是很频繁的。所谓"荷兰薯"应该是跟在这些地方活动的荷兰人有关的。

顺便说说,豌豆在闽南方言中称做荷兰豆,恐怕也与来自日本有关。

由这两种作物的名称推测它们与荷兰人有关合于常理,但推测它们自日本引进,则根据不足。如果它们因由荷兰人传到日本、再由日本传入中国南方,所以中国南方方言冠以"荷兰"之名的话,那么在日语中应该留有痕迹。可是马铃薯在日语中也叫"马铃薯",读音为ばれいしょ(bareisio),与汉语音对应;它还有一个更常用的名称:じゃがいも(ziagaimo),是日语本族词。豌豆在日语中也是"豌豆",音えんどう(endou),也与汉语音对应。这3个日语词都与"荷兰"——日语オランダ(oranda),同汉语一样是对Holland的音译——没有关系。

从南洋传入的说法也可疑。凤梨也是原产南美,由荷兰人传到南洋,再由南洋传入中国南方,可是粤、闽方言并不称它为"荷兰"什么的,而是叫"波罗"(菠萝),是以南洋的婆罗洲(Borneo,在今加里曼丹)命名的。

在中国南方,马铃薯最早先由荷兰人传到台湾,倒是很有可能的。不过这仍有待考证。

在农业史上,马铃薯由荷兰人传入的可能性很大,但豌豆就绝对不会。中国人自古就种植豌豆,肯定比日本人、荷兰人都早②。李时珍(1518-1593)《本草纲目·谷部》:"胡豆,豌豆也。……种出胡戎,嫩时青色,老则斑麻。"按此说法,豌豆也是外来的,但传自西域,而且应当很早(冠以"胡"名的物种一般都来得很早),既不会跟日本有关,也不可能跟17世纪荷兰人在西南太平洋海域的活动有关。

其实广州话和闽南话的"荷兰豆"并非豌豆的通称,而是指称豌豆中以嫩荚为食用对象的品种。以成熟的豆子实为食用对象者,广州话叫"麦豆"。或许早时粤、闽

---

① 此处有误。当为明朝末年。
② 《齐民要术》引东汉崔寔《四民月令》:"正月可种春麦豍豆,尽二月止。"《广雅·释草》:"豍豆,豌豆,䝁豆也。"

人民虽种植豌豆,但无以其嫩荚为蔬菜者。食用嫩荚的品种大约是在明代之时自外国传入,有可能是荷兰人带来的。

为什么只说是"有可能"呢?因为笔者认为,名称冠以"荷兰"的东西,并不一定跟荷兰人有直接关系。在早期广州话和吴方言里,汽水称为"荷兰水",厦门话称为"荷兰西水"(见李荣[主编]2002:3090),但没有任何证据可以证明汽水是由荷兰人传入的,这里的"荷兰",其实只等于"西洋"罢了。①

现在来看另外两个词。明清时中国人称荷兰人为"红毛"。《明史·外国传》"和兰"(即荷兰)一节云:"和兰,又名红毛番。……其人深目长鼻,髮眉鬚皆赤。"又云:"时佛郎机横海上,与红毛争雄。""佛郎机"是 frangī 的音译,指葡萄牙,《明史》说他们"拳髮赤鬚",比较"髮眉鬚皆赤",可知当时人以"红毛"目荷兰人之由。而明清时的广州人又有另外的说法。屈大均(1630-1696)《广东新语·舟语》"洋舶"条下谈到"贺兰"(即荷兰),说他们"眼皆碧绿,髮黄而面黧",也提到"佛朗机"。此外又说:"而红毛鬼者,长身赤髮,深目蓝精,尤狰狞可畏。比年数至广州,其头目号曰'白丹'。每多闽、漳人伪为之。其骄恣多不可制。红毛鬼所居大岛在交趾南,盖倭奴之别种也,常入洋中为盗。……(吾船)倘众寡不敌,为所擒,则尽屠矣。红毛鬼之为害若此。"显然,当时的广州人把以和平面貌出现的荷兰人跟作为海盗的荷兰人视为不同种了②。

总之,明清时"红毛"本指荷兰人,而当时的广州人特指荷兰海盗("鬼"是詈称词尾),而后来在广州话中词义扩大,指代一切西洋人。为什么是荷兰人作西洋人的"代表"而不是英国人或其他国家的人呢?因为荷兰人是最早给这里的人民以深刻印象的西洋人。在荷兰人之前,早有其他西洋国家的传教士到过中国,也多先经广东(如利玛窦即是),但人数少,影响小,更重要的是他们是来传教的,是和风细雨的渗透,不是明火执仗的入侵,给中国人的是新奇的印象,而非激烈的印象。较早大规模来到的武装的西洋人是葡萄牙人,时间是16世纪初,直到1553年侵占澳门。但那时明朝还相当强大,葡萄牙人在碰了几个钉子之后,跟明朝的关系还比较友好,与地方官吏和老百姓也基本上相安无事。17世纪初,新兴的殖民主义者荷兰人来到南洋,与葡萄牙人以战争手段争夺殖民地,很快占领爪哇和马六甲,逐渐把葡萄牙人排挤出印度尼西亚。此屈大均所谓"红毛鬼所居大岛在交趾南"也。他们于1601年第一次

---

① 原产意大利的青花菜(广州人叫"西兰花"),北方有的地方叫"荷兰花椰菜",其来由也值得探讨。
② 屈氏本人肯定没见过"红毛鬼",他对"贺兰"人和"红毛鬼"外貌特征的不同描述不足据。至于误以"红毛鬼"为"倭奴之别种",把荷兰海盗与较早的日本海盗拉上关系,就只是出于联想而已。

来到中国东南沿海,曾希望同中国贸易,遭拒绝后诉诸武力,多次侵占澎湖,还曾在澳门与葡萄牙人激战。于1623-1624年间进犯台湾并占为基地。至1661年郑成功收复台湾止,荷兰人与中国的战争状态持续了半个多世纪。最令中国东南沿海老百姓恐惧和痛恨的是荷兰海盗,如屈大均书中所反映的。这些给广州人民留下极深刻的记忆,以至后来一提到西洋人,人们首先就会想到那些印象中魔鬼一般的"红毛"。

可与"荷兰水"凑成一对的是"红毛泥"。当然不能由这个词推断水泥是荷兰人传入的。这里的"红毛"就跟北方对水泥的俗称"洋灰"中的"洋"字是一样的含义。

回头来说"荷兰豆""荷兰薯"。在没获得确凿的证据说明这两个词的产生跟荷兰人有直接关系之前,我们最好保守一点,只认为其中的"荷兰"跟"胡椒"的"胡"、"洋葱"的"洋"、"西红柿"的"西"、"番薯"的"番"一样,仅是表明其舶来品的身份,而不一定就是实指荷兰。当然,跟"胡"等不同,冠以"荷兰"的词,起源一定较晚,在17世纪以后。

贰 "凶"与"输"同音字的避讳

广州话的"空"与"凶"同音,读[hoŋ˥],"书"与"输"同音,读[sy˥]。广州话口语中要用到"空"时一般要避讳,用其他字来替代,用到"书"有时也要避讳。如:

1. 吉 [kɐt˥] 空。"吉"是"凶"的反义,以代与"凶"同音的"空"。

⑤隻笼系吉嘅那箱子是空的。

2. 吉屋 [kɐt˥ ok˥] 空的房子。"空屋"与"凶屋"同音,后者指不吉利的房子(譬如曾发生不正常死亡的房子),故以"吉"代"空"。

⑥呢道有吉屋出租这里有空房子出租。

3. 吉手 [kɐt˥ sɐw˥] 空着手。"空手"与"凶手"同音,亦与"吉"代"空"。

⑦边有吉手去人道坐嘅喺哪有空着手(不带礼物)到人家里坐的呢?

4. 得个"吉"字 [tɐk˥ kɔ˦ kɐt˥ tsi˨] 只剩一场空。又说"得个吉"。

⑧做餐嘢,都系得个"吉"字干得头晕脑胀,也只落得一场空。

5. 通胜 [toŋ˥ seŋ˦] 通书,即皇历,记着各种吉、凶、宜、忌等等的日历。"通书"与"通输"同音,后者有"通盘皆输"的意思,故以"胜"代"书"。

⑨老妈子做乜都话要查通胜老太太干什么都说要查老皇历。

6. 占卦木鱼赢 [tsim˥ kwa˦ mok˨ jy˦ jɛŋ˨] 用木鱼书词本占卜。"木鱼书"是广东地区一种传统的说唱形式,一度非常流行。其词本亦称"木鱼书",可供阅读。

旧时有一种简易的、用木鱼书的词本为道具的占卜方法,是从一大叠词本中随手抽出一本,根据其内容来揣测所卜事件的吉凶福祸。这种占卜方法早已消失,现在已几乎不为人所知了。这是以"赢"代与"输"同音的"书"。

⑩旧底啲女人占卦木鱼赢,若揗[ts'im˨]倒本《十二寡妇征西》,就惊到一壳眼泪以前那些女人拿木鱼书占卜,要是抽到一本《十二寡妇征西》,就吓得流一瓢眼泪。

除"空"以外,与"凶"同音的常用字有"兇胸匈汹哄~堂大笑"。其中"兇"广州话不说,只说"恶";"胸"也不说,只说"心口"①。不能确定这些是所用词汇本就是如此,还是避讳的结果。其余都不是口语用到的。

旧时迷信的人,尤其是老年妇女,"空"是基本上都需要避讳的,要用到"空"的意思,多是用"吉"来代替(参看白宛如,1998:447"吉"字条),或者改说"冇嘢没有东西""冇人没人"等。广州话口语中含有"空"的词语极少(常用的有"空寥寥空荡荡""空口在不吃饭的情况下(吃菜)"和"空口讲白话作不兑现的承诺")。

除"书"以外,与"输"同音的常用字有"舒抒纾枢",其中只有"舒"用于口语(在"舒服"一词中),没有避讳现象。还有一个特殊的词与此有关:"胜瓜棱角丝瓜"。在广州,无棱丝瓜叫"水瓜",棱角丝瓜叫"丝瓜"。广州市区"丝"音[si˥],但郊区有的地方音[sy˥],与"输"同音,所以避讳叫"胜瓜"。可以猜测,避讳的叫法是从近郊菜农开始的;由于名称吉利,后来广州市区也这么叫,不过不很普遍,仍称这种瓜为"丝瓜"的人更多。严格地说,"胜瓜"不是标准广州话的避讳词。

对"书"的避讳,目前所知只有上面两例。在一般情况下,"书""读书""四书五经"等是从来不避的,即使是"木鱼书",如不是在占卜的场合,而是在其他场合(如听木鱼书说唱),也不避。从这两个例子可以看出,只有在要预测吉凶福祸的时候,碰到"书"才要避讳。

这里可以引入"避讳级度"的概念。"凶"的同音字的避讳级度很高,而"输"的同音字的避讳级度比较低。这是"凶"和"输"这两个词本身的词义级度决定的。

参考文献

白宛如 1998 《广州方言词典》,江苏教育出版社
李　荣主编 2002 《现代汉语方言大词典》,江苏教育出版社
李新魁、黄家教、施其生、麦　耘、陈定方 1995 《广州方言研究》,广东人民出版社
周振鹤、游汝杰 1986 《方言与中国文化》,上海人民出版社

---

① 但有"鸡胸"一词,指人(多是婴孩或儿童)胸骨向前突出的胸形(是缺钙的结果)。

Two groups of culturally-loaded words in Guangzhou dialect
Mai Yun

Abstract This paper analyzes two groups of culturally-loaded words in Guangzhou dialect: 1) *Helan* (荷兰, Holland) and *hongmao* (红毛, redhair), which involve the history of Dutch activities in southwest Pacific in late Ming dynasty; 2) Homophone taboos of *xiong* (凶, disastrous) and *shu* (输, to lose), with discussion on the scales of taboo.

Key words Guangzhou dialect, culturally-loaded words, history, taboo

汉语方言语法调查研究的三种模式[*]

刘丹青

(中国社会科学院语言研究所 北京 100732)

提要 本文结合实例探讨如何借鉴当代语言学形式、功能、类型学三大学派各自的主要研究方法——语感内省测试、语篇统计分析和跨语言比较来推进汉语方言语法调查研究的现代化。

关键词 方言语法 研究方法 内省测试 语篇统计 跨语言比较

零 引言

目前的汉语方言语法调查方法大致基于传统语法和结构主义描写语法(下文说的"传统的语法研究"或更简化的"传统语法"都作包括这两者的广义理解,而不仅指结构主义之前的"传统语法"),并且主要着眼于跟普通话的比较。在此基础上所作的方言语法调查研究在几十年里尤其是最近二十年里取得了大量有价值的描写性成果,但也在方言语法学的进一步深化方面也遇到了一些挑战。目前方言语法的调查研究受到两个方面的制约。一是语法学框架及由此决定的调查项目相对陈旧,过分受制于普通话语法学尤其是教学语法体系,缺乏人类语言的类型多样性和深层共性的广阔视野;二是调查研究方法相对滞后,没有充分吸收现代语言学在语法调查研究的方法方面的新进展。关于前一点,拙文(2003a)已作过初步探讨。本文着重探讨后一个问题,权作2003a文的姊妹篇。前文谈的是框架的现代化,此文谈的可算是方

---

[*] 本文写作获中国社会科学院重点项目《汉语方言语法比较与汉语方言语法语料库》资助。论文的部分内容曾先后在中国台北的中研院语言学研究所筹备处、香港城市大学人文学院、赵元任先生诞辰110周年学术研讨会(常州)、首都师范大学文学院(北京)和河北师范大学文学院(石家庄)报告过。

法的现代化。

以语法研究为中心的世界当代语言学,大致可分为形式、功能和类型三大流派,它们对语言本质的理解非常不同乃至存在对立,研究方法也大异其趣。如果暂时放下三大学派语言哲学观的差异,而只关注它们的研究方法,我们会发现三个学派都以各自的方法和研究实践推进了语法研究的科学化、现代化,在不同的方面提升了语法研究的水准。本文所说的三种模式,就是指可以分别借鉴吸收这三派研究方法应用于汉语方言语法调查研究的三种模式。不是说汉语方言语法研究已经形成了这三种模式,也不是说现有的汉语方言语法研究完全不存在采用这些方法的实践。实际情况是,现有的研究实践已在某些方面有意无意、不同程度地采用了其中的某种模式,也因此而获得了较有价值的成果。只是这些实践还没有在方法论的高度为学界普遍重视,更没有成为大家的有意识追求。本文就想通过对研究实例的方法论探讨来说明,假如我们能在实践中增强方法意识,有意识地在根据研究对象和目的选择某种模式,而且撇开学派之争,让几种模式在汉语方言语法研究中优势互补,那么我们就能进一步提升汉语方言语法学的科学水准,让汉语方言语法研究成果更好地服务于整个中国语言学和人类语言普遍性理论的发展。

形式语言学、功能语言学和语言类型学从不同的语言观出发发展出了不同的观察、分析、研究语言的方法。拙著(2003b:21)尝试将它们不同的研究方法用三个近似的英语单词来表达。形式语法讲究 test(测试),即诉诸母语者(特别是作为母语者的研究者自己)的语感来测试语法上可说不可说的界限,以此建立语法规则;功能语法注重 text(语篇),强调从真实话语的篇章功能分析中发现语法规则的由来;类型学擅长 attest(验证),即对选定的参项(要素、结构或范畴)在跨语言分布中验证其存在与否及表现方式,由此总结语言的共性和个性(类型差异)。上引拙著已对三种方式的长处和局限作了比较,读者可以参阅。本文将着重分析一下三种方式比起传统的语法研究来各自的有所进步之处,然后讨论这三种模式在汉语方言语法调查和研究中的作用和前景。

壹 当代语法研究的三种模式与传统语法的比较

1.1 形式语法的测试法(test)。

在生成语法等的形式学派看来,语言能力是内在的,语法规则是有限的,而语法规则的外在产品——句子,则是无限的。任何单一语言所能造出的句子就已是无穷之数,更遑论人类语言的总和。于是,形式学派不像其他学派那样关注实际语料,因为再多的语料也只是潜在造句产品的沧海一粟,而更多的为人类语言能力所排斥的现象则根本不会出现在语料中。形式学派关注的是句子背后的规则。假如能总结出真正反映语言能力的准确规则,那再多的语料也都能得到解释。规则的价值在于探求语法合格性的极限或"底线",据此划出合格句和不合格句的界限。理论上说,这种界限存在于该语言的每个说话人语感中,说话人说出合格句,排斥不合格句的内在能力就是语法规则之真正所在。因此,形式语法最看重的"语料"就是母语人内心对各种句子形式的正误反应和判断。语言学家的常做之事,就是设置合适的能反映语法规则的句子形式去对母语人(可以是作者自己)的语感进行测试,看什么能说,什么不能说。

比较形式语法与传统的语法研究,可以看到几大区别。①传统语法研究注重实际出现的语料,形式语法注重存在于语言心理中的潜在语法能力。②传统语法喜欢完整充实的语句,例句多保留实际语言(特别是书面语)中各种修饰限定成分,形式语法的例句只包含对说明当前讨论的规则有用的成分,删除一切无关成分,是一种可控制的"实验室句子"。假如采用"拖泥带水"的实际语句,虽然读起来更有真实气息,但难以分辨哪些是相关因素,哪些是无关因素,不利于揭示真正起作用的规则。③传统语法偏重于展示哪些形式能说,而形式语法特别关注哪些形式不能说。这也是形式语法不采用复杂句子的原因。试想举出的不合格句若包含很多成分,那就很难确切判断导致不合格的因素。至于为什么要特别关注不合格句,可以拿法律来做比方。语法之所以也被称为"法",就是因为它是每个人从小习得的必须遵守的母语说话规则,正像法律是每个人在自己社会中必须遵守的行为规则。一部法律不能只告诉人们什么该做能做,更重要的是要告诉人们什么不该做不能做,因为只有知道了什么不能做,才算是真正知道了什么可以做。同样,要揭示语法规律,也不能只是描写什么可以说,还必须揭示什么不能说,通过能说和不能说的对比最能划出语法合格性的确切范围。在技术层面,不合格形式是通过星号句来表示的。形式语法的论著总是包含相当多的星号句,以及表示合格性低的问号句、双问号句。而这种星号句和问号句只能诉诸内省测试才能获得,在实际语料中是难以找到的。这也解释了形式语法为什么倚重内省语感测试。

1.2 功能语法的语篇法(text)。

功能学派相信语言是服务于人类交际、思维、认知等功能的一种工具,功能语法学派中的一些主流学者如 T. Givón, S. Thompson 等(但不包括广义功能学派中的认知语法学派,他们在研究方式上多像生成学派采用内省测试。这一派的理论领军人物也有出自早期生成学派阵营的,如 G. Lakoff),则特别强调对活的实际语料进行定量分析,可以说"以语篇为基础,以统计为主导"。在这些学者看来,语法不过是语用现象因经常使用而固定下来的规则("今天的句法是昨天的语用法"),从一种结构的成立到一个具体词语的用法特点,都要在语言使用中体现,甚至合语法性也是相对而非绝对的,跟它的出现频率有关。在无法定性的地方,篇章中的统计数字就有了发言权。

  功能语法和传统语法虽然都注重真实语料,但做法大相径庭。①传统语法喜在规范、典雅的书面性语料中摘录中规中矩的"典型"例子,其中不乏反复"润色""锤炼"后写出的文学或政论语句;而功能语法更看重的是真实的、即兴的、无事先准备的口语语料,因为这种句子最能反应实际的交际过程和在交际中起作用的语用篇章规则,涉及语境、指称、信息结构、交际功能或目的(语体)、会话原则等等因素,正是这些规则被认为是语法规则的由来。书面语句可以经过作者的反复推敲,可以添加很多实际口语中不大会出现的修饰附加成分,已经难以再现语言最本质的功能。甚至模拟口语的写作产品,如相声底本、话剧台词、小说影视对话等等,在功能语法中的价值也逊色于无意识的即兴言谈。即兴语料固然不乏口误、不规则的停顿、啰唆重复、错位、遗漏脱落等现象,它们在写作中都会被避免,但这些"杂乱"现象的出现规律和出现原因本身就是隐藏着语言使用规则的值得探求的宝贵材料。②结构语法和在其之前的西方传统语法都注重定性分析,而功能语法特别注重定量分析。在功能语法看来,很多传统上的是非问题都是程度或频率问题:词与非词、这类词与那类词、这种结构与那种结构,甚至同一个词的及物与不及物,大都不是非此即彼的,而是在多大程度上如此,往往取决于频率。历时平面的语法化、词汇化也是在渐变中完成的,渐变的重要表现就是频率的变化。因此,功能语法强调的是语法的动态性(参阅陶红印,2003),注重用统计说话。统计总是追求随机性,对语言来说,真实的即兴言谈是最随机最少人为性的,所以注重统计也是功能语法偏爱真实即兴语料的原因之一。而靠真实即兴语料的统计所获得的发现(如上引陶文对"知道"格式功能的统计分析)不但靠静态的定性研究难以获得,即使对书面语等非即兴语料作定量分析也难以获得。

  1.3 类型学的跨语言(跨方言)验证法(attest)。
  语法理论的主要目标不是研究具体语言的语法,而是研究人类语言共同的语法原理与规则。但是,在类型学家看来,主要借助母语内省测试的形式语法和主要借助单一语言语篇分析的功能语法作为发现语言普遍规律的途径都有不可靠之处,因为数千种人类语言之间有很多差异,从一种或少数几种语言中总结出来的规律未必真的反映人类语言的普遍状况。因此,类型学专门从事跨语言比较的研究,而寻找语言共性的最基本手段便是跨语言的验证法。简单地说,验证法就是先从逻辑上排出可能存在的现象,然后根据初步观察假设一些可能具有普遍性的语言现象,或两种语言现象之间可能普遍存在的相关性,然后在尽可能充足而均衡的语种库(language sample)里进行逐一检查,看逻辑上的可能性在各种语言里是否存在,在什么样的语言中能存在,存在的就是得到验证的(be attested),反之就是得不到验证的(cannot be attested),从而看出假设的语言现象或相关性是否能在整个语种库得到验证。

类型学与传统的语法研究都注重材料事实甚于注重理论假设。但是,类型学与传统研究的差别比共同点更加显著。①传统的语法研究主要在一种语言的语法系统内部进行,不考虑其构建的框架和得出的规律是否经得起人类语言大量事实的验证,别说顾不上考虑是否适合亲属语言,甚至语言自身的历史状况和方言状况也不加考虑。通行汉语语法学的某些理论和分析处理(如所谓"前状后补"的处理,这还是目前汉语语法学框架中的主要支撑之一)就很难和汉语史和汉语方言的事实适应,其理论价值就大打折扣(关于"补语"概念存在的问题,参阅刘丹青,2005)。②传统的研究只就某现象研究某现象,属现象孤立型研究;而类型学特别注重研究语言系统中看似无关的多种现象之间的相关性,如动词的语序(宾前宾后)和介词的类型(前置词后置词)的相关性,动宾语序和名词格的关系,名词的性和名词的格之间的关系,等等,是一种现象相关型研究。探求表面看不到的相关性正是科学的一大特征。反映这种相关性的语言共性只有通过跨语言比较才能建立,而类型学建立的那些人类语言共性或倾向又反过来为单一语言的研究提供有力的参照和解释,为古代语言的构拟提供优先方案,这是传统的单一语言研究无法企及的。③注重量化统计是类型学和功能语法的一大共性,功能语法注重语篇分布统计,类型学则注重语种分布统计。传统的研究只关注某种现象在对象语言中是否存在,是一和零的关系,而类型学的验证法还要关注它能在多少语言中存在,是多和少的关系,从中看出语言现象的自由与受限之别,普遍与罕见之别。

1.4 汉语方言语法研究比标准语的研究更需要三种模式的引入。

通过上面的简要介绍可以看出,形式学派长在深度,功能学派长在量化,类型学派长在语种覆盖面。从一种超越学派的立场看,形式学派的测试法可以帮助我们更加深入而精确地了解各种语法单位的性质和各种语法现象背后的规则,功能语法的语篇法可以帮助我们了解不同语法形式在语言(方言)中的重要程度、出现条件和对不同交际功能的适应性,类型学的验证法可以帮助我们了解语言方言间共同遵守的语法规则和不同语法现象在人类语言中的优劣程度。我们相信,为了全面了解人类语言的本质和特点,这三种模式都是需要的,在方法上它们应当是彼此互补而非对立的。正因为如此,所以我们在汉语方言语法的调查中可以分别借鉴这三种模式,以期获得对汉语方言语法的更全面的认识。

其实从某些角度讲,传统的语法研究与上面三种学派的方式相比仍有一些可取之处值得重视。①比起形式语法来,传统的语法研究更重视收集实际语料(主要通过书面材料),语料中常常包含形式语法尚不能解释甚至根本还没有注意到的事实,这是推动语法研究深化的重要动力。②书面语不是口语的简单记录,它在结构复杂度、句义精确度、明晰性和信息含量方面都有大大超过口语的地方,有很多需要关注的特点,传统研究在这些方面的探索有重要的价值。③传统研究更加面向语言/语文教学和语言规划等应用领域,偏重标准语、书面语的倾向就与这种价值取向有关,而为应用领域服务也应是语言研究的重要任务之一。上述三个学派的研究方向更看重对人类语言的理性认识,并不以应用为直接目的。从应用的需要出发,标准语、书面语的研究成果能够更加直接地投入应用领域,如计算机需要处理的主要是书面材料。这也是传统语法的研究方式值得继承的方面。

传统的语法研究的这些特点或长处,在方言语法研究领域就不太灵光了。①传统研究主要靠书面材料来收集材料,而绝大部分方言缺少甚至完全没有书面材料,基本上要靠方言调查或研究者作为母语人的内省语感来研究,注重书面语材料的特长无用武之地。②方言主要存在于口语中,而书面语所特有的那些体现复杂性和严密性的语法特点在方言中很少存在,传统语法研究这类句子的"功夫"也难以在此施展。③方言语法研究可以有很多目的,但大多不是为了应用。除了粤语等个别方言点外,大多数方言不存在方言教学、方言规范化或方言机器翻译这一类需求,因此传统语法面向应用的特长难以在方言舞台上露上一手。

相比之下,上述三种模式对方言语法研究的促进更加直接,也更加根本,而目前的现实是方言语法研究更多地依赖传统的语法研究方法,对新方法的探索不如共同语语法研究领域。因此,方言语法研究迫切需要在方法上有更高更新的追求。下面我们就进入研究实例的讨论。

贰 内省测试式的方言语法调查

测试法实际上是当代语言学不同学派共同的研究基础,各派区别只在对测试法的依赖程度。形式派大致只用测试法调查考察语言事实,并发展出了该学派特有的许多测试方法,如算子辖域测试法、反身代词回指测试法、移位测试法等。而其他学派则更注意采用其他方法。

在调查研究汉语方言语法时,假如对象语言是研究者的母语方言,那么测试法是一种很便利的调查途径。假如具有良好的语言理论素养、带着明确的调查目的,那就能更加自觉地利用母语优势凭自己的语感进行深入测试。假如调查者不是母语人,对对象语言缺乏语感,那么测试法要依赖对发音人语感的调查来进行,效果上会受到一些限制。语法的存在方式比语音词汇更加隐蔽,体现为语感的语言能力是一种生成无限多句子的机制,而不是一套有限的语料,从语感发掘语法规则必须依靠语法理论的指导和测试角度的不断改进。母语研究者可以随时调整改进测试角度,而方言调查却只能在很有限的时空中完成。可行的做法是,调查者在调查方案中就设计好一些测试项目,例如主动句怎样转换为被动句,什么样的主动句可以转换为被动句,哪些双宾语可以改换语序或变成其他结构,哪些不可以,哪些虚词可以省略,等等。假如调查过程中发现有价值的现象需要测试,调查者就可能没有足够时间来从容设计补充测试项。假如到离开现场作书斋分析时才发现有些项目需要测试,补救就比较困难了。每次遇到这种情况都重新调查是时间和经费所不容许的。因此,母语研究者对方言语法的某些研究深度可能是外来调查者极难达到的。由此可见,对学术价值高的方言,有条件从母语人中选拔培养研究人才确实有事半功倍之效,而且这对语法研究的作用大于对语音词汇研究的作用。当然,我们也不时看到非母语学者的语法研究比母语研究者更加深入的情况,这又涉及测试的语言学基础和素养问题。下面来看一些实例分析。

笔者(1996)在分析方言中补语向体助词虚化的过程时,曾提出鉴定虚化程度的几条句法标准,其中关键的一条是能否插入"得/不"一类成分构成可能式,另外一条是能否用在另一个结果补语之后。苏州话的结果补语"好"与普通话"好"相比有更接近完成体标记的用法,如:

(1)我勒里在挑水,挑好水就去。

(1)后分句颇接近"我挑了水就去"。但是测试表明,这种"好"仍然可以构成可能

式,如:

(2) 我勒里在挑水,挑得好就去,挑勿好就勿去。

可见开始表示完成体的这种"好"在句法上仍处在补语(有学者称"动相补语")的阶段,还不是真正的体助词。不过,"好"还有更虚化的体标记用法,测试显示这时完全不能再变成可能式。如:

(3) 我吃好饭哉,吃勿落哉。

这句并不是告诉对方自己是否已吃完,而是告诉对方自己吃了饭了。这种意义的"吃好"不能再说"吃得好/吃勿好",显示其句法上向体标记又靠近了一步。但是,与彻底虚化的体标记"仔"相比,"好"又通不过另一项测试。"仔"可以用在动结式之后,显示其本身完全没有结果补语的作用,而"好"绝对不用在动结式之后,显然是因为"好"本身还有结果补语性质。比较:

(4) a. 我吃光仔两瓶酒哉。　　b. *我吃光好两瓶酒哉。

关于可能式的测试,特别是同一个"好"何时有何时没有可能式的测试,非常依赖母语人的语感。正因为笔者对苏州话有类似母语的语感,所以这些测试做起来才比较容易。而关于能否用在动结式后的测试,对母语者来说是个极其简单的直觉反应,用"好"一试就知道绝对不行,但对于非母语人来说,却相当不易。即使测试了几例,证实"好"不能在动结式后,也还是没有把握是否一切动结式后都不能加完成义的"好"。假如描写苏州方言的学者恰好没有注意这些测试项目,那么其他人在引用苏州话的材料时就根本不能推断某个体标记能否有可能式、能否用在动结式后,也就难以精确衡量其虚化程度。上引拙文以这些标准来分析其他东南方言的体助词时,就因为有些报告没有可能补语测试一类说明而遇到一些麻烦。项梦冰(1997)在分析连城客家话的体标记"撇"时,凭借作者的母语语感进行了较好的测试。作者首先指出体标记"撇"来自补语,如其书(项梦冰,1997:171－173)032 例"皮削撇佢把皮削掉。"034 例"佢一晡昼时正犁撇一开田他一个上午才犁完一丘田。"040 例"皮曼都还唔曾洗撇污垢都还没有洗掉"等。作者通过可能式测试和该方言特有的副词"一走"证明了其补语性:"'V 撇'可以插入'得'[te˧]或'唔'[ŋ˧]变成可能式,例如:洗撇洗掉 ～ 洗得撇洗得掉 ～ 洗唔撇洗不掉。'V 撇'也可以插入嵌入性副词'一走'[ə˧ tsie˅],例如皮一削掉就给她连城方言说成'皮削一走撇就拿佢'。"另一方面,作者注意到:"当'V 撇'带动量宾语或时量宾语时,其中的'撇'的意义更加虚化。"例如 045 例"佢话撇半工人还唔曾话清楚他说了半天还没有说清楚。"047 例"我寻撇佢三车都唔曾寻倒我找了他三趟都没有找着。"048 例"我只睡撇一刻子紧醒[e˧]我只睡了一会儿就醒了。"而且作者正是通过可能式测试显示"撤"的虚化的一面:"这些例子中的'V 撤'不能插入'得'或'唔'变成可能式,显然已不能看成是普通的动补结构了。其中的'撤'已经相当虚化,作用很像北京话的'了$_1$'。"陈泽平(1998)在研究福州话体的时候也较多使用测试的方式,通过测试显示完成体标记"咯"和动宾语序的排斥性(184 页),又通过正误测试显示"V 咯未"问句不能说成"V 了未"("咯""了"分别相当于北京话"了$_1$"和"了$_2$")。他在福州话的句法研究中也注意使用测试法。如 203 页通过"共"((有"把"的处置式作用)的删除测试,显示"共"字句转化为不带"共"的受事主语句的条件限制。

句法测试在方言语法研究的不同层次都有作用,从实词的形态和词类、虚词的性质,到句法结构的性质和变换、移位的可能,再到回指、焦点这些语用功能。下面就举一个与焦点有关的例子。拙文(1991)在讨论苏州方言用来构成是非疑问句的发问词时指出,发问词在句子中的位置与疑问范围和焦点直接相关。"发问词一般用在谓词性成分前,疑问范围一般是发问词后的谓词及其所带的宾语、补语、状语。……发问词前的部分一般并无疑问。"该文并指出:"当发问词用在名词性成分前时,疑问焦点往往就是紧贴在发问词后的名词性成分。"这实际上就是疑问算子的辖域问题。用来显示这一规律的,就是下面这个简单的测试:

(5) a. 小张明朝阿去?　　　b. 小张阿是明朝去?　　　c. 阿是小张明朝去?

该文指出,(5)a 句问"去",b 句问"明朝"(明天),c 句问"小张"。焦点问题虽然事关话语功能,但是由于苏州话是非疑问句采用了发问词这种可以随焦点漂移(floating)的疑问算子,因此通过相对简单的句法测试就较清楚地揭示出疑问词辖域和疑问算子语序的密切关系。假如缺乏语感,无法有效地进行测试,这同一个问题解决起来就要困难得多。

了解了内省式句法测试法对方言语法调查研究的益处,下一步就要考虑怎样测试和测试什么项目的问题。测试项目的选定,与语法理论背景、研究目的、研究者的训练和素养都有关系。假如有深厚的理论素养、有丰富的调查陌生语言和方言的经验,事先又作了相当的准备,能设计有价值的测试项来进行调查,那么即使是非母语者,也能利用调查的宝贵时机对发音合作人进行适当的句法测试,在有限的项目中获得重要的语法信息,甚至做出超过母语研究者的成果。例如,假如理论素养和研究实践让调查者知道疑问范围常常与疑问算子的位置有关,那么当他遇到苏州话这样用疑问算子(发问词)构成疑问句的方言时,也许就会根据发音人已经提供的句子再设计一些新的句子来进行测试,从而发现上面所述的那种规律。另一方面,我们也注意到,有些汉语方言论著虽然由母语者撰写,并含有语法的内容,但是由于目前汉语学界特别是方言学界缺少诸如名词化、被动化、关系化、差比句、反身回指这类重要的句法程序或句法范畴的观念,因此往往不描写这些通过测试较容易揭示的现象。可见,母语语感对母语研究者的测试来说是老虎的双翼,但前提是研究者本身应尽力成为老虎,否则这双翼的作用也受到限制。而母语语感对于非母语研究者的测试来说确实是一条高门槛,不过门槛就意味着通过努力也是可以跨过的。

叁 语篇式的方言语法调查

汉语方言学界虽然缺少自觉的功能主义语法观念,但一直有一个好传统,即调查方言时注意记录成段的话语材料。这正是语篇式研究的基础。此外,方言语法描写也常有某种格式经常使用、某种搭配不太常见之类涉及频度的描述,以及某些句法结构与使用场合、表达功能和色彩的关系,这些都可以看作朴素的功能主义观察。尽管这类印象式描写可能缺少量化的材料支撑,也缺乏明确的理论追求,但假如观察大体准确,也多少弥补了静态描写的不足。

游汝杰为许宝华、汤珍珠主编(1988)的《上海市区方言志》撰写语法章的过程,可能是汉语方言法研究中采纳语篇式调查方法的第一次自觉尝试。作者收集录制了30多个小时36万音节的未经筹划的上海话自然语言材料,在此基础上以10多万字的篇幅描写了上海话语法的特点。与真正的语篇研究相比,这一研究尚缺少量化统计,对句子的语用功能也没有做很清晰的界定,但是由于立足真实语料,并注意句子的出现环境和上下文,必要时并交代虚词的读音和语言单位的韵律特征,因此确实获得了方言语法描写通常会忽略的一些有价值的观察,显示了使用真实语篇的好处。例如,对于最普通的感叹词"啊"[ɦA˨],作者观察到一些颇有特点的用法,作者将之概括为"代句词",如(译语为引者所加,下同):

(6) A:《芙蓉镇》辬本小说有哦 有《芙蓉镇》这本小说吗?

　　　B:啊?

　　　A:《芙蓉镇》。

　　　B:架子浪有个 架子上有的。(A是读者,B是图书管理员)

(7) 做啥啦? 俹做啥啦? 俹! 啊? 干吗啦? 你们干吗啦?(公园管理员斥责违章青年)

作者分析道,(6)中的"啊""所表达的是:听不清楚对方讲话内容,而要求重复。"(7)中的"啊""是代替前边说过的一句话'做啥啦?'"这些"啊"在上海话中是相当固定的用法,在这里确实完成了一个实意句子的功能,如(6)要是不用"啊"的话就得用"你说什么"这类句子。而且,这些已经有固定意义的"啊"并不宜用其他叹词来代替,在其他方言里也未必都用"啊"来表示,如(6)的"啊"在北京话里可能更适宜说"什么",而"什么"正是个疑问代词。称这些"啊"为"代句词"确有一定道理。可以设想,假如脱离了一定的实际场景,研究者很难光凭语感测试而想到"啊"有这样的功能。再如,作者注意到上海话中的"叫"可以作近似"是"的"判断词"。这一发现看来也得益于对实际语料的观察,因为"叫"是一个带有特殊语用意味的系词,假如光凭语感测试或问卷式调查很难察觉"叫"的系词的作用,所以在此前的吴语研究中没有引起注意。作者所举的例子有:

(8) 辫种家生**叫**好家生_{这种家具(才)是好家具}。

(9) A:侬讲个辫句闲话**叫**啥? **叫**啥工夫啥_{你说的那句话是什么来着? 是什么"工夫"什么的?}

B:工夫值铜钿_{工夫值钱}。

(10) 侬迭个勿**叫**毛病,自家会得好个_{你这个不算病,自己会好的}。

下面再举一项笔者所作的更接近语篇统计法的方言语法研究。拙文(2002)利用"上海话电子语料库",随机抽取了其中由上海真实口语录音转写的若干篇章,包括5篇随意谈话的录音和一则独脚戏的录音,总共68880字,包含说话人16位,年龄由33岁到91岁不等。然后对其中含有否定词语的句子进行了穷尽性考察,结果获得很多非语篇研究难以获得的结果。

统计发现,上海话带否定词"勿"(相当于"不")的动词和形容词有很强的述谓性,一般都作句子的谓语而非定语。"不 V/A"结构作定语,如用测试法来鉴定,则在语法上是完全合格的,如"勿游泳个人""勿重个箱子",但是从文本来看这种定语堪称罕见。语料中"勿"修饰不及物动词或形容词的用例达95个,其作谓语与作定语之比竟然是95∶0。照理说形容词作定语是很常见的,但近七万字语料中其否定式居然无一定语用例,这背后有深刻的语法和语用原因。下面我们结合语用学原理和Thompson的研究,为这一有趣现象找出一些解释。

语用学告诉我们,否定词通常是针对一定的预设而使用的。假如一个人告诉别人"我今天想吃鳜鱼",这个信息不需要任何预设,完全可以是新信息。假如一个人说"我今天不想吃鳜鱼",一般不会毫无背景。这句话的典型出现环境是语境中有人提议吃鳜鱼,否定句就是针对这类预设而说。我们知道充当定语的典型成分是形容词。Thompson(1988)的研究显示,形容词作定语在自然话语中主要用来引进一个新的所指,而不是对已存在于话语中的所指加以修饰。既然是原来不存在于话语中的新所指,就不存在对该对象的预设,也就没有理由使用否定形式的定语。形容词定语和其他定语在这一点上都是如此。比如,一个人可以在没有任何预设的情况下告诉听话人"我今天上街买了一个红的背包",但是很难设想一个人可以在没有预设的情况下说"我今天上街买了一个不红的背包"。由此看来,否定形式作定语在语篇中少见应当不是上海话特有的现象,而是具有一定普遍性的现象。另一方面,对形容词定语和否定式定语的话语功能制约主要反映在即兴自然的对话和语篇中。在书面语中,这种话语功能的制约并不强烈,因此即使进行语篇统计也未必会显示这一现象。假如不是通过真实语料的语篇统计,这一理论价值很高的语言事实是很难被注意到的。

通过语篇统计得到的另一个有趣现象是上海话动结式的否定可能式带宾语的能力特别弱。语料中共有"V勿R"式30例,其中19例V是及物动词,后面带宾语与不带宾语之比是1:18。唯一的带宾用例是一句显然受普通话影响的话:

(11) 城里人现在比勿上乡下人哚!(老派吴语多说"比勿过"而非"比勿上")

不带宾的大多是借助语境省略受事,如(12、13),少数是受事在动词前充当话题,如(14),或用介词引出受事,如(15)。

(12) 我觉着伊他/它迭这个命运啊,常是转来转去个,自家自己侬你**捏勿牢**个。

(13) S:侬唱两句听听看呢!……W:我现在**唱勿来**勒了!

(14) **洋伞买勿起**个啊,**套鞋**也**买勿起**个。

(15) 真正侬自家你自己**对自家命运把握勿牢**个的。

动趋式的否定可能式情况类似,只是不如动结式突出,18例动趋否定可能式中有4例带宾语,其余为受事话题式或省略宾语等。语篇统计让我们注意到及物动词在否定可能式中带宾语的能力竟如此之低。个中原因是很值得深入探讨的问题。假如不借助语篇分析,我们最多有一个模糊印象,很难想象到否定可能式带宾语会如此罕见。也正因为传统的方言语法研究较少借助于语篇统计分析,所以也很难发现这类现象,更谈不到对它们的解释。

要进行有效的语篇统计,首要条件是有记录和转写得清楚的充足自然口语材料。这对于冷僻方言来说相当困难,不仅录音语料要达到有统计价值的量比较困难,而且将录音材料尤其是整理者不熟悉的材料转写成可用的语料需要极大的工作量,有些冷僻方言必须附上注解翻译才能使用。积累语篇材料可以从各地大方言做起,因为发音人多,转写也相对方便。此外,对语法研究来说,最好是同时有叙述体(如讲故事)和对话体,因为两者的语篇功能有重要的差别,也可能影响到句法表现(如佤语叙述体用多用SVO语序而"问答体"多用VSO语序，颜其香、周植志，1995：466－467）。现在的方言著作常记的谚语、民谣、民歌之类话语材料，当然自有其重要的价值（如地方文化，存古成分等），但对于以语法为对象的研究来说价值不是特别高。

　　方言的语篇资料和问卷调查所得的材料各有特点，不能相互代替。问卷是带着目的性设计的，针对性强，还能在调查时进行必要的测试，这些调查结果能很快显示某方言在此方面的语法特点。而其缺点是作用单一，假如想了解该方言另一些方面的特点，问卷所得就不敷使用，调查者必须另设问卷再做调查。语篇材料无法预设调查项目，只能由说话人随意说出，很可能有些重要项目在很长的语篇材料中仍未出现。另一方面，数量充足的语篇材料具有用途的多样性。不同的研究者可以在这些语篇中作不同选题的统计，后来者可以一而再地使用这些语篇做出新的文章。如上引拙文对近7万字上海话语篇做了否定词句的语篇统计分析，而这份材料也同样可以用来进行语序表现、处置式被动式使用，虚词的使用和省略、回指形式的使用、话题与焦点等等方面的结合语境的频率统计分析，甚至还有现在根本想不到的新课题的研究，这是问卷调查所得难以达到的效果。所以，真实口语材料的采集整理与积累是能使学界长期受益的珍贵材料，值得人们为之付出不懈努力。

肆　验证式的方言语法调查

4.1　跨方言语法比较的传统。

　　类型学式的验证以跨语言跨方言的比较为首要特征。在汉语方言语法研究中，跨方言调查是"与生俱来"的做法，因为最早以语言学观念对汉语方言语法进行研究的是赵元任（1926）的《北京、苏州、常州语助词的研究》和稍后的《现代吴语的研究》（1928）。前者就以三种方言的语助词（语法功能词）为比较对象，后者则是吴语33个点的方言调查材料汇总，其中以音系描写为主，也包含了一些词汇及虚词的项目。不过当时现代类型学尚未产生，跨方言的调查报告通常只是一种材料的记录描写，而对之进行比较的主要目的也是发现方言间的亲疏关系及方言的特点。后来一些方言学著作中的语法部分多属此类。

4.2　从类型比较到类型学比较。

　　朱德熙（1980，1985）分别关于"的"字和两种"反复问句"的跨方言比较，是较早的从类型角度进行汉语跨方言比较的论文。前者从普通话"的"在广州、福州、文水等几个方言中的语法对应形式的比较，证明普通话的"的"确实可以分化为几个虚词。后者认为汉语的反复问句在汉语方言中有"VP 不 VP"(去不去?)和"可 VP"(可去?)两种类型[刘丹青(1991)不同意把没有反复形式的"可 VP"也叫做反复问句,李小凡(1998)也认为苏州话"阿 VP"句更接近北京话"VP 吗"句],两者在方言中和历史上都互相排斥。朱德熙(1991)更进一步将"VP 不 VP"型的方言细分为"VnegVO"型(看不看电影?)和"VOnegV"(看电影不看)两种类型。拙文(1988)比较二十多种方言和汉藏语言的重叠形式,提出重叠形式的十种分析角度及每种角度分出的类型。这也属于跨语言跨方言的类型比较。

类型的比较还不等同于类型学的比较。类型的比较以划出类型为目的,而类型学的研究有进一步的追求:要在类型比较中发现共性,可以是人类语言的共性,也可以是一个语系、一种语言或一个方言区内部的共性。从这个意义上看,上引朱德熙文和拙文(1988)主要还只是类型比较而不是真正的类型学比较。桥本的"语言地理类型学"(中译本,1985)是在当代类型学兴起后所建立的理论框架,其中吸收了语言共性的一些观念,如所谓顺行结构(核心居首)类型和逆行结构(核心居末)类型就是在语序共性的影响下讨论的。不过桥本的著作总体上对汉语及亚洲语言历史和地理的关注超过对类型和语言共性关系的关注。更自觉地用类型学观念进行方言语法比较的是张敏的一些研究。他的博士论文及后来发表的一些相关论文(张敏,1990;Zhang,2000)接续了朱德熙关于疑问句形式的讨论,不但揭示了疑问句类型更加多样化的局面,而且从中总结出一些有意义的共性概括。张敏对重叠形式和所表达的意义之关系也作了跨方言跨语言的研究,作出了一些有人类语言共性意义的概括,特别是强调重叠和量范畴(特别是增量)的关系,并认为这反映了人类语言形式对意义的象似性,因为词的重叠式与其原形相比正是一种形式的增量(张敏,2001)。

4.3 类型学调查与类型学研究的结合。

至今为止,汉语方言的类型学比较研究主要是建立在对间接方言材料的利用上。由于汉语方言语法的调查工作仍没有同语言类型学理论和方法结合起来,因此无论是调查方案、调查报告还是基于母语撰写的方言著作,其语法部分都不尽符合类型学比较的要求。少数从事类型比较研究的学者不可能事必躬亲地进行大量调查,往往面对的是角度不一、术语不一、详略程度不一、很多项目和句法表现不作交代的方言语法材料。这就给方言语法的跨方言比较带来了不小的困难。换句话说,跨方言的调查和类型学的研究在汉语方言语法的研究上尚处在基本分离的状态,因此我们需要通过努力使两者珠联璧合,以结出能贡献于人类语言共性研究的类型学硕果(Kortmann,1999,也在呼吁英语方言学与类型学的结合)。

前些年笔者就出于这种类型学的动机对吴语进行了语法调查。这次调查根据句法类型学关心的一些重要课题对吴语5大片12个方言点进行了调查,然后逐步展开对有关课题的类型学比较研究,结果发现这种调查和研究确实能揭示单一方言研究所无法发现的许多有意义的现象和规律,有的还具有很高的理论价值。下面举两个例子。

普通话用"给"介引与事的双及物结构有两种句式,一种可叫"与事在前式",即"给+与事"出现在动词和客体之间,如"送给他两朵花""打给他两件毛衣";另一种可叫"与事在后式",即"给+与事"位于客体之后,如"送两朵花给他""打两件毛衣给他"。

首先,通过比较可以看出,普通话的与事在后式,实际上包含了两种结构。"给"的词性并不统一。当前面的动词是给予动词时,整个结构表示一个单一的给予行为,"给"是介引与事的介词,与事在后式只能分析为动宾加补语的结构,如"送书给他"。当前面的动词是非给予动词时,整个结构表示一个具体行为和一个给予行为的组合,"给"可以分析为给予动词,与事在后式可以分析为连动式,如"打毛衣给他"。在同一个词身兼动、介两种词性的方言里,两者的区别是隐性的,如普通话。假如给予动词和与事介词不同,两者的区别就有显性的表现,我们调查所得的东阳话和丽水话材料就体现了这一点。比较:

(16) a. <普通话> 送两朵花**给**他。

    b. <东阳> 送两朵花**咧**渠。

    c. <丽水> 送两朵花**忒**[tˢəʔ]渠。

(17) a. <普通话> 姐姐打了两件毛线衣**给**他。

    b. <东阳> 阿姐儿缉打勒两件毛线衣**分**渠。

    c. <丽水> 大大[do do]结两件毛线衣**克**渠。

"送"是给予义动词,所以东阳话和丽水话用介词"咧"或"忒"介引与事。"打/结(毛衣)"本身不是给予义动词,所以这两种方言用给予义动词"分"或"克"来表示给予义。语料还进一步显示,在东阳话中,作谓语的"给"只能用"分",而相当于普通话"V给"式中的"给"的位置也用"咧",可见这种"给"在东阳话中也是被看作介词而非动词的,比较:

(18) a. 渠**分**我一支钢笔_{他给我一支钢笔}。

    b. 我送**咧**老张两瓶酒_{我送给老张两瓶酒}。

此外,通过跨方言比较可以看出,由非给予义动词作谓语核心的句子最排斥与事在前式。比较下面(19)和(20)：

(19) <普通话> 姐姐给他打两件毛衣。
　　　<上海> A 阿姐帮伊结勒两条绒线衫。
　　　<上海> B 阿姐打拨伊两件绒线衫。
　　　<苏州> 阿姐结拨俚两件绒线衫。
　　　<无锡> 阿姐结拨佗两件绒线衫。
　　　<常州> 阿姐搭他织着[zaʔ]两件头绳衫。
　　　<绍兴> 阿姊拨伊挑两件毛线衫。／姐姐挑拨伊两件毛线衫。
　　　<宁波> 阿姐搭其结两件毛线衫。／阿姐毛线衫搭其结两件。
　　　<台州椒江> 姐拨渠结勒两件毛线衫。
　　　<乐清大荆> 姐缉搭渠两件毛线衫。
　　　<金华> 姐姐打特渠两件毛线衫。
　　　<东阳> 阿姐儿缉唎吼[həɯ]两件毛线衣。("吼"是"渠"在宾位的轻读弱化式)
　　　<丽水> 大大[do do]结忒渠两件毛线衣。
　　　<温州> 阿姐缉两件绒衫赗渠。

(20) <普通话> 姐姐打了两件毛衣给他。
　　　<上海> A 阿姐打勒两条绒线衫拨(辣)伊。
　　　<上海> B 阿姐打勒两件绒线衫拨伊。
　　　<苏州> 阿姐结仔两件绒线衫拨(勒)俚。
　　　<无锡> 阿姐结着／勒两件绒线衫拨勒佗。
　　　<常州> 阿姐织着两件头绳衫拨他。
　　　<绍兴> 阿姐挑特两件毛线衫拨伊。
　　　<宁波> 阿姐搭其结两件毛线衫。／阿姐毛线衫搭其结两件。
　　　<台州椒江> 姐结勒两件毛线衫拨渠。
　　　<乐清大荆> 姐缉勒两件毛线衫搭渠。
　　　<金华> 阿姐打勒两件毛线特渠。
　　　<东阳> 阿姐儿缉勒两件毛线衣分渠。
　　　<丽水> 大大[do do]结两件毛线衣克渠。
　　　<温州> 阿姐缉两件绒衫赗渠。

(19)例我们用普通话的与事在前式作调查蓝本句，结果在12个点的13位发音人

中,只有苏州、无锡、金华、东阳、丽水5地和上海B共6位发音人选用了与普通话同样的句式。温州改用了与事在后式,常州、绍兴、宁波、台州、大荆5地及上海A共6位则改用与事在动词前的句式。与事前置于动词在吴语中实际上已不再被看作与事,而是受益者,用的介词都是受益者介词(通常由相当于"和"的伴随介词兼任,如常州的"搭"),而不是给予动词或介词。其中宁波还可以将受益者名词放在介词前作次话题,介词后再用"其"复指。这说明很多方言在这种情况下排斥与事在前式。反之,(20)例我们用普通话与事在后式作调查蓝本句,实际语义同(19)。结果11个点的12位发音人都采用与普通话同样的句式,宁波则仍采用受益者状语式,没有一地、一人改用与事在前式。这一跨方言验证充分显示与事在后式绝对比与事在前式具有优势。

　　给予动词所带的双及物式也有此倾向,只是对比不如上述例句鲜明。普通话的"我送给老张两瓶酒",多数点都能使用普通话的原句式,但也有上海、温州和绍兴3个点的发音人同时提供与事在后式或"把"字句。至于普通话的"送两朵花给他",所有的发音人都只提供与普通话同样的与事在后式。可见总体上仍是与事在后式更占优势。

　　为什么与事在前式的劣势在给予类动词作谓语核心时表现稍不突出?这是因为动词已表示给予义,本可以带与事作间接宾语,如"我送老张两瓶酒","送"后的给予义动词或介词基本上是个羡余成分,可以省去,其出现时实际上已与"送"一类动词合成一个复合词,没有严重增加结构的复杂度。而非给予义动词如"打毛线衣"的"打"作谓语核心时,本身并没有给予义,也不能带与事作宾语,"给他"这种结构插在"打"之后,既给谓语增加了原来没有的给予义,又带来了结构上的重要改变,使"打"与其真正的宾语被割裂开来,所以这是一种受到排斥的劣势句式(参阅刘丹青,2001的分析,但上面的材料该文未全引)。

　　正因为与事在客体后与客体前的优劣差别是有深刻的结构原因和功能原因的,因此它不是某种方言的特点,而具有普遍性。假如不进行跨方言的比较,就无法看出这里存在的句式间的优劣关系。而这种比较在用同样的问卷进行跨方言调查时最容易看出,因为这样的材料具有共同的参照点和共同的词汇及表义要素,最具有语法上的可比性。从不同的方言调查报告中有时也能获得类似的材料,但其可比性和说服力就要逊色一些。

　　跨吴语句法调查和比较的另一个有意义的发现是方所类前置词的等级序列(刘丹青,2003b:278-280)。跨吴语的调查材料显示,在场所、源点、终点/方向、经由这四大类处所题元中,很少有方言有专用的经由标记,往往由其他题元的方所前置词兼表,而且兼表经由的方所前置词多种多样,甚至本来的语义相反:有些方言用表方向的"望",另一些方言用表起点的"从",还有些方言用表场所的"勒"(在)等,有些甚至不能用介词,只能直接用表经由的动词谓语来表示。再结合其他方所类前置词的用法,我们发现吴语中存在一个按题元种类的基本性排列的等级序列,它们由高到低排列如下:

(21) 场所 ＞ 终点/方向 ＞ 源点 ＞ 经由

大体上,题元越靠左,越容易具备专用的前置词,也越容易引申指其右的题元,而题元越靠右,越缺少专用的前置词,要靠其左的某个前置词来兼表或干脆不用前置词。详细的语料和分析请看拙著,此处不赘。前置词的基本性等级可能不仅在汉语或吴语中有效,它也许在较大程度上反映了方所范畴的认知等级系列,因而可能具有语言共性的价值,这需要今后进一步的跨语言验证。而这一类现象不通过跨语言跨方言的调查研究是无法发现的。

跨方言类型比较最需要的是具有可比性的材料。为了获得理想的材料,最直接的做法是在同一个研究项目同一张问卷下调查众多的有代表性的方言。有价值的问卷还应该让包含的调查项尽可能具有跨语言的可比性和语法理论价值。这样的调查单靠个人力量显然所获有限,必须有各地方言的众多研究者的合作,有及时的信息交流和行动协调。与语法体系的复杂性和汉语方言的复杂性相比,任何研究项目所能包含的方言点和调查项总是有限的。因此类型学式的方言比较免不了还要使用众多零星的方言语法报告、论文、专著等等。这就需要单点或区域方言的描写者在调查描写时尽量多包含具有可比性的调查项和描写角度,以增强所描写的方言语法现象的可比性。在间接引用方言材料进行类型比较时,特别需要慎重严肃的态度,最好对所引材料的方言背景及材料报告者的研究水准有更多的了解,条件具备时还应"货比三家"。不要为了印证自己的观点而引用不可靠的材料,尤其不能有意无意地曲解方言材料以支持自己的某种理论假设。在汉语学界这类负面现象虽然不常见,但也并非完全没有,需要我们引为教训。类型学考察假如建立在不可靠的材料基础上,有可能会成为沙滩上的高楼,是禁不起时间空间和学术之浪的考验的。

伍　余言

形式、功能、类型三大语言学学派都是以探求普通语言学原理或者说人类语言的共性为目标的。汉语方言语法学的调查既可以有与它们一致的长远理论目标,也可以只有一些较小范围的目标,如了解各方言的特点、方言的地理界线和历史源流关系等。不管方言语法研究抱着"最高纲领"还是"最低纲领",三大学派的内省测试、语篇统计和跨语言验证都是值得借鉴的调查研究方法,比起传统的方言调查方法来各有其独特的长处。

对方言语法研究来说,三种方法的长处各有不同,其可以服务的研究目的有所不同。这里着重谈谈它们对汉语研究本身的作用。内省测试法较有利于深入揭示方言语法的规则,能够总结出更有概括力和生成力的规则,也有利于反映方言语法与普通话语法或其他方言语法的细微差别。语篇统计法较有利于揭示不同语法形式和手段在方言中的常用程度、重要程度,能帮助人们了解特定句法结构、虚词和形态手段的确切表达功能,也便于考察分辨这些形式的方言学属性,即它们是方言固有的、至今有生命力的,还是衰落中的旧形式,或是新兴的或借入的,是迅速普及的还是深受限制的用法。跨方言验证法较有利于揭示语法特点在地域上的分布,能反映不同层次方言之间的共性和个性,便于根据语法特征来进行方言分区分层,或用语法项目检验主要根据语音及词汇所作的划分。跨方言验证法对两个研究领域特别有帮助。一是有利于建立对汉语语法系统和特点的更加全面完整的认识,可以克服单纯的普通话研究容易造成的认识上的偏差。二是可以建立现代方言和各个汉语历史时期状况在语法上的联系,观察历史发展在地理上留下的投影,也就是继续和发展桥本(1985)所提倡的工作。

参考文献

陈泽平 1998 《福州方言研究》,福建人民出版社
李小凡 1998 《苏州方言语法研究》,北京大学出版社
刘丹青 1988 汉藏语系重叠形式的分析模式,《语言研究》第1期
刘丹青 1991 苏州方言的发问词与"可VP"句式,《中国语文》第1期
刘丹青 1996 东南方言的体貌标记,张双庆主编《动词的体》,香港中文大学吴多泰中国语文研究中心
刘丹青 2001 给予类双及物结构的类型学考察,《中国语文》第5期
刘丹青 2002 上海话否定词与否定句的文本统计分析,《语言学论丛》第二十六辑,商务印书馆
刘丹青 2003a 试谈汉语方言语法调查框架的现代化,《汉语方言语法研究和探索——首届国际汉语方言语法学术研讨会论文集》,戴昭铭主编,周磊副主编。黑龙江人民出版社
刘丹青 2003b 《语序类型学与介词理论》,商务印书馆

刘丹青 2005 从所谓"补语"谈古代汉语语法学体系的参照系,《汉语史学报》第 5 辑,上海教育出版社

桥本万太郎 1985 《语言地理类型学》,余志鸿译,北京大学出版社

陶红印 2003 从语音、语法和话语特征看"知道"格式谈话中的演化,《中国语文》第 4 期

颜其香、周植志 1995 《中国孟高棉语族语言与南亚语系》,中央民族大学出版社

项梦冰 1997 《连城客家话语法研究》,语文出版社

许宝华、汤珍珠主编 1988 《上海市区方言志》,第七章"语法"(游汝杰执笔),上海教育出版社

张 敏 1990 《汉语方言反复问句的类型学研究》,北京大学博士论文

张 敏 2001 汉语方言重叠式语义模式的研究,香港《中国语文研究》第 1 期(总 12 期)

赵元任 1926 北京、苏州、常州语助词的研究,《清华学报》第 3 卷第 2 期

赵元任 1928 《现代吴语的研究》,清华学校研究院丛书第 4 种

朱德熙 1980 北京话、广州话、文水话和福州话里的"的"字,《方言》第 3 期

朱德熙 1985 汉语方言里两种反复问句,《中国语文》第 1 期

朱德熙 1991 "V-neg-VO"与"VO-neg-V"两种反复问句在汉语方言里的分布,《中国语文》第 5 期

Bernd Kortmann 1999 Typology and Dialectology, *Proceedings of the 16th International Congress of Linguists*. CD-Rom, Amsterdam: Elsevier Science. 类型学与方言学,刘海燕译,《方言》2004 年第 2 期

Thompson, Sandra A. 1988 A discourse approach to the cross-linguistic category 'adjective', in John A. Hawkins (ed.) Explaining Language Universals. Oxford: Blackwell.

Zhang Min 2000 Syntactic change in Southeastern Mandarin: how does geographical distribution reveal a history of diffusion? In Pang Hsin Ting & Anne O. Yue (eds) *In Memory of Professor Li Fang-Kuei: Essays of Linguistic Change and the Chinese Dialects*. Academia Sinica, Taipei.

Three Models for investigation and research of Chinese dialectal grammar

Liu Danqing

Abstract This paper discusses how to apply the respective approaches of formalism, functionalism and typology, i. e. intuition testing, statistic text analysis and cross-linguistic comparison, in the investigation and research of Chinese dialectal grammar to modernize this field.

Key words Dialectal grammar, research methodology, intuition testing, text statistics, cross-linguistic comparison

北京话里"说"的语法化*
——从言说动词到从句标记

方 梅

(中国社会科学院语言研究所 北京 100732)

提要 本文以当代北京口语材料为研究对象,考察言说动词"说"在共时层面的种种变异,以及相关的历时线索。基本结论是,在现代汉语北京话中,"说"作为言说动词的语义和功能发生了虚化,产生了新的语法功能——从句标记(subordinator)。"说"的演变有两条路径:第一,从言说动词虚化为补足语从句标记;第二,从言说动词虚化为虚拟情态从句标记。一种语法结构或者语法范畴是在实际使用中产生,且被篇章需求塑造而成的。本文对"说"的讨论,试图说明汉语里一种形态句法(morphosyntax)的动态衍生过程和演变机制。

关键词 言说动词 引语标记 从句标记 语法化

零 引言

在言说动词中,"说"从近代以后逐渐成为表示言说动作的最为常用的动词(参看汪维辉,2003)。在长期的高频的使用状态下,"说"衍生出了一些其他的用法,意义也超出了"言说"的范围,发生不同程度的语义泛化。孟琮(1982)和刘月华(1986)曾注意到,口语当中的"说"可以表示认识。他们对"说"的描写大致可以概括为两类"说",一类是"说"依然可以作为一个独立的动词使用,但是意义有所改变,不仅仅表示"言说"意义;另一类是"说"跟其他的词组成一个固定格式,表示"言说"以外的意

---

* 本文初稿曾在国际中国语言学会第十二次年会(天津,2004)宣读,是"汉语动态呈现语法研究"的一部分,得到国家社科基金重点项目(批准号05AYY003)的支持。修改过程中,汲取了黄国营、毕永峨、石定栩、邓思颖教授的意见,特此致谢。

思。关于后一类情形,沈家煊(2003)提出,连词后面有的加上"说",有的不加"说",其中的规律值得研究。董秀芳(2003)和李晋霞、刘云(2003)有进一步的论述。前者认为,固定搭配"X 说"句法上作为一个单位使用,具备一种附缀功能,可以形成动词、副词、连词、语气词、话题标记,表示某种主观化色彩,是短语词汇化的结果。后者认为"如果说"一类用法中的"说"具有传信功能。我们不难看出,其实单就"说"而言,"X 说"的词汇化过程同时也是"说"从独立的词演变为构词成分的过程。换句话说,从句法角度看,在现代汉语共时层面中,"说"在某些格式中已经从自由成分变为黏着成分了。

在北京话实际语料中,"X 说"从词到构词成分词这种变化仅仅是"说"演变的一个方面。我们发现,"说"演变的另一个更重要的方面是,它正在衍生出某些体现语法关系的功能。本文关于"说"虚化的分析侧重从句法学的一般原则着眼去考察虚化"说"的新的语法功能,并尝试对虚化用法之间的内在联系给予解释。

虚化的"说"有下述五种主要类型:

1) 在连词或具有小句连接功能的副词之后,如:虽然说、如果说、毕竟说。

2) 在表示情态的能愿动词之后,如:应该说、可以说。

3) 与"我"或"你"组合,构成话语–语用标记,用作组织言谈。比如:我说,都几点了,你还在床上躺着。/ 你说,他这么不争气你还理他干嘛!

4) 在连动式 V_1V_2 中 V_2 的位置,如"觉得说、发现说、理解说"。

5) 在句首位置,如"说打车进城,也得能见着车啊。没有,根本就没车"。

其中 1)、2)两类是上面几位关于"X 说"讨论的主要内容。3)类涉及词汇化问题,也涉及互动交际对虚化的影响。本文主要涉及 4)和 5)两类句法位置上的"说"。

本文的基本结论是,"说"的演变有两条路径:第一,从言说动词虚化为补足语从句标记。第二,从言说动词虚化为虚拟情态从句标记。

上述结论基于现代和清代两种北京话材料。现代北京话的材料是对自然口语的录音转写,包括两个次类:1)20 世纪上半叶,以 80 年代所做的北京话调查的老年组材料为代表。2)20 世纪下半叶,以 80 年代所做的北京话调查青年组材料和近 5 年来所录的 50 岁以下年龄组材料为代表。清代北京话材料以《燕京妇语》、《小额》和《谈论新编》[①]为代表。

---

① 《谈论新编》书序:"且言语一科,圣门与德行并重,谓非难能之一端乎,然而从未闻以言授受者也,自五洲互市,聘问往来,则言语之授受起焉,而学语之书亦出焉,《语言自迩集》首传于世,学语者宗之,未尝非启发学

壹　从言说动词到标句词

1.1 关于标句词。

许多语言里,补足语从句(complemental clause,如主语从句、宾语从句)必须有专用的标记,通常称为补足语从句标记(complementizer),如英语的 that。"标句词+从句"的语序在 VO 和 OV 型语言中都可以出现(Dryer,1991)。并非所有的语言都有标句词,但是有标句词的语言,标句词的来源有不同的类型,其中由"说"虚化为标句词是一种类型。(参看 Hopper and Traugott,1993；Heine 等,1991)

汉语里,小句的从属性语法关系不用显性的标记词表示,这是一个普遍接受的共识。本文在下面的讨论中试图说明,口语中的"说"正在从引语标记进一步虚化,开始具有标志从句的功能。先看下面的例子：

(1) 我总是**觉得说**,生活里缺了点儿什么。(聊天)

(2) 大家想问您的**是说**,如果他们想去可可西里,他们应该有什么样的准备。(时空连线)

(3) 王昆团长听完这歌,有没有一个比较准确的<u>预期</u>,**说**这首歌唱出去后会不会引起轰动？(谁在说)

(4) 冯巩在政协会上有一个<u>提议</u>,**说**能不能让姜昆三分钟不谈网络。(谁在说)

上面几个例子里,"说"的用法虽然从结构上看接近于"连动式",又不同于我们现有描写框架对连动式的分析。但是有一点是显而易见的,这就是,这三例中的"说"词汇意义不是"言说"行为。进而仔细分析,这三例之间还有差别。例(1)和(2)如果删去"说",句子的意思不变,同时也是可接受的句子。但是例(3)(4)删去"说",可接受性较差。

(1') 我总是觉得,生活里缺了点儿什么。

(2') 大家想问您的是,如果他们想去可可西里,他们应该有什么样的准备。

(3') ?王昆团长听完这歌,有没有一个比较准确的<u>预期</u>,这首歌唱出去后会不会引起轰动？

者之一助,逮至今日,时事屡见更新,语言亦因之变易,金公卓菴晓英文,娴辞令,博学多识,于授话一道尤为擅长,去岁文部省聘请东来充外国语学校教习,于夏日余暇同参谋本部平岩道知君合著《谈论新编》百章,穷数旬之久,始告厥成,余观览回环,见其事皆目今要务,阅其辞皆通时语言,较诸《自迩集》全部亦有过而无不及焉,善学者苟能简练揣摩,触类旁通,施措于官商之际,则博雅善谈之名将不难播于海内也,有志华言者,宜铸金事之。光绪戊戌(戌)秋八月张廷彦序于江户喜晴楼。"

(4) ?冯巩在政协会上有一个提议,能不能让姜昆三分钟不谈网络。

汉语研究中习见的比较方法是,将某种特定的语言比如英语作为参照,看看这种语言里某种语法关系用了什么样的表现形式。然后,回头看汉语是否存在类似的表现形式。这种做法的好处是对比直接,很容易通过比较看出差异。不过,也容易忽略掉一些"异中有同"的地方。因此,本文采用的办法是,首先考察实际用法,用句法的一般原则来分析实例的语法属性,然后再来确定这个成分的语法性质。

从现代共时材料看,"说"的用法包括句法属性不同的几个大类:1) 引语标记;2) 准标句词;3) 标句词。

共时平面的这种差异,首先表现为不同语境中"说"的词汇意义的衰减程度。引语标记用法与言说意义的关系最近,代表"说"虚化的初始阶段。而作为标句词使用的"说"与言语行为意义的关系最远,虚化程度较高。三类不同性质的"说",引语标记用法出现最早,标句词"说"是新近产生的用法。

1.2 引语标记(quotative marker)。

在言说动词后,作为连动结构后项动词,被删除以后不影响语句的可接受性。作为连动结构的后项动词,在前项动词不带宾语的情况下,两个言说动词可以删一个,留一个。"说"后面的引述内容,在句法上是可以自足的。

㈠直接引语:后接成分无需改变指称。

(5) 你先回去告诉你们老爷*说*,*我*明儿个打发人,把银子送了去罢。那个家人说没法子,就答应了一声回去了。(谈论新编)

㈡间接引语:后接成分必须改变指称。

(6) 到了前两天,*他*忽然来了,告诉我*说*,*他*在别处借着银子了,这个银子*他*不用了。(谈论新篇)

(7) *她*就告诉*说*,*她*姑姑来了,(调查)

(8) 有人指责*说*,比尔·盖茨曾告诉微软,让中国电脑盗版 Win98,等到中国人像吸鸦片一样离不开它的时候,再起诉他们!(谁在说)

在"说"朝标句词发展的道路上,有一个现象特别值得注意:"说"除了可以放在言说意义动词之后,还可以放在感知义动词后,这类"说"后面的引语都是间接引语。清代的时候就有这样的用例,这种连动组合方式保留至今。如:

(9) 我听见*说*,*你*这几天给宝元栈说合事情了,说合的怎么样了?(谈论新编)

(10) 那些农民工回忆*说*,*他们*已经有半年多没有休息日了。(报道)

在清代的材料里,"听见说"是个连动段短语,有"我也听见说了"这样一来的表达方式。"听见说"和"听说"并存。但是,在现代的口语材料里,"听见说"只用于分离式表达"听见(某人)说"。

引语用法的共同特征是,我们可以把"说"所在的小句与它后面表示的言谈内容的小句互换位置:

(11) 他告诉我**说**,他在别处借着银子了,这个银子他不用了。
  →他在别处借着银子了,这个银子他不用了,他告诉我**说**。

(12) 那些农民工回忆**说**,他们已经有半年多没有休息日了。
  →他们已经有半年多没有休息日了,那些农民工回忆**说**。

从直接引出言谈内容,到作为间接引语标记;从与言说动词搭配到与感知义动词搭配。可以说,在清代的时候,"说"作为引语标记的用法开始松动,这种变化是"说"虚化的起点。①

1.3 准标句词(semi-complementizer)。

"说"的进一步虚化表现为,可以与非言说义动词搭配使用。一方面,"说"一定程度上保留了引语标记用法的痕迹,表现为指称方式没有强制性要求。这类"说"虽然以连动式的后项动词的面貌出现,却变成了附加在前项动词之后的一个附属成分。删掉"说",不影响语句的可接受性。但是,如果删掉"说"前面的动词,意思就变了。更为重要的是,当"说"后接引语的时候,引语的线性位置可以在"V说"之前,也可以在"V说"之后。而准标句词"说"所在的小句与它后面的小句不能互换位置。

㈠"说"在认识义动词后

这类用例中,"说"后面的小句是"认识"的内容。我们依然能够看到"说"作为引语标记的痕迹,有类似直接引语的用法,如:

(13) 有很多人,*他们就**认为说**,这得政府给我们解决,我们下岗不是我们自己的错儿*。(时空连线)

(14) 那她就会**担心说**,这个孩子今后的智力情况会怎么样等等。(时空连线)

但是,"说"所在的小句与它后面表示的认识内容的小句不能互换位置,如:

(15) 他应该**理解说**,你对他的这种约束是对他的一种关心一种爱,而不是强制性的措施。

---

① 连动式前项动词如果有时体或情态成分,"说"就只能属后。这类"说"后面的引语都是间接引语。这种现象在清代的材料中就有,现代口语中依然保留。例如:

(1) 是昨儿晚上我听**您**大妹妹和我提**来着**,**说**叫**您**分心,有合适的房**您**给找一找。(燕京妇语)

(2) 忽然想到,**说**我先把老头子支了走,回头再说别的。(小额)

(3) 人们**不免会**提问,**说**如果志愿者去可可西里不在冬季,是不是就可以避免这么严重的事故发生。(访谈)

(15') *你对他的这种约束是对他的一种关心一种爱,而不是强制性的措施,他应该**理解说**。

㈡"说"在静态动词或系词后

这类用例"说"与意义最为抽象的动词连用,"说"虽然失去了言说意义,但是在一定程度上还保留了引语标记用法的痕迹。比如下面的例子,人称代词"我们"的使用。但是,这些例子也同样不能像引语标记那样,将"说"前后的小句互换位置。

(16) 可是,你总不能弄着弄着就**变成了说**,老板不干老板该干的事,麻烦来了光让我们下边的人扛雷,是不是?(访谈)

(17) 我觉得人格的魅力**不在于说**他读过了多少书,在世界上在哪个领域有多辉煌,可能有的时候他有很多作为一个人的最基本的标准是我最欣赏的。(访谈)

"说"如果与系词连用,其前后的成分在语义上是"同一"关系。例如:

(18) 需要解决的问题**是说**,城市人口的就业观念要改变。(访谈)

(19) 乐观主义者最大的区别**是说**,他拿出一个办法来。(访谈)

我们认为,上面的用法属于尚未完全虚化的标句词,我们叫它"准标句词"。因为,一方面,"说"还是以连动结构后项动词的形式出现,"说"后面的小句在句法上仍然是自足的。但是另一方面,"说"开始脱离"言说"动词所具有的"行为"意义,同时具有标句词的重要属性——引导从句,这个句法属性可以从前后小句位置不能互换这一现象得到证明。

1.4 标句词(complementizer)。

作为准标句词的"说",开始从具有独立词汇意义的实义词(content word)向具有语篇衔接功能的功能词(function word)方向虚化。"说"进一步虚化,可以完全脱离原来的连动结构。如果它具备下述四项基本特征,可以认定为标句词。而准标句词只具备其中的前两项特征。

1) 表示小句之间的句法关系,不表示行为。

2) "说"完全失去了动词的句法属性,不能像谓语动词那样被副词修饰,也不能附加时体成分。

3) "说"附着在小句的句首。[1]

---

[1] 在口语中可以发现这种分离的轨迹。即"说"自成一个韵率单位,不依附于前面的动词,也不依附于后面的小句。例如:

4)"说"所在的小句句法上不自足(dependent),不能独立进入篇章。

㈠宾语从句标记(object clause complementizer)

"说"引导的小句实际上是句子的宾语,我们可以把"说+小句"替换成"这个/这些"。如:

(20) 大家想问您的是,**说**如果他们想去可可西里,他们应该有什么样的准备。（访谈）

㈡释名从句标记(noun phrase complementizer)

"说"引导的小句是对句内某个名词性成分语义内涵进行解释,"说"后的小句与它前的名词在语义上具有"同一"关系。

  a. 言语行为名词

(21) 而且社会上还会传出<u>谣言</u>,**说**这几个人都跟吴士宏谈过恋爱。（访谈）

  b. 认识义名词

(22) 在你刚下海的时候,有没有一个<u>预期</u>,**说**我要赚到多少钱。（访谈）

  c. 一般名词

(23) 好容易有个<u>机会</u>,**说**上电视演戏,结果她还不让去。（访谈）

(24) 而且现在这种现代节奏呀,根本容不得你有<u>时间</u>,**说**你回家住在家里跟妈妈说一些话呀,没有。（聊天）

"说"所引导的小句在内容上分别说明"谣言""预期"和"机会"的实际内涵。

(25) 你大舅求我给他们家里带<u>一句话</u>,**说**里头已然有人给铺垫好啦,倒没有多大罪受。（小额）

上述几种用法在不同时期的材料中的出现情况如表一所示。

表一

	清代	20世纪上半叶	20世纪下半叶
引语标记	+	+	+
准标句词		+	+
标句词			+

因此,演变的路径可以概括为:

  言说动词 > 引语标记 > 准标句词 > 标句词

  我听说书面协议中还有<u>这样一条</u>,**说**,吴士宏到本公司工作,不得再像在微软工作那样,写出一本类似于《逆风飞扬》的书。（谁在说）
这种现象正是"说"从准标句词演变到标句词的过渡状态。

贰 从言说动词到虚拟情态从句标记

2.1 关于非现实情态。

对于"情态"的描述,最基本的区分是"现实(realis)"情态与"非现实(irrealis)"情态。典型的现实情态表达一个已经发生的特定的具体事件,或称真实事件。非现实情态的表达不介意事件的真实性,即是否发生或将要发生。因此,现实性情态往往对应于一系列的时、体表现形式,比如肯定式的陈述句。而非现实情态则相反,比如疑问句和祈使句。条件表达和虚拟表达属于非现实情态。

由"说"引导的小句具有共同的句法特征,即句法上不自足。所为"自足"指这个小句可以不依赖其他成分或小句,直接进入语篇;而句法上不自足的小句要依赖其他成分或其他小句才能进入语篇。句法上不自足的小句有可能是内嵌小句(embedded clause),或者是非内嵌的附加小句(adjoined clause)。由"说"引导的小句一般为附加小句。

从我们的材料看,"说"的作用可以分作四类:1)话题标记;2)例举标记;3)条件从句标记;4)虚拟情态从句标记。

2.2 话题标记。

"说"后面的成分是话题,用作话题标记的"说"有两类,一是组合式"X 说",这类用法出现比较早。另一类是"说"单用。

㈠组合式(X 说)

组合式用法是"说"附加在一个连词后面,"若说/至于说"引导话题成分。这个话题成分可以是名词性成分,如(26);也可以动词短语,如(27)。这种用法在清代材料中就能见到,一直保留至今,并且"X 说"有明显的词汇化倾向(参看董秀芳,2003)。

(26) 那天津地方儿,虽然不算很大,那货物的销路,可是很广,不但天津是北京的一个门户,就连往北去,一直的通到北口外,这是竟说直隶本省,再**若说**邻省,山西山东河南,全都通着,所有直隶以北,连张家口外,带山西归化城,各地方儿的商人,大半都是到天津办货去,那天津就仿佛是个栈房,是存货卖货的地方儿,北洋三个口岸,销货最多,就数天津是第一了,所以不能说天津不是一个大口岸。(谈论新编)

(27) **至于说**用多少货,随时都可以供的那一层,他们也都应了,没一点儿推辞

不行的话。(谈论新编)

㈢ 单用

"说"引出话题成分,这个成分不是名词,而是动词短语。这些做话题的动词短语具有下面两个特点:

第一,施事从缺,虽然语义上能够理解从缺施事的所指。例如:

(28) 所以呢我也挺喜欢那什么的,挺喜欢旅游的。可我现在还小哇,我上哪儿去呀?我将来就是什么呀,**说**考大学,如果考不上,我就连考两次。如果考不上了,我出北京市,不在北京呆着,有这想法。(调查)

这个例子中的"说考大学"如果不能变成"说**我**考大学"。

第二,没有施事。甚至整体上受指代词修饰,构成一种弱化的谓词形式。① 例如:

(29) "文化大革命"来了,**说**这打砸抢,这家伙,这更鸡犬不安宁。(调查)

无论是哪一种情况,整个动词短语仅仅指称一类情状,而不表现事件过程。

2.3　例举标记。

"说"可以与表示例举的助词构成一种组合形式,"说……呀/啊""说……什么的"。如:

(30) 再一个就是说邻居之间比较团结……没有**说**纠纷呀,或者怎么着,隔阂。(调查)

(31) 等到这,最近这几年哪,就实在是不常出去,特闭塞。有的时候儿,暑假里头,**说**上哪儿玩儿玩儿去什么的,也就是说,上北戴河呀,什么避暑山庄,啊,也就去这些地方儿。(调查)

2.4　条件从句标记。

1)"说"所引导的成分在句法上不自足。

2)连续事件或情状,具有"非瞬时性"特征。

3)可以用"如果""要是"替换。而且不论句子里是否含有"就",都可以变换为一个"如果……就"表达。例如:

(32) 你自己得有主意。**说**你父母什么的家里人都不在你身边儿,你怎么办哪?(聊天)

(32') 你自己得有主意。**如果/要是**你父母什么的家里人都不在你身边儿,你怎么办哪?

---

① 关于弱化谓词形式,参看方梅2002。

(33) **说**你当头儿的不带头吃苦,我们小兵卒子傻卖什么劲儿啊。(聊天)

(33') **如果/要是**你当头儿的不带头吃苦,我们小兵卒子傻卖什么劲儿啊。

(34) 现在,**说**我想吃我就买去,还不是那么别别扭扭,费劲似的哈,哎。生活条件提高了呢,健康状况必定要好得多。(调查)

(34') 现在,**如果/要是**我想吃我就买去,还不是那么别别扭扭,费劲似的哈,哎。生活条件提高了呢,健康状况必定要好得多。

2.5 虚拟情态从句标记。

1)"说"所引导的成分在句法上不自足。

2)"说"所引导的小句为非现实情态。

　　a. 连续事件或情状,具有"非瞬时性"特征。

　　b. 事件或情状无所谓是否发生,没有肯定—否定的对应形式。

3)不能用"如果""要是"替换。小句之间没有条件倚变关系,不可以变换为一个"如果……就"表达。

4)主语或从缺,或者作虚指理解。

(35) 整天的犯困,开车开车能睡着了,走路走路能睡着了。除了**说**吃饭,随时都可能睡过去。(聊天)

(35') *整天的犯困,开车开车能睡着了,走路走路能睡着了。除了**说**不/没吃饭,随时都可能睡过去。(聊天)

(36) **说**你渴了累了,人家那儿有带空调的休息室。(聊天)

(36') ***说**你不/没渴了累,人家那儿有带空调的休息室。

值得注意的是,上面几类用法中无论哪一种,"说"所在的小句只能居前,不能像"如果""只要"小句那样,具有居前和居后两种可能。在这个意义上说,"说"虚化用法还必须完全遵从时间顺序原则,虚化的程度不如"如果""只要"等连词。

2.6 演变的路径。

将上述几种用法在不同时期的材料中的出现情况作一个归纳,如表二所示。

表二

	清代	20世纪上半叶	20世纪下半叶
组合式	+	+	+
话题标记		+	+
例举标记		+	+
条件从句标记		+	+
虚拟情态从句标记			+

因此,演变的路径可以概括为:

言说动词 > 话题标记 > 例举标记 > 条件从句标记 > 虚拟情态从句标记

叁　演变的机制和动因

3.1　语篇功能到语法手段。

一般普遍认为,口语结构简单,语法约束少。那么,如何理解在自然口语中产生这些所谓"句法"呢?

首先,与书面语比较,口语交际更多地受到短时记忆容量的限制。表现在信息结构方面,产生了"单一新信息限制",即一个韵律单位倾向于只出现一个表现新信息的成分。(参看 Chafe,1987、1994)而这种普遍存在的功能要求,使得语句结构简单化,"一个小句只带一个题元成分"成为小句偏爱的题元结构(preferred argument structure,参看 Du Bois,1987)。因此,口语中应付"大块头"成分的处理策略(processing strategy)更多的表现为拆大为小化整为零。韵律手段(比如停顿)可以用来行使划界功能,但在拆大为小化整为零以后,就更需要一些有形的标记,表达成分与成分之间的关系。满足语用需求的篇章手段逐渐固化沉积,这就形成了"语法"。Givón(1979)把语法看作语用处理策略,认为句法化的形成过程就是从篇章到语法的演变过程,他把语法形成的过程概括为:

篇章 > 句法 > 形态 > 形态音系 > 零形式

这种从篇章到语法的演变涉及不同层面。

历时层面:	松散搭配	>	严谨句法
个体发生层面:	语用模式	>	句法模式
合法性层面:	不合语法	>	合语法
编码层面:	无准备的非正式言谈	>	有准备的正式言谈

以上面四个方面来衡量,"说"的演变,正处于从语用法走向句法的进程当中。表现在:

1) 松散搭配。"说"的位置尚未固定,有时后附着于主干句,有时前附于从属句。

2) 语用模式。不是强制性使用的必有成分,使用上具有可选性。

3) 合法性受语体限制。在口语里"合法",但是,书面语里不合法。

4) 无准备的非正式言谈和有准备的正式言谈都存在。

3.2 虚化的动因。

在语法化的进程中,一个词汇成分的虚化表现在语义、语用、形态和音系各个方面(Heine 等,1991)。语义方面,从实义词变为功能词;语用方面,从篇章功能变为句法功能;形态方面,从自由形式变为黏着形式;音系方面,从具备独立的语音形式变为非独立的或弱化形式。就"说"的虚化来说,可以概括为:

	实义动词	引语标记	准标句词	标句词
语义	行为表达	弱化的行为义	无实义	无实义
语用	直接陈述	引述功能	关联功能	关联功能
形态	自由形式	受限形式	受限形式	附着形式

"说"的语法化是典型的实词虚化,即从一个具有词汇意义的实词变为体现语法功能成分的过程。语法化的机制一般认为有两种,一个是重新分析(reanalysis),一个是类推(analogy)。从认知的角度来看,重新分析是概念的"转喻",类推是概念的"隐喻"。北京话里"说"的演变涉及"转喻"和"隐喻"两个方面。

首先我们来看第一条演变路径:言说动词 > 引语标记 > 准标句词 > 标句词。

从言语行为的角度分析,任何我们所感知到的"话",都是被"说"出来的。因此"说"自身的词汇意义并不是特别重要,重要的是以哪种方式"说"。所以,我们可以看到大量的以"说"构成的连动形式,如:"告诉说、回答说、询问说、报道说、指责说、建议说、请求说"等等。这种"言语行为动词+说"连用格局一旦形成,"说"的词汇意义就随之衰减了,从而有可能被理解为专门引介言谈内容的标记——引语标记。"说"从理解作言谈行为,进而可以理解作引语标记,属于从一个具体的概念"投射"到相似的抽象概念。这个演变是概念的隐喻。

结构类推使"说"有可能完成从词汇词到功能词的转变。经过结构类推,"言语行为动词+说"格式中"说"前面的动词范围扩大到了认识义动词,"说"的词汇意义进一步衰减。而言说动词以外的动词,尤其是状态义动词和系词跟"说"组合,使"说"的功能从作为引语标记引介"言谈内容"进一步泛化。经过重新分析,"说"从连动结构后项动词的位置分离,成为一个引介命题的小句关联标记(clause linkage marker),表示语法关系。"说"是一个常用的引介陈述形式的标记,在理解上具有较高的显著度,用它来标志一个说明性小句,这个虚化过程属于概念的转喻。

看第二条演变路径:

言说动词 > 话题标记 > 例举标记 > 条件从句标记 > 虚拟情态从句标记

在这个演变过程中,第一步也是从一个具体的概念"投射"到相似的抽象概念。

"说"什么,什么就是谈话的话题。当我们说"今天我们来说一说网络游戏"的时候,我们就将"网络游戏"作为言谈对象定位到话题的位置上。因此,"说"从言说动词到话题标记这个虚化过程是概念的隐喻。

进一步问,作为话题的成分一般具有哪些属性呢?

其一,话题是一个谈话双方已知的对象,同时也是谈话的起点。而用来作为"条件"的命题,其含义是听说双方已知的。所以Haiman(1978)说,条件就是话题。

其二,凡作为条件或假设的情况,总是非现实情态(一个无所谓"完成"与否的常态或尚未完成)。比如"如果下大雾就关闭高速公路",表示"下大雾"这种事情一旦出现,就将会怎样;"去了你就知道了"尽管有"了",但是说话的时候还是没有"去"。那么,使用在理解上具有较高显著度的条件概念来标记显著度较低的非现实情状,这个虚化过程可以看作概念的转喻。

肆 余论

北京话里的"说"正在从一个言说义动词逐渐虚化,衍生出独立的语法功能——从句标记。这个过程历经百年,至今仍然作为口语表达中特有的现象,活跃在日常口语中,是当代北京话的一个标志性特征。

针对一个语言或方言的描写来说,"说"的虚化关系两个方面的问题。第一,就具体某类词的演变看,"说"作为高频使用的言说动词,虚化的方向是什么;第二,就语法手段萌生的路径看,从属小句的标记以及各类从句的标记的来源有哪些。就第一个方面来说,北京话的这种演变并不是什么特殊的现象,"说"虚化的现象在南亚语言以及西非语言的研究中都有报道。有的语言里"说"的演变与北京话相似,有的语言除了用"说"当引语标记、条件从句标记之外,还将"说"连接两个名词,用作比较标记。(参看 Saxena,1988;Lord 1976,1982;Hopper and Traugott,1993)就第二个方面来说,在不同的语言中,从属小句的标记以及各类从句标记的来源各不相同。但是也有共性。比如,条件从句标记的来源有大致有五个方面:1)情态成分。如汉语中的"要(=如果)",本来表示意愿和必须;2)疑问标记,比如俄语里的 *esli*;3)时间表达中表示"延续"状态的成分,比如斯瓦西里语用未完成体标记 *-ki-*;4)系词结构,如日语的 *nara*;5)已知信息的标记,如印尼语,话题和条件句采用同样的标记 *kalau*。(参看 Hopper and Traugott,1993,179页)总之,无论从哪个方面入手进行考察,汉语不同方言的材料应该是很丰富而且很有意义的。①

参考文献

董秀芳 2003 "X说"的词汇化,《语言科学》第2期
方 梅 2002 "这"和"那"在北京话中的语法化,《中国语文》第4期
刘月华 1986 对话中"说""想""看"的一种特殊用法,《中国语文》第3期
李晋霞、刘 云 2003 从"如果"与"如果说"的差异看"说"的传信义,《语言科学》第4期
李 明 2003 试谈言说动词向认知动词的引申,吴福祥、洪波主编《语法化与语法研究》(一),商务印书馆
孟 琮 1982 口语"说"字小集,《中国语文》第5期
沈家煊 2003 复句三域"行、知、言",《中国语文》第3期
太田辰夫 1957 《中国语历史文法》,蒋绍愚、徐昌华译,北京大学出版社,1987
汪维辉 2003 汉语"说"类词的历时演变与共时分布,《中国语文》第4期
Chafe, Wallace 1987 Cognitive constraints on information flow. In R. Tomlin, ed., *Coherence and Grounding in Discourse*. Amsterdam: John Benjamins
Chafe, Wallace 1994 *Discourse, Consciousness, and Time: The Flow and Displacement of Conscious Experience in Speaking and Writing*. Chicago: University of Chicago Press
Du Bois, John W. 1987 The discourse basis of ergativity, *Language* 63
Dryer, Matthew 1991 SVO language and the OV:VO typology, *Journal of Linguistics*, 27.2
Payne, Thomas E. 1996 Describing Morphsyntax: a guide for field linguistics, Cambridge University Press
Givón, Talmy 1979 *On Understanding Grammar*. London: Academic Press
Haiman, John 1978 Conditionals are topics, *Languages* 54, 54–89
Heine, Bernd, Ulrike Claudi and Friederike Hunnemeyer 1991 *Grammaticalization: A Conceptual Framework*, Chicago and London: The University of Chicago Press
Hopper, Paul 1987 Emergent grammar, *Berkeley Linguistic Society* 13:139–57
Hopper, Paul J. and Elizabeth Closs Traugott 1993 *Grammaticalization*, Cambridge University Press
Lehmann, Christian 1989 Towards a typology of clause linkage. In John Haiman and Sandra A. Thompson, eds. *Clause Combining in Grammar and Discourse*, Amsterdam: Benjamins
Lord, Carol 1976 Evidence for syntactic reanalysis: from verb to complementizer in Kwa. In Sanford B. Steever et al eds., *Papers from the Parasession on Diachronic Syntax*, Chicago: Chicago Linguistic Society
Lord, Carol 1982 The development of object markers in serial verb languages, In Paul J. Hopper and Sandra A. Thompson eds., *Studies in Transitivity (Syntax and Semantics* Vol. 15), New York: Academic Press

---

① 黄国营、邓思颖教授说,粤语的言说动词也有不同程度的虚化。据毕永峨教授告知,台湾国语的"说"与北京话有类似的虚化现象,但是没有北京话里"说"作虚拟情态标记的用法。

Ransom, Evelyn N. 1988 The grammaticaliztion of complementizers, *Berkeley Linguistic Society*, *Proceedings of the 14th Annual Meeting*, Feb. 13 – 15

Saxena, Anju 1988 On syntactic convergence: the case of the verb 'say' in Tibeto-Burman, *Berkeley Linguistic Society*, *Proceedings of the 14th annual Meeting*, Feb. 13 – 15

Shopen, Timothy 1985 *Language Typology and Syntactic Description*, Cambridge University Press

Traugott, Elizabeth C. 1991 English speech act verbs: a historical perspective. In Linda R. Waugh and Stephen Rudy eds. , *New Vistas in Grammar: Invariance and Variation*. Amsterdam: Benjamins

Grammaticalization of *shuo* (说, say) in Beijing Mandarin: From lexical verb to subordinator

Fang Mei

Abstract Based on data from contemporary Beijing Mandarin, this paper discusses the synchronic variations of the verb *shuo* in morphosyntactic perspective. *Shuo* in spoken Beijing Mandarin is assumed a new role as subordinator through grammaticalization in two ways: 1) a complementizer; 2) a irrealis clause marker. This undergoing change is displayed with reanalysis and analogy in different steps, and motivated by discourse processing reasons. The emergent grammar of *shuo* as complementizer and irrealis clause marker show grammatical features of cotemporary Beijing Mandarin.

Key words lexical verb, quotative marker, complementizer, irrealis clause marker, grammaticalization

长沙方言中的"够得 V"和"够不得 V"

崔振华

(湖南师范大学国际汉语文化学院 长沙 410081)

提要 本文对长沙方言中的"够得 V"和"够不得 V"两种句式做了深入的调查研究,对这两种特殊的句式进行了句法分析

关键词 长沙方言 够得 V 够不得 V

本文探讨的是长沙方言里由"够"字组成的两种特殊格式:"够得 V"和"够不得 V"。本文长沙话用例是笔者自拟或平时留心记录的。笔者出生于离长沙不到一百公里的益阳,15 岁到长沙念高中,此后一直在长沙学习、工作,至今已 46 年,应该说已具备自拟例句的资格了。

壹 "够得 V"的特点

长沙话里的"够得 V"有以下几个特点:

第一,"够得 V"中的 V 大多为单音节。如:

咯截路够得走。(这段路很长,要走很长的时间)

他的病够得拖。(他的病很重,短时间内好不了,还要拖很长时间)

咯些书够得看。(这些书要看很长时间)

她生咯多细伢子,够得累。(她生这么多孩子,够辛苦的)

V 也可以是双音节的,但不多用,如:

事情太复杂哒,够得研究。

有时 V 也可以换成小句。这实际是把"够"字前的主语后移了,如:

咯些书他够得看。——咯些书够得他看。

生咯多细伢子,她够得累。——生咯多细伢子,够得她累。

第二,"够得 V"中的 V 只能表示可延续的动作行为。可以说"够得走",不能说"够得到"。可以说"够得看",不能说"够得看完"。因为"够得 V"这一格式就是要强调动作行为的延续性,说话人意在肯定将要延续很长的时间,所以无延续性的动词不能用于此格。

第三,"够得 V"只能用于现在时、将来时,用于未完成的动作行为,不能用于过去时,不能用于已完成的事。"她走的咯条路好长,够得走。"是说她已经开始走了,还要继续走很长时间。"她打算走的那条路不通汽车,够得走。"是说她还没有开始走,将要走很长时间。如果她已经到了,只能说"她昨天走那条路来的,走咖好久",而不能说"她昨天……够得走"。

第四,长沙话里的"够得 V"没有相应的否定式,如不能说"够得不 V",或"不够得 V"。"咯些书够得看"的否定说法是"看不得好久",或者"不要好久就看完哒",不能说"……够得不看",也不能说"……不够得看"。

长沙话里有一种"够不得 V"的格式,但它不是"够得 V"的否定式。下面讨论这种格式。

贰 "够不得 V"的特点

"够不得 V"也是一种强调动作行为或情况延续很长的格式。这种格式常常在"够"字后面加一个"还"字,说成"够还不得 V"。例如:

火车站够还不得到。(火车站离得很远,走很久还到不了)

事情够还不得完。(事情太多,很久还做不完)

人够还不得来。(某人不守时,等很久他还不会来)

雨够还不得停。(雨还会继续下,短时间内停不了)

"够得 V"里也可以带一个"还",不过"还"字要加在"够"字的前面:

咯截路还够得走｜咯些书还够得看｜他的病还够得拖

"够(还)不得 V"这种格式也有几个特点:

第一,格式中的 V 大多是单音节的,前面举的几个例子都是。少数情况下也可以是双音节的,如:

他们够还不得散会。

事情够还不得圆场。(事情短时间内不会结束)

有时,"够不得 V"中的 V 也可以换成小句。跟"够得 V"一样,这实际也是把"够"字前面的主语后移了:

  人够还不得来。——够还不得(咯些)人来。

  他的钱够还不得到手。——够还不得他的钱到手。(很久都拿不到他的钱)

跟"够得 V"不同的是,"够(还)不得 V"中的"不得 V"有时可以换成动补结构:

  桶子里的水够还不得满。——桶子里的水够还接不满。

  咯多橘子够还不得完。——咯多橘子够还吃不完。

第二,跟"够得 V"相反,"够不得 V"中的 V 不具有延续性,它表示的是说话人希望得到某种结果或希望出现某种情况变化,而很难实现。"雨够不得停"是说话人希望雨停,而实际不大可能停。"汽车够还不得开"是说话人希望汽车快点儿开,而实际上因为乘客少或车有毛病,短时间内不大可能开。

有时表面看来,两种格式里用了同一个动词 V,实际上却不同。"够得 V"中的 V 表示延续性动作行为,而"够不得 V"中的 V 却不具有延续性。如:

  A 他够得睡。

  B 他够不得睡。

A 句是说他还会睡很久,一时半会儿醒不来。B 句是说他的事情还没有做完,一时半会儿还不会去睡。这个"睡"是开始睡,不具有延续性。

  C 他还够得走。

  D 他够还不得走。

C 句的"走"是行走,说他还得走很久。行走是可延续的行为。D 句的"走"是离开的意思,说他还会在那里呆很久,短时间内不会离开。离开是不可延续的瞬间行为。

"够(还)不得 V"中的 V 有时可换成形容词,表示事物情况变化的结果。如:

  他的病够还不得好｜咯些人够还不得齐｜咯些橘子够还不得红

其中的"好""齐""红"作为一种变化,也不具有延续性。

第三,与"够得 V"一样,"够(还)不得 V"也只能用于现在时和将来时,不用于过去时;只用于未完成态,不用于完成态。其原因很明显,"够(还)不得 V"中的"得"助动词,"不得"尤言不能、不会、不可。这跟唐诗"打起黄莺儿,莫教枝上啼。啼时惊妾梦,不得到辽西"中的"不得"是一个意思。含助动词的语句,一般不会是已完成的动作行为。

第四,"够(还)不得 V"也没有相应的肯定式。从前面的描写中我们已经知道,

"(还)够得V"与"够(还)不得V"不是肯定式与否定式的关系。理由之一是,两种格式中的V具有不同的性质,一个具有延续性,另一个正好相反。其二,两种格式中的"得"也不相同,"够得V"中的"得"属结构助词,"够不得V"中的"得"属助动词。其三,从整个格式的语义来说,"够不得V"并非"够得V"的否定。"够得走"是说路还很长,还要走很久的时间。"够还不得走"是说短时间内不会离开,还会呆很长时间。两格式都含有时间长的意思。

仔细分析起来,"够(还)不得V"中,还暗含另一个动词。如果我们把这个暗含的动词标为V1,把已经说出来的动词标为V2,那么V1实际上是主要动词,V2只是V1的结果。"够(还)不得V"的语义是:够得V1 + V1很久还不会V2。例如:

汽车够还不得开 = 够得等,等很久汽车还不会开

桶子里的水够还不得满 = 这桶水够得接,接很久还不会满

可见"够(还)不得V"中已经包含有"(还)够得V"的意思,它在"(还)够得V"之后再加上另一层意思:说话人希望得到V2这个结果,但很难得到。两种格式的语义是一致的。

叁 两种格式的句法分析

下面讨论的问题是如何对这两种格式作句法分析。

不少解释"够"字的论著都认为,"够"兼有动词和副词两种词性:当它表示足够,即数量、程度等可满足需要时,是动词;当它用在形容词前,表示达到一定标准或程度很高时是副词。[①]

当"够"作动词表示"足够"义时,不论其后是名词、动词还是小句,都可以是"V 不 V + O"的格式。可用"够不够"来提问,也可以用"够"或"不够"来回答。如:

够条件——"够不够条件?""够。"

够吃——"够不够吃?""够。"

够他吃——"够不够他吃?""够。"

这时,把"够N""够V""够SP"看作动宾结构,是没有问题的。

当"够"作副词,用在形容词前,表示程度很高时,我们不能用"够不够"来提问,而应该用"是不是"来提问。如:

[①]《现代汉语八百词》《汉语动词选释》都持这种观点。

　　　　　够冷(的)——"够不够冷的?""够。"　　　　　(×)
　　　　　　　　　　"是不是够冷的?""是的。"　　　　　(√)
　　从这里可以看出作为偏正结构的"够 A(的)"与作为动宾结构的"够 V"的不同之处。

　　"够 V"的"够"还有第二个意思,表示"将要长时间地"。这个意义的"够"是什么词性?这个意义下的"够 V"是什么结构?似乎还未见到论述。我们可以套用上述两种提问方式来测试一下:

　　　　　够走的——"这么远的路,够不够走的?""够。"　　　　(×)
　　　　　　　　　"这么远的路,是不是够走的?""是的。"　　　(√)
　　　　　够后悔的——"这件事够不够后悔的?""够。"　　　　　(×)
　　　　　　　　　　"这件事是不是够后悔的?""是的。"　　　　(√)

这样看来,表示"要长时间地"这个"够"不宜看作动词,它更像用在形容词前面的"够",应该看作副词。

　　前面说过,表示"要长时间地"这个"够"字,在句中常常重读。也许正是这种语音形式的不同,改变了"够 V"的语法结构。我们知道,动名组合可能是动宾结构,也可能是偏正结构。二者重音不同,提问格式不同。下例中加点的词重读。

　　　　　E　炒白菜——"(你)炒不炒白菜?""炒。"
　　　　　F　炒白菜——"(这)是不是炒白菜?""是。"

E 是动宾结构,F 是偏正结构。赵元任说:"除了代词,宾语不读轻声。"① "够走的""够后悔的"一类结构,重音在"够",后面的词相对较轻。可见这一类结构更像偏正关系,其中的"够"宜看作副词。

　　长沙话"够得 V"是北京话第二种"够 V"的长沙化,其重音也在"够",其提问方式也不用"够不够得 V",而用"是不是够得 V":

　　　　　够得走——"咯远的路(这么远的路),够不够得走?""够。"　　(×)
　　　　　　　　　"咯远的路(这么远的路),是不是够得走?""是的。"　(√)
　　　　　够得后悔——"咯只事(这件事)够不够得后悔?""够。"　　　 (×)
　　　　　　　　　　"咯只事(这件事)是不是够得后悔?""是的。"　　 (√)

因此,我们同样有理由把"够得 V"看作偏正结构,把其中的"够"看作副词。

　　一种可能的疑问是,第二种"够 V"(够走的),是第一种"够 V"(够吃了)的引申,

---

① 见《汉语口语语法》第 155 页。

只是因语境不同使第二种"够 V"产生了新的语用意义(强调时间长),二者的语法结构还是相同的。这种意见不无道理。但我们认为,两种"够 V",后者相对于前者而言,语音形式变了,语义变了,内部语法关系也发生了变化,这不是单纯的语用现象。

在湖南方言里情况更不一样。"够"的本义是"多",《广韵》《集韵》都说是"多也""聚也"。左思《魏都赋》有"繁富夥够"之句。后来,由本义产生了引申义:①足够,满足需要;②达到程度;③用手到高处、远处去拿;④要长时间地。现在本义消失,其引申义在各方言里情况各异。北京话里,①为基本义,其余各义都用。但在笔者的家乡益阳,④是基本义。益阳话老派口语中的"够"(音 kɑu˧˥),只有长时义。足够义、达到义(音 kɑu˥),是后起的,新派的说法。益阳话老派只说"够得走""够得痛""够得失悔(后悔)""够不得好",不说"够资格""够条件",更不说"够不着"。(笔者在写《益阳方言研究》时没有注意这一点,很遗憾。)一个词从古到今由本义产生引申义,在不同方言里可能有不同的引申方向。长沙话与益阳话同属湘语一个片,"够"的长时义当属更早的层次,很难说长时义是由足够义引申来的。况且"够得 V"与"够 V 哒"语音形式差别甚大,二者语法结构不同更是情理之中的事。

我们把"够得 V"看作偏正结构,偏正结构之间何以出现一个"得"?不奇怪,因为这是长沙话,不是北京话。北京话不用"得"的地方,长沙话用"得"的还有:动词和后面的"来、去"之间用"得"(走得来、跑得去),比较句里形容词和后面的数量短语之间也用"得"(弟弟比哥哥还高得一寸)。某些偏正结构之间可以用"得",可能也是长沙方言的一个特点吧。

"够(还)不得 V"的"够"通常也是重读,也是长时间的意思。其语法意义接近于副词"一直",不过,"一直"多指过去到现在的一段长时间,"够"则指现在到将来的一段长时间:

雨一直没有停(过去某个地点到现在没有停)

雨够还不得停(现在到将来某个时点不会停)

如果这样的类比还有一定道理的话,我们也应该把这个"够"看作副词。

长沙话"够还不得 V"有时还可说成"连还不得 V":

雨够还不得停——雨连还不得停

这个"连"字是个表语气的副词,相当于北京话的"压根儿"。"连还不得 V"更强调语气,"够还不得 V"更强调时间长。"够"和"连"同属副词,"够"修饰"不得 V",整个"够不得 V"是个偏正结构,这应该是能够成立的。

最后附带说一点。李如龙、张振兴两位先生都曾倡导研究方言特征词。笔者以为,研究方言特有格式也很有意义。"(还)够得 V""够(还)不得 V"这两种格式,在长沙附近的新化、娄底、涟源方言中没有,大湘方言区很多地方也没有。"(还)够得 V"和"够(还)不得 V"是不是长沙方言(或者长益方言)特有的一种格式呢?不敢肯定。有一句老话说在前:说有易,说无难。

参考文献

赵元任 1979 《汉语口语语法》,商务印书馆
吕叔湘主编 1980 《现代汉语八百词》,商务印书馆
王国璋、安汝磐主编 1981 《汉语动词选释》,书目文献出版社

The constructions of "*gou de*(够得)V" and "*gou bu de*(够不得)V" in Changsha dialect

Cui Zhenhua

Abstract This paper is an in-depth investigation and analysis of the two special constructions of "*gou de* V" and "*gou bu de* V" in Changsha dialect.

Keywords Changsha dialect, *gou de* V, *gou bu de* V

同源异境三方言的语汇变调和语法变调

刘俐李

(南京师范大学文学院 南京 210097)

提要 本文对比了同源异境三方言的语汇变调和语法变调。发现与西安话有渊源关系的焉耆话和东干语的轻声变调已经异化,不读轻声,而依自身规则变调。三者的叠音调式多有两种,每种的语法负荷不同。西安话的语法变调二者未继承,焉耆话又滋生出另外三种语法变调。

关键词 语汇变调 语法变调 东干语 焉耆话 西安话

汉语的变调有三类:语音变调、语汇变调和语法变调。① 语音变调没有语义、语法负荷,系纯语音条件制约下的变读。语汇变调指词汇平面与构词、语义相关的变调。语法变调指表达一定语法意义的变调。本文比较陕西关中话、新疆焉耆话和中亚东干语的语汇变调和语法变调。

三方言指与关中方言有同源关系,又在不同环境中各自发展的焉耆话,东干语,陕西话。新疆焉耆话和中亚东干语(陕西支)是130年前关中话的裂变体,因陕西关中回民移居焉耆和中亚的哈萨克斯坦、吉尔吉斯斯坦等地而形成,三者同源。焉耆话和东干语都处在多民族聚居地,当地社会有多种语言,焉耆还有多种汉语方言。焉耆话的语言环境是:多语言共处,以汉语、维吾尔语为主;多汉语方言相间,以焉耆话为主。东干语的语言环境是:多语言共处而无汉语,以俄语为主、东干语为辅,东干族内部通行。而关中话则处在纯汉语的环境。三者语言环境迥异。

---

① 参见刘俐李 2000《论焉耆方言的变调类型》,《语言研究》第1期。

壹 三方言的声调系统

1.1 三方言的单字调①。

	阴平	阳平	上声	去声	调类数
西安	[˨]21	[˦]24	[˥]53	[˧]44	4
焉耆		[˦]24	[˥]51	[˧]44	3
东干		[˦]24	[˥]51	[˧]44	3

西安话平分阴阳,四个声调;焉耆话和东干语阴平阳平合一,只有平、上、去三个声调。

1.2 三方言的连读调。

	阴平	阳平	上声	去声	调类数
西安	[˨]21	[˦]24	[˥]53	[˧]44	4
焉耆	[˨]21	[˦]24	[˥]51	[˧]44	4
东干	[˨]12	[˦]24	[˥]51	[˧]44	4

三方言在连读环境中平声都分阴阳,都是四个声调。

1.3 三方言两字组的连读调式(见下表)。

西安话、焉耆话和东干语两字组连读调调式表

后字\前字		阴 平	阳 平	上 声	去 声
阴平	西安[˨]21 焉耆[˨]21 东干[˨]12	24+21 21+21 24+21 21+24 12+24	21+24 21+24 12+24	21+53 21+51 12+51	21+44 21+44 12+44
阳平	西安[˦]24 焉耆[˦]24 东干[˦]24	24+21 24+24 24+24	24+24 24+24 24+24	24+53 24+51 24+51	24+44 24+44 24+44
上声	西安[˥]53 焉耆[˥]51 东干[˥]51	53+21 51+21 51+21	53+24 51+24 51+24	21+53 53+53 51+51 51+51	53+44 51+44 51+44
去声	西安[˧]44 焉耆[˧]44 东干[˧]44	44+21 44+21 44+24	44+24 44+24 44+24	44+53 44+51 44+51	44+44 44+44 44+44

---

① 本文所用三方言语料来自:王军虎1996《西安方言词典》,江苏教育出版社;海峰2003《现代东干语研究》,新疆大学出版社;刘俐李1995《焉耆汉语方言研究》,新疆大学出版社。

三方言的连读调式大多读连读本调,变调者只限于后字阴平。

贰　三方言的语汇变调

三者的语汇变调主要是轻声和叠音变调。轻声和叠音变调三者都有,但调式略微有异。

2.1 轻声变调。

先看轻声的声调模式,再举例。调值是轻读的用 0 记。有的轻声音节不止一种调值,用斜线分割一一列出。

	西安话	焉耆话	东干语
阴平	21+0	21+24	12+24/0
阳平	24+0	24+51	24+51/0
上声	53+0	51+21	51+0
去声	44+0	44+21	44+0

三方言前字很整齐,一律不变调。而后字则各不同,西安一律读轻声,焉耆一律不轻读,东干有轻读有非轻读。焉耆后字的变调根据前字声调的高低取值,前字调值高,后字取低调;前字调值低,后字取高调,与前字搭配成高低间隔模式。比如,上声的[˧]51 和去声的[˥]44 属高调类,其后字配低调[˩]21,组成[51+21][44+21]的前高后低型;低调类阳平[˧]24 配高调类[˧]51 组成前低后高的[24+51]式,而阴平则组成[21+24]式,[˧]24 虽不是高调类,但终点升到了高音域。东干话的轻声有两种,一是阴阳上去的后字都轻读,这与西安相同;二是阴平阳平后字还有不轻读调式,其调值与焉耆相同。

三方言各轻声调式举例如下。例词不注声韵母,只标实读调值。

					东干语	焉耆话	西安话
阴平	桌子	鸭子	身子	谷子	12+24	21+24	21+0
	鞍子	肝子	尖子	秃子	12+0		
阳平	麻子	镯子	袍子	蚊子	24+51	24+51	24+0
	房子	茄子	凿子	瘸子	24+0		
上声	冷子	饺子	板子	脑子	51+0	51+21	53+0
去声	料子	对子	罩子	鹞子	44+0	44+21	44+0

三方言轻声的变调有以下特点:

1. 轻声字组调式依据前字的调类分作四种;
2. 轻声调值有轻读和非轻读两种;
3. 非轻读与轻读虽然调值不同,但二者调类属性相同,即都已失去原调类,不读原属调类的调值,而受轻声范畴的变调规律支配,后字调值一律由前字调类决定。这在焉耆话里表现得很充分,阴平后的轻声调值是[˧]24,阳平后是[˥]51,上去声后是[˩]21。因此,焉耆话的轻声虽不轻读,但却依据前字调类有固定调值,因而双音节字组轻声调式与西安一样,都是四个。东干语的阴平阳平的非轻读轻声与焉耆话相同,阴平后是[˧]24,阳平后是[˥]51。
4. 西安话的后字一律轻读,焉耆话一律不轻读,东干语居中,既有轻读,也有非轻读。

焉耆话和东干语轻声的异化对我们有两点启示。第一,轻声作为一种语汇现象,有形式和内容两面。轻读是表现形式之一,也可以有非轻读形式。无论哪种形式,它们的内容,即语汇义和语法义依保留。有学者将轻声分作调类的轻声和调值的轻声,[①]我们认为,所谓调类的轻声,其内涵应该是指轻声音位所表达的内容——语汇义或语法义,而所谓调值的轻声应是指轻声的表现形式:轻读或非轻读。第二,语言范畴的变化起始于外部表现形式。

焉耆话还有一种轻声也非轻读,是由阴平和阳平组合的字组,后字读[˥]52,组成[21+52]和[24+52]式:

	[阴平+阴平]	[阴平+阳平]	[阳平+阴平]	[阳平+阳平]
[21+52]	木瓜	一挑	单旋	双旋
[24+52]	秋天 西瓜	虽然 跟前	棉花 时间	锄头 蚂螂(蜻蜓)

2.2 叠音变调。

叠音是一种音节组合形式。大体说来,三方言叠音的作用有构词和构形两种。但三方言的叠音调式不同。以下先介绍叠音的变调模式,再举例。调值是轻声的用 0 记。有的叠音后字不止一种调值,用斜线分割逐一列出。

	西安话	焉耆话	东干语
阴平	21+24/0	21+24/51	12+24
阳平	24+24/0	24+51/24	24+51/0/24
上声	53+24/0	51+21/51	51+0

---

① 参见魏钢强 2000《调值的轻声和调类的轻声》,《方言》第 1 期。

去声　　　44+53/0　　　　44+21/44　　　　44+0

　　三方言的叠音前字跟轻声字组前字一样,不变调,而叠音后字大多有两套,或轻读,或非轻读。西安的叠音后字声调是两套,一套是轻声的轻读,一套是新生的[ʌ]24和[ˋ]53。[ʌ]24与阴平、阳平和上声配,[ˋ]53与去声配。西安话阴平和阳平的叠音调式与两字组[阴平+阴平][阳平+阳平]常见调式相同,都是[21+24]、[24+24],只有上声的[53+24]和去声的[44+53]是新生调式。焉耆话的叠音字后字声调也有两套,一套与轻声的非轻读相同(斜线前);另一套除阴平的[21+51]外,其余三声的[24+24][51+51][44+44]与一般两字组相同。东干语的阴上去三组只有一套调式:上声、去声叠音字组的[51+0][44+0]与轻声相同,阴平的[12+24]是一般两字组调式;而阳平则有三种调式:[24+51]、[24+0]、[24+24],其中[24+0]是轻声调式,[24+24]是一般两字组调式,[24+51]是新生调式,出现频率最高。

　　叠音词的调式较多,不易找齐三方言各种调式都相同的例词,故三方言分别举例。

	西安话	焉耆话	东干语
阴平	21+24　偏偏儿　单单儿	21+24　叨叨　凤凤儿	12+24　偏偏儿　亲亲
	21+0　蝈蝈儿　豁豁儿	21+51　辣辣的　低低儿的	憨憨儿　黑黑
阳平	24+24　活活儿　明明儿	24+51　圆圆　馍馍	24+51　牙牙儿　馍馍
	24+0　梭梭儿　圆圆	24+24　直直的　蓝蓝儿的	24+0　匣匣儿　娃娃
			24+24　勤勤儿　年年
上声	53+24　美美儿　好好儿	51+21　婶婶　叒叒	51+0　碗碗儿　婶婶
	53+0　水水儿　草草儿	51+51　紧紧的　准准儿的	当当儿　姐姐
去声	44+53　胖胖儿　硬硬儿	44+21　太太　尿尿	44+0　定定儿　舅舅
	44+0　罐罐儿　缝缝儿	44+44　酽酽的　正正儿的	盖盖儿　妹妹

注:凤凤儿:蝴蝶;叨叨:啄木鸟;叒叒:玩具;圆圆:桂圆;尿尿:喻酒;太太:曾祖母;亲亲:亲戚;憨憨儿:憨人;黑黑:猪;当当儿:正是;匣匣儿:小抽屉;勤勤儿:经常地;定定儿:不动的

　　西安话叠音字组读轻声的多是名词,非轻读的多形容词。焉耆话叠音字组读同轻声的也多是名词,不过阴平的[21+24]也有形容词;另一种与一般两字组相同的(阴平除外)多是形容词,并且尾部带"的"[tiʌ],有的"的"前的音节还儿化。焉耆话叠音后字的两套声调的分配与西安话相似:读轻声的多是名词,读非轻声调值的多形容词。此外,焉耆话叠音后字的两套声调中,阴平很特别,总与众不同:在与轻声相同的那组中,阴平是一般字组的调式,而与一般字组调式相同的那组中,又是轻声的另一类调式[21+51]。

三方言既有构词的叠音,也有构形的叠音,前者如西安的圆圆、蝈蝈儿,焉耆的风风儿、叨叨,东干的匣匣儿、黑黑;后者如西安的美美儿、活活儿,焉耆的白白儿(的)、辣辣(的),东干的牙牙儿(小牙)、勤勤儿。

叁 三方言语法变调

西安话有一种语法变调,用于表示人称代词的复数:同一个词,调值[˧]53 表单数,调值[˨]21 变复数:

	第一人称	第二人称	第三人称
单数	我 ŋɤŋ	你 ni	他 tʻɑ
复数	俺(的) ŋɜŋ˨ (·ti)	你(的) ni˨ (·ti)	他的 tʻɑ˨ ·ti

焉耆话的语法变调有三种,形容词叠音夸张式,谓词拖调加重式,代词拖调指远式。

形容词叠音降调夸张式。这是焉耆话单音节形容词重叠式的衍生形态。重叠式表程度加重,而夸张式表示说话者有意渲染程度之重(实际未必有这么重),以引起听者的注意。夸张式用降调表示,即将重叠的第二音节变作[˨]51,并将前字阳平和上声都改为[˨]21:

	重叠式		夸张式	例 词
阴平	[21+24]	→	[21+51]	弯弯儿 脏脏儿
阳平	[24+24]	→	[21+51]	油油儿 肥肥儿
上声	[51+51]	→	[21+51]	美美儿 饱饱儿
去声	[44+44]	→	[44+51]	亮亮儿 颤颤儿

夸张式的调式集中于[21+51],类型化程度更高。

谓词拖调加重式。是焉耆话单音节重叠形容词 AA 儿和带叠音后缀的单音节形容词 ABB 以及单音节动词的衍生态。AA 儿和 ABB 都表程度重,如果程度比二者还重,则拖长最后一个音节的声调表示:

	重叠式	加重式	
凉凉儿(的)	[24+24]	[24+244→]	
瓷瓷儿(的)	[21+24]	[21+244→]	(很瓷实)
直溜溜儿(的)	[24+51+21]	[24+51+244→]	

直挺挺儿(的)　　　[24+51+24]　　　[24+51+244→]

单音节动词用拖调法表示程度加重,例:我越是想ㄩ→越是气,"想"拖长声调表反复想、往深处想。

　　代词拖调指远式。焉耆话指示代词"那"声调的长短与所指距离成正比。所指距离近,"那"声调短,所指距离远,声调拖得长。有时为了强调所指的距离非常远,"那"的声调甚至可占整个句调的一半以上,例如:

　　问:他在哪达呢？（他在哪儿？)

　　答:他在那ㄧ→呢。

　　就目前所掌握资料,东干语还未发现有语法变调。

The lexical and grammatical tone sandhi in three homogenous dialects in different areas

Liu Lili

Abstract　This paper compares the lexical and grammatical tone sandhi of three homogenous dialects in different areas. It discovers that the neutral tone sandhi of Yanqi dialect and Tungan language, which have original relationship with Xi'an dialect, has been changed into non-neutral tone in accordance with their own rules. There are mainly two patterns of reduplicated tones in the three dialects/language, each with a different grammatical meaning. Xi'an dialect's grammatical tone sandhi has not been inherited by the other two. Yanqi dialect has developed three other patterns of grammatical tone sandhi.

Key words　lexical tone sandhi, grammatical tone sandhi, the Tungan language, Yanqi dialect, Xi'an dialect

四川简阳话程度副词"少"和"非"

毛远明

（西南师范大学汉语言文献研究所　重庆 400715）

提要 本文考察简阳话程度副词"少"和"非"在语义、分布和功能等方面的特点，并尽可能阐释它们与相关词语之间在语义内容、语法结构等方面的关系。

关键词 简阳话　程度副词　"少"　"非"

简阳地处四川省成都市东南，是一个县级市，人口约 130 万，东接乐至县，南连资阳市，西至仁寿县，北邻金堂县，西北为省城成都，以龙泉山为界。

本文讨论简阳话中的两个程度副词"少"和"非"。

"少"和"非"（也写作"飞"）在简阳话中是表宏量的程度副词，其程度仅次于最高有"最"，与现代汉语普通话的"很""极""非常"、"特别"大致相当，但语义、语法结构、语用等方面都有所不同。①

壹　"少"和"非"的用法

1.1 "少/非" + A。

副词"少"与"非"放在形容词前，强调形容词的宏量程度，这是它们的主要用法。它们对形容词有选择性，即所修饰的基本上是性质形容词。例如：

㈠表颜色的，如：少红｜少黑｜少白净/非红｜非黑｜非白净。

㈡表速度的，如：少快｜少慢/非快｜非慢。

---

① 川北、川西、川南的部分地区以及云南滇西也有以"非/飞"作程度副词的用法（王文虎，1987；毛玉玲，1987），只是没有简阳方言用得这么普遍。

㈢表形体大小的,如:少大│少小│少粗/非小│非粗│非细。

㈣表年龄的,如:少老│少小/非老│非小。

㈤表人品态度的,如:少歪蛮横、凶狠│少小气气量小;吝啬│少俗庸俗;猥琐│少娄溲庸俗;肮脏/非孝顺│非和气和蔼│非歪│非大方│非俗│非娄溲。

㈥表感觉的,如:少安逸│少饿│少口渴/非安逸│非好吃│非口渴│非厌烦。

㈦表人体形貌的,如:少乖漂亮;听话│少好看/非丑│非清秀。

㈧表情态状况的,如:少浑浑浊│少清亮│少邋遢/非浑│非清亮│非邋遢。

㈨表空间距离的,如:少宽│少窄│少远/非宽│非窄│非远。

㈩表时间的,如:少早│少久/非早│非久。

㈠表数量的,如:少多│少少│少重│少轻/非多│非少│非重│非轻。

㈡表属性的,如:少旧│少好│少真│少假/非旧│非坏│非真。

㈢表程度的,如:少深│少亲│少厚│少薄│少瘦/非深│非浅│非薄│非肥。

㈣表气候的,如:少冷│少热│少湿│少干│少凉快/非冷│非热│非湿│非凉快。

㈤表资财的,如:少穷│少富│少充足│少缺乏/非穷│非富│非充足│非缺乏。

㈥表气味、味道的,如:少香│少臭│少甜│少苦│少涩/非香│非甜│非苦│非涩。

"少"和"非"修饰性质形容词,不能后加体标记"了"。如:*王老三少啬了│*王老三非啬了。但如果形容词表示性质的变化,则可以加"了"。如:时间少紧了│时间非紧了。这是因为在"少/非 + A + 了"的语法框式中,形容词具有表示动态变化的特征,取得了动词的某些义素和语法功能,又以"少/非"强调动态变化的程度,使形容词的语义和功能向动词倾斜。不过,能否加"了",主要还是取决于形容词,"少/非"只起一点辅助作用。

"少"修饰单音形容词,可以同偏正短语一起重叠,表示程度加重,如:少多少多的钱│少冷少冷的天。"非"没有这种用法。

不受程度副词"少"和"非"修饰的形容词主要有以下三类:

第一种是本身具有某种程度意义的状态形容词。例如"雪白""血红"等。

第二种是形容词的重叠形式。例如"瘦瘦""干筋筋""漂漂亮亮"等。

第三种是固定格式。如:"黑咕隆咚""酸不溜秋"等。

1.2 "少/非" + V。

副词"少"与"非"放在动词或者动词性短语前,表示对动作程度的强调。这两个副词对动词或动词短语的选择性较强。主要有以下类别:

㈠"少/非"修饰表心理活动、认识活动的动词。如:少爱｜少恨｜少想｜少喜欢｜少重视/非爱｜非恨｜非想｜非喜欢｜非重视。

㈡"少"加动宾短语,既表示程度高,又强调语气,带有明显的主观强调色彩。动词大都是非动作性的,而且必须带宾语。如:少有钱｜少有脑壳很有头脑｜少占地塔儿｜少像他爹。

"非"一般不能这样用。不过,大约是受"少"的影响,有的动宾短语也可以受"非"的修饰。如"非占地塔儿｜非懂事"等,但不常见。

㈢"少/非"修饰能愿短语,对能愿动词有选择性。"会、想、肯、愿意"与动词结合构成的能愿短语,可以受"少/非"的修饰。如:少会说｜少想去/非会说｜非想去｜非肯帮忙。但"要、该"与动词结合成的能愿短语("要说｜该问"等)则不受"少/非"的修饰。

㈣"少/非"+V+"得……"。"得"后接动词、助动词、名词,构成动结式短语或动趋式短语。

①后跟动结式短语,如:少经得整｜少划得着｜少下得心/非划得着｜非下得心｜非舍得干。

②后跟动趋式短语,如:少稳得起｜少看得起｜少干得出来/非稳得起｜非看得起｜非说得出。

㈤"少/非"修饰使令性的动词。如:少让人失望｜少讨人喜欢｜少令人厌恶｜少使人伤心/非让人失望｜非令人厌恶｜非使人伤心。

1.3 "少/非"+N。

"少/非"修饰名词,仅限于方位名词"前头、后头、上头、底下"等少数几个词。如:站得少前头/排得非后头。可以说,"少"和"非"基本上不修饰名词。

1.4 "少"+数量词。

"少"既可以修饰物量词,也可以修饰动量词;数词一般是单数"一",如果是复数,只能是不定数"几"。"非"没有这种用法。

㈠"少"+物量词,如:少一大堆｜少一大摞｜少几件。

物量词后边的名词可以出现,也可以不出现,视语境而定。如也可以说"少一大堆西瓜｜少一大摞书｜少几件衣裳",补出名词后,"少+物量词"构成的偏正短语作定语。

㈡"少"+动量词,如:少一阵｜少一通。

动量词后边的名词可以出现,也可以不出现,但与物量词不同,不论是否补出名词,动量词总是作补语,而补出的名词作宾语。如:找了少一阵书找书找了好一阵子｜发了少一通脾气发了一大通脾气。

1.5　复合副词"多少"。

在简阳河东话中,"多"也是一个表宏量的程度副词①。在简阳方言中(无论河东、河西),"少"与"多"可组合为复合词"多少",表示"很""非常""特别"的意思,用法与"少"相当,只是更具有加强语气、强调感情的作用,使用不自由,搭配缺乏规律。

㈠"多少"+A,如:多少红｜多少大｜多少横蛮横｜多少安逸｜多少凉快｜多少邋遢。

㈡"多少"+V

①修饰心理动词,如:多少爱｜多少想｜多少害怕｜多少讨厌｜多少重视。

②修饰动宾短语,大多是非动作性动词,如:多少懂事｜多少有脑壳特别有头脑。

③修饰"会、想、肯、愿意"能愿短语:多少会说｜多少肯帮忙｜多少愿意留下。

④"多少"+V+"得……",如:多少经得整｜多少下得心｜多少干得出来。

⑤修饰使令性的动词短语,如:多少让人失望｜多少令人厌恶｜多少使人伤心。

㈢"多少"+N,如:多少前头｜多少后头。

贰　"少/非"的否定形式

2.1　"少"+"不"+A。

"少"+A 的否定形式,对 A 的语义有两点限定:(1)只有部分表人品态度、情态状貌、主观感觉、主观评价的形容词;(2)褒义形容词、积极形容词。如:少不快｜少不乖｜少不孝顺｜少不安逸｜少不好吃｜少不好看｜少不清亮｜少不干净。

大多数"少/非"+A 的否定形式是用反义词来表达的,特别是贬义形容词、消极形容词更不能用"不"表否定。其关系为:

*少/非不慢——少/非快	*少/非不大——少/非小
*少/非不粗——少/非细	*少/非不啬——少/非大方
*少/非不脏——少/非干净	*少/非不宽——少/非窄
*少/非不多——少/非少	*少/非不旧——少/非新

---

① 简阳方言以沱江为界,分为河东、河西二区。河东有程度副词"多",相当于"很""特别",如"多瘦｜多喜欢｜多讲信用"等。河西没有这种用法。

普通话程度副词"很"的前面可以加"不",表示程度有所减弱,如:不很快、不很苦、不很宽、不很累。简阳话"少/非"没有这种用法。如果要表示程度减弱,只能用"不大",如"不大快、不大苦"。

2.2 "少"+V+"不……"。

"不"后一般是动词。如:少想不开｜少划不着｜少稳不住｜少看不起。"非"没有这种用法。

实际上,这是将一部分"V+得"动结式短语或动趋式短语的"得"改成"不",以表示否定,即:少想得开→少想不开｜少稳得住→少稳不住｜少看得起→少看不起。

有趣的是,可以说"非想得开｜非稳得起",却不能根据"少"的否定形式类推出"*非想不开｜*非稳不起"。能够说"少经得整｜少下得心",却不能类推出"*少经不整｜*少下不心",其否定形式要采用别的表达方式,详下。

2.3 "少"+V+"不得……"。

"不得"后一般是动词,少数是名词。如:少经不得整｜少舍不得用｜少下不得心。"非"没有这种用法。

2.4 "少"+"没得……"。

"没得"是否定性动词(其肯定形式是"有"),后面必须带宾语,"少"起强调否定的作用。如:少没得礼行_{很不讲礼节}｜少没得脑壳_{很不聪明}｜少没得看头。"非"没有这种用法。

叁 "少/非"+A/V短语的句法功能

"少/非+A"和"少/非+V"构成的短语①,可以作谓语、宾语、补语、定语、状语,不作主语。句法功能不同,条件也不一样。

3.1 作谓语。

"少/非"主要是直接修饰形容词,也修饰动词,构成谓词性的偏正短语,在句子中充当谓语。这是其主要句法功能。如:张二姐少小气｜刘老大少吃得开｜崔老汉少没得脑壳_{崔老汉很没有头脑}｜那块(个)婆娘非邋遢。

3.2 作宾语。

"少/非+A"偏正短语和"少+V"动宾短语作宾语,谓语动词只能是"觉得""显

---

① "少+V"是主要形式,"非+V"有诸多限制,前面已论及。

得""感到"等少数几个动词。"少+物量词"作宾语比较自由,但如果物量词后面的名词补出,则"少+物量词"就成了定语。如:王三今天显得少年轻｜老人家感到少幸福｜他抱了少一大摞_{他抱了很大一摞}｜小王穿了少几件衣服。

3.3 作定语。

"少/非+A"偏正短语和"少/非+V"动宾短语作定语,必须靠助词"的"连接定语和中心词。如:少茂盛的树满山都是｜他是一块个少懂规矩的娃儿｜非相因的东西并不一定有用｜她属于那种非把细_{节俭}的妇人。

3.4 作状语。

"少/非+A"偏正短语和"少+V"动宾短语作状语,必须靠助词"地"把状语和谓语连接起来。如:小王少诚恳地表示愿意到乡坝工作｜小李少有礼貌地走过来。

3.5 作补语。

"少/非+A"和"少+动宾短语"和"少+动量词"可充当补语。除"少+动量词"外,作补语必须靠助词"得"的帮助。如:今天耍得少安逸｜尽兜打扮得少妖娆_{大家都打扮得很妖娆}｜王家媳妇儿长得非乖。

肆 "少"和"非"的比较

简阳话中的程度副词"少"和"非"都表示高级程度,在语义、结构、语法功能等方面很接近,但是也存在一定差别。主要表现在以下方面。

4.1 语义的侧重点有差别。"非"更侧重于表程度,多为客观叙述;"少"侧重于强调,既表程度,又附带喜爱或憎恶等主观感情,具有夸张色彩。比较:非横_{很蛮横,不讲理}——少横_{蛮横极了,横得令人憎恶}。

4.2 程度有所不同。二者虽然都表示宏量程度,但是程度的等级有差别,"非"只表示一般的程度高,"少"则强调程度极高。比较:非好看_{很好看}——少好看_{好看极了}。

4.3 否定方式不同。"少"与被修饰的动词或形容词之间可以加"不"表示否定,"非"则一般不能。比如,可以说"少能干",也可以说"少不能干"。可以说"非大",却不可以说"*非不大",而往往要改用反义词来表达,如说"非小"。如果没有相应的反义词,则只好改用别的表达方式。

综上所述,简阳话副词"少""非"表示宏量程度,大致相当于普通话的"很""极"等。它们主要修饰性质形容词,也能修饰一部分非动作动词、方位词和数量短语。

由"少/非"加被修饰成分而构成的短语主要充当谓语,也可作定语、状语和补语(一般需要分别有"的""地""得"的帮助)。

"少"与"非"的区别在于"非"侧重于客观叙述,"少"还带有明显的感情色彩。"少"的用法范围比"非"要大。

参考文献

黄伯荣 1996 《汉语方言语法类编》,青岛出版社
吕叔湘 1980 《现代汉语八百词》,商务印书馆
毛玉玲 1987 云南方言语法特点,《玉溪师专学报》第1期
袁家骅 1989 《汉语方言概要》,文字改革出版社
詹伯慧 1991 《汉语方言及方言调查》,湖北教育出版社
赵元任 1979 《汉语口语语法》,商务印书馆
王文虎 1987 《四川方言词典》,四川人民出版社

The degree adverbs *shao*(少) and *fei*(非) in Jianyang dialect, Sichuan province

Mao Yuanming

Abstract This paper studies the semantic, distributive and functional features of the degree adverbs *shao*(少) and *fei*(非) in Jianyang dialect and manages to interpret their relations to the related words in semantic content and grammatical structure.

Key words Jianyang dialect, degree adverb, *shao*(少), *fei*(非)

汕头方言两种比较句使用情况调查研究

施其生　郑婧敏

（中山大学中文系　广州 510275）

提要　本文根据大量调查材料研究两种比较句式在汕头方言中的使用情况。"过字句"是汕头方言固有的句式，"比字句"来自共同语的影响，其使用与文化程度明显相关，呈上升趋势，但"过字句"仍占优势。此外，句式的选用与比较类型有关。

关键词　汕头方言　比较句　共同语的影响

壹

汕头方言中，表示不等比较可使用"A ＋ 比 ＋ B ＋ VP"的句式（以下称"比字句"），也可使用"A ＋ VP ＋ 过 ＋ B"的句式（以下称"过字句"），如：

我悬过伊。／我比伊悬。（我比他高。）

伊无好肥过我。／伊无好比我肥。（他不比我胖。）

这是有类型学意义的两种不同句式，为何在一种方言中共存，使用中有些什么现象，未来的发展趋向如何，很值得探究。为解决以上问题，我们在汕头市区做了一项调查。调查对象共 117 个人，统计时剔除了两个语言背景不够清楚的样本，纳入统计的是 115 人，这 115 人基本上覆盖了不同的年龄层次、行业、教育程度等因素。①

调查内容包括：

㈠被调查者本人的基本情况：姓名、性别、籍贯、出生地、职业、文化程度、在何地

---

① 汕头市区包括龙湖、金园、升平、达壕、合埔五区、南澳县和澄海市。本次调查主要集中在龙湖、金园、升平三区，其他地区（县、市）也有一部分代表。

受过何种教育;何时起在汕头居住;何时在其他地方居住过;母语,日常说哪种话,还会说哪种话。

㈡家庭语言环境:父母说哪种话;家庭成员日常说哪种话。

㈢245个例句,例句设计时参考了余霭芹先生提供的比较句调查提纲,主要包括以下六个类型,一些类型还分小类:

1. 谓语是形容词。如:我比你高。

2. 谓语是动宾结构。如:我比他怕蟑螂。

3. 谓语带有表程度、数量的修饰成分。以下分:

(1) 还(要)。如:被子比那张还(要)厚。

(2) 更。如:你的竹竿比他的更长。

(3) 多。如:老太太现在比以前快活多了。

(4) 得多。如:丝比棉布软得多。

(5) 些。如:站在树底下比坐在屋里凉快些。

(6) 一点儿。如:这儿比那儿湿一点儿。

(7) 量词短语。如:我舅舅比舅母高一个头。

4. 谓语前有其他副词。如:他比我早来。

5. 补语的比较。如:鸡跑得比鸭子快。

6. 否定句。如:他不比我胖。

每类之下,包括"A"与"B"分别为各种词、短语或小句的各种句子,也顾及肯定句与疑问句(第6类是否定句与疑问句)。

贰

调查结果显示,两种句式的使用因人而异,主要的相关因素有三:年龄、教育程度和普通话水平。

(一)与年龄的关系。列入统计的115人中,年龄最小的10岁,最大的83岁。我们按年龄将他们分成六组①,先算出每个被调查者选择"比字句"及"过字句"的比重

---

① 各组的人数见下表:

组别	20岁以下	20–30岁	30–40岁	40–50岁	50–60岁	60岁以上
人数	13	28	14	22	25	13

（占句子总数的比例），再计算各年龄组的平均值，其结果如图1所示：

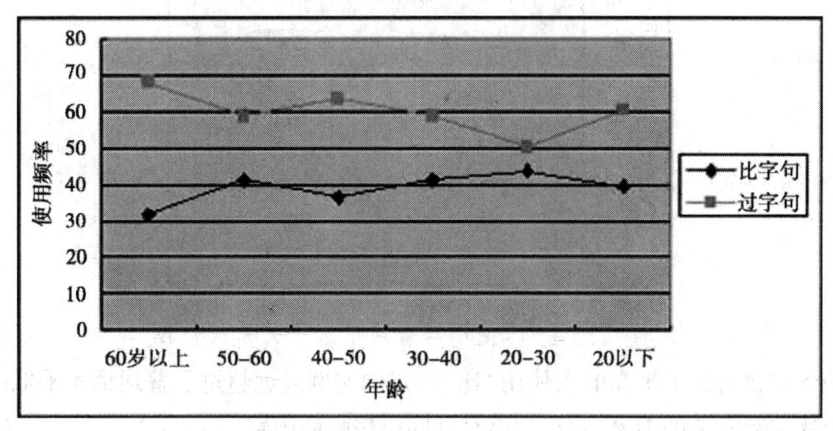

图1 年龄与不等比较句使用的关系统计图

图1显示，随着年龄降低，"比字句"的选用比重有上升趋势，而"过字句"则有下降趋势。

（二）与文化程度的关系。见图2：

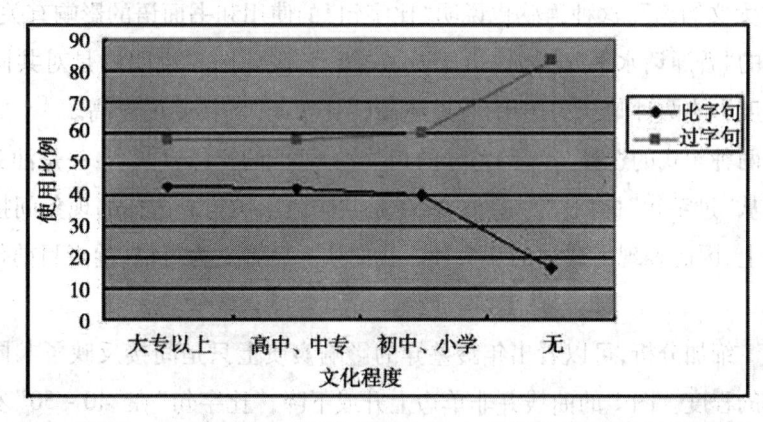

图2 文化程度与使用不等比较句习惯的关系统计图

图2说明文化程度和两种句式的选择明显相关，文化程度越高，越容易接受"比字句"；文化程度越低，采用"过字句"的比例越大；没有接受过教育的人说话时"过字句"占压倒优势。

（三）与普通话水平的关系。我们把调查对象的普通话水平分为高低两类：会讲以及虽然不会讲但是基本能听懂的归为一类（高），完全不懂以及不会讲但能听懂一部分的归为另一类（低）。两类人使用"比字句"的比例如图3所示：

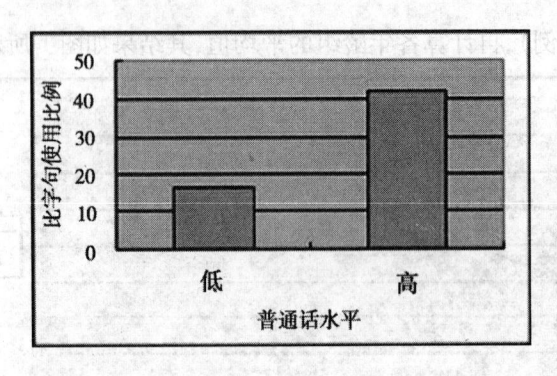

图3　"比字句"使用与普通话水平关系统计图

图3中普通话水平高的人使用"比字句"的比例远远超过了普通话水平低的人。

上述三种有关的因素，归根到底是共同语影响的因素。

文化程度高也就意味着受书面语影响大，而书面语是民族共同语的一个方面。图2所反映的，主要是书面语的影响程度和两种句式的选择有密切的关系，受书面语影响越大，"比字句"的接受度越高。调查过程中，许多被调查者认为"比字句""比较斯文"或"太文绉绉"，这种语感也说明"比字句"的使用和书面语的影响有关。

我们的"普通话水平"分类侧重于听、说能力，因此图3说明的是对共同语口语的掌握程度影响两种句式的选用：程度越高，"比字句"的接受度越高。

至于两种句式的选择与年龄差异的相关性，可能的解释有两个：一是汕头方言的比较句正从"过字句"向"比字句"演变，一是共同语影响句式选择的现象间接反映到年龄差异上，因而表现出这样的相关性。我们认为后者更为可信，前者目前仍难以遽下结论。

对图1细加分析，可以看出年龄差异的影响实质上只是间接反映了共同语对说话人影响的程度。图1的曲线并非单边上升或下降，"比字句"在"40－50"岁处出现了一个波谷，（"过字句"相应地是波峰），这是因为这部分人出生在50年代以后，他们受教育的时候正好是动荡的"文革"时期，文化程度要普遍低于前后两个人群。在"20岁以下"处，"比字句"又是反倒低于较之年长的两组，这是因为这一组最年轻，包括了相当多接受文化教育尚少的青少年。可见年龄的差异只是表面原因，文化程度才是真正起作用的因素，而如前所述，文化程度是直接决定共同语书面语影响的程度的。

三个统计图中，"比字句"选用的比例都没有超过50%的，说明"过字句"目前在汕头方言中仍处于优势地位。汕头人的语感，"过字句"是比较"土"的，"比字句"比较"文"，汕头话里的熟语，百分之百都用"过字句"，如：

①做文章惨过生囝写文章比生孩子还艰难。

②头毛大过箸头发比筷子粗,喻遇到烦恼事,脑袋发胀。

③闲过仙比神仙还逍遥。

④□[tsʻiau˧˩]过王莽比王莽霸道。

⑤无脸输过死没面子还不如死。

⑥灯芯担久重过铁灯芯草挑久了比铁还重。

⑦力落唔是势输过惰勤快得不是地方还不如偷懒。

⑧破船过溪赢过泅破船过河总比游过去强。

惯用的比喻说法用的也是"过字句",例如:

⑨我行桥□[tsoi˨]过汝行路,食盐□[tsoi˨]过汝食米我走的桥比你走的路多,吃的盐比你吃的米多。

叁

在两种句式都用的人群中,并非所有比较类型都两式并用,有些类型是"比字句"占压倒优势;又有少数类型是"过字句"占压倒优势。这意味着比较类型也影响两种句式的选择。

"比字句"和"过字句"结构上的差异,不仅仅是词序不同。"比字句"的比较标记"比"是个介词,"过字句"的比较标记"过"是个半虚化的趋向动词。在"A + 比 + B + VP"中,和"比"发生直接结构关系的是B,B是介词宾语,在谓语动词前;在"A + VP + 过 + B"中,和"过"发生直接结构关系的是VP,B是宾语,在谓语动词后。结构框架的差异,对比较句中结构项——A、B、VP或其他成分的构成会有所制约,使得有些例句的选择倾向于"比字句",有些倾向于"过字句",有些需要改变成分的句法地位,从而体现为类型影响句式的选择。以下举几个具有明显类型优势的例子。

用"比字句"不用"过字句"的如:

⑩伊做事比□[zuaŋ˧˩]地个拢□□[tsʻiʔ˧˩ tsʻuaʔ˧˩]他做事比谁都毛躁。

*伊做事□□[tsʻiʔ˧˩ tsʻuaʔ˧˩]过□[zuaŋ˧˩]地个。

⑪只块个牛肉丸比□[zuaŋ˧˩]地块个拢好食这里的牛肉丸比哪儿的都好吃。

*只块个牛肉丸好食过□[zuaŋ˧˩]地块个。

此句中B为任指的疑问代词,汉语的疑问代词用作任指,必须放在谓语动词之前,"比字句"可满足这个条件,"过字句"不行。调查中几乎都只能选择"比字句",

偶有不习惯说"比字句"的,只能改用别的说法来表达,例如说成"只块个牛肉丸上好食这里的牛肉丸最好吃"。

⑫你支竹篙比伊支愈(更)长你的竹竿比他的更长。

＊你支竹篙愈(更)长过伊支。

⑬只丛树个花□[kʻaʔ ɟɾ]是比许丛愈(更)雅这棵树的花是不是比那棵更漂亮?

＊只丛树个花□[kʻaʔ ɟɾ]是愈(更)雅过许丛?

这两句 VP 前有"愈/愈更","愈(更)VP"是要强调的信息焦点。汉语常把交际中的信息焦点放在句末,使用"过字句"不能达到预期效果,"比字句"则可满足这个要求。调查结果,这种类型用"比字句"的比例接近百分之九十。

用"过字句"不用"比字句"的如:

⑭我食鱼□[ŋiaŋ ɟɾ]过吃肉我喜欢吃鱼多过吃肉。

＊我食鱼比吃肉□[ŋiaŋ ɟɾ]。

此句的"□[ŋiaŋ ɟɾ]"是个经常带谓词性宾语的动词,离开宾语很难光杆作谓语,在"过字句"中,后头有 B(食肉)作宾语,转换成"比字句",就成了光杆动词,所以不说。

肆

根据上文的分析,本文得出如下结论:

"过字句"是汕头方言固有的句式,目前仍占据优势地位,"比字句"的使用是共同语影响的结果。有不断上升的趋势。

"比字句"和"过字句"结构不同,表达上各有所长,结构项——A、B、VP 等在一定程度上对两种比较句的选择有影响,但不是主要因素。目前主要的因素还是个人受共同语(包括书面语和口语)影响的程度。

"比字句"进入汕头话是一个渐进的过程,在句式上,首先占领"比字句"有表达优势的说法,继而扩大到与"过字句"容易对等转换的说法。其使用人群则随着普通话的推广和教育水平的提高,以及现代社会交际越来越频繁,共同语的影响越来越深入而逐渐扩大。

断言"比字句"将取代"过字句"尚为时过早。由于两种比较句各有所长,如例⑭这样的句子就很难以"比字句"取代"过字句",要使这类句子转用非比较句表达,从而完全摈弃"过字句",起码在目前看不到可能性,因此两种句式并存并用的局面仍将长期存在。

参考文献

范 晓 2001 关于汉语的语序问题(一)、(二),《汉语学习》第5期、第6期
施其生 1997 《汕头话音档》,上海教育出版社
雷友梧 1994 语法的四个平面:从逻辑语法转向全息语法——从言语理解的心理机制看语法的四个层次的信息,《汉语学习》第5期
吕叔湘等著、马庆株编 1999 《语法研究入门》,商务印书馆
施其生 1996 《方言论稿》,广东人民出版社
张维鼎 1996 汉语语序功能语法浅析,《川东学刊》第6卷第4期

A survey and study of the use of two comparative sentence patterns in Shantou dialect

Shi Qisheng, Zheng Jingmin

Abstract This paper based on abundant survey materials, studies the use of two comparative sentence patterns in Shantou dialect. One is the sentence type with *guo*（过）, an inherent pattern of the dialect. The other is the sentence type of *bi*（比）, a pattern loaned as a result of the impact of the common language. It is used with increasing prevalence and the use is correlated with education level. The former, however, is still more widely used. Besides, the choice of the two patterns is also related to the type of comparison.

Key words Shantou dialect, comparative sentence patterns, the impact of the common language

陕北晋语沿河方言语法成分的语音变异

邢 向 东

(陕西师大文学院　陕西　710062)

提要　本文考察陕北晋语黄河沿岸方言语法成分的语音变异。这些语音变异包括三种类型：1.由于语义、语法功能等因素导致的语音变异；2.由于方言之间语法成分的辗转流播所导致的读音偏离音系；3.其他。通过语法成分语音变异的描写，观察语法和语音之间的相关关系和沿河各方言之间的相互关系。

关键词　陕北晋语　沿河方言　语法成分　语音变异

本文的考察对象是陕北晋语黄河沿岸七县方言，即：府谷、神木、佳县、吴堡、绥德、清涧、延川。本文的语音变异根据形成原因分为三种类型：第一，指在整个沿河方言或某一方言内部，由于语义功能、句法位置等因素导致的语音变异。第二，指由于沿河各方言音系之间的差异而导致的某些语法成分的读音不合本方言音系的现象。第三，由其他原因造成的语音变异。文中的语法成分主要是虚词，也包括少量实词。我们的目的是，通过语法成分语音变异的描写，考察语法和语音之间的相关关系，以及方言之间在语法方面的相互关系。

本文用符号"→"连接同一语法成分的不同变异形式。文中"甲→乙"的表述方式，并不意味着我们认为甲乙两个读音之间一定存在历时的音变关系，而是说甲乙两个读音同出一源而发生了语音的变异。对各种具体情况的分析，用"按语"的形式来表述。

在语音变异分析的过程中，往往要指出发生变异的方言。不过"说有容易说无

---

*　本文在全国汉语方言学会第十二届年会上宣读时，承蒙李行杰、王临惠先生给予肯定并提出宝贵意见，沈明博士指出了一些讹误之处，特此致谢。

难",所以我们只是根据本人调查和张崇、黑维强两位先生核实的结果,指出该方言存在某种变异,而不是确指其他方言就没有。与此相应,例词的注音也指该方言的读音。

沿河方言语音差异颇为不小,本文一律按所指出的音系标音。不过,各地的去声大体一致,但因调查人不同而记音有一定差别,为了消除不必要的分歧,对去声调作了技术处理,除了清涧以外,一律标作[ɤ]53调。

壹 由语义、语法因素导致的语音变异

这种类型的音变,大都是由于某一成分的语法化程度高,句法位置固定,使用频率很高,因而造成语音磨损;或者语义功能弱化,造成人们对它的印象模糊,从而导致语音变异;或者为了表达某种特定的语法意义,有意识地造成语音变化。主要包括舒声字促化、声母和介音的脱落、合音等。比如完成体助词"了",在沿河方言中存在下面的差异:

了 ·liɔ 府谷 → ·liəʔ 府谷 → ·ləʔ 神木

    → ·lɔ 清涧、延川

    → ·li 绥德、佳县／·le 吴堡

"了"的读音以[liɔ]为出发点,向三个方向变化:第一个方向是直接促化,如府谷,有的方言在发生促化后失落了介音,如神木;第二个方向是失落介音,如清涧、延川;第三个方向是失落了主要元音,[i]变成主要元音,如绥德、佳县、吴堡。这样的语音变异,原因显然是十分复杂的,但主要还是由语法因素导致的,同时与不同方言的语音系统有关。

本文所说的语音变异,大都是已经在方言中固定下来的变化,是"语法化"了的语音变异。尽管从起源上看,其中有的音变可能是由语流中的语音环境造成的。既然语音环境和语法成分的关系非常密切,很难"一刀两断",本文就不明确区分单纯的语流音变和由语法、语义功能导致的语音变异,而统一将它们作为由于语法、语义功能导致的语音变异来描写。

1.1 声调的变异。

指舒声字的促化。某些语法成分从来源看是舒声字,或在本方言中仍然有舒声读法,但在充任某一种功能时变读促声。由于入声既是声调问题又是韵母问题,所以在声调促化的同时也伴随着韵母的入声化,韵母的主元音大多高化、央化,有的主元

音高低不变。有的促化伴有介音的失落。

我 ŋɑ˩ 绥德 → ŋeʔ˧ 绥德,亲属称谓前表领属

你 ni˩ 绥德 → niʔ˧ 绥德 → niɑ˩/niɛn˧ 吴堡,亲属称谓前表领属（按:吴堡话的[niɑ]是表领属时的读音,应当是"你家"的合音词。①）

他 tʼɑ˩ 绥德 → tʼeʔ˧ 绥德,亲属称谓前表领属（按:绥德话人称代词单数形式在亲属称谓前变读入声,在其他句法位置上仍然读舒声,这类变调属于表达特定功能的"情意变调"。内蒙古晋语中也存在类似的变调。参汪国胜,2002②)

把介词 pɑ˩ 绥德 → paʔ˧ 绥德 → maʔ˧ 绥德、清涧、延川（按:介词"把"的促化在内蒙古晋语中十分普遍。清涧如:把他能的！"把"读鼻音声母当是语音进一步弱化的结果。)

给介词、助词 kei˩ 佳县、神木等 → kəʔ˧ 佳县、绥德、清涧:介词（如:你给咱照给阵儿金针。）
→ kei˩ 神木等:介词（按:放在动词和与事宾语之间。如:给给他。）

看在句首提起话头 kʼɛ˧ 神木 → kʼəʔ˧ 神木（如:看把你能的！看看难活成甚了！）

哩句末语气词兼当事时助词·li 清涧 → 咧·liɛʔ 府谷、延川 → 嘞·ləʔ 神木、绥德、佳县、吴堡（按:各地的读音不一致,同时伴有方言音系差异的因素。）

爹爹 tɑ˩˩ 府谷、神木等→ tɑ˩ tɑ˩ 府谷、神木等→ təʔ˧ tɑʔ˧ 神木等（按:阴平上变阳平,再变入声。当属于表达特定感情色彩的变调,读阳平和入声表示不满的情绪,如:把他爹爹的脑！)

利利儿副词:一下子,竟然 li˩ liʌɯ˧ 神木→ liəʔ˧ liər˩ 绥德

家名词后缀·tɕiɑ 绥德、吴堡→·tɕie 府谷、延川等／·tɕi 清涧→·tɕiɑʔ 府谷、绥德→·tɕiəʔ 神木、佳县（按:清涧话读[tɕi]并非[tɕiɑ]失落主要元音,而是音系不同所致。中古咸山摄开口今细音字清涧话读[i]韵。）

价助词、代词、副词后缀·tɕiɑ 绥德、吴堡、延川→·tɕie 府谷、神木、绥德、佳县、吴堡、延川／·tɕi 清涧→·tɕiəʔ 神木、佳县、吴堡（按:清涧读[i]韵的原因同上条。）

这▢个 tʂəʔ˧ tie˩ kuə˩ 佳县→ 这底个这么? tʂəʔ˧ te˩ kuə˩ 吴堡→ 这的个 tʂəʔ˩ təʔ˩ kuə˩ 清涧、延川

咋的个 tsɑ˩ ʔi˩ ɕəʔ˩ 府谷→ tsa˩ təʔ˩ kəʔ˩ 神木等

---

① 这里采纳了沈明博士的看法。
② 张崇先生在谈话中认为,"我""你""他"的促读也可能是由于"我的""你的""他的"省略"的"造成的。笔者以为,张先生的观点颇有道理,但需要方言中该类语法成分具体变异过程的验证。

（这／那）里 li˨˩／lei˨˩ 神木等 → liəʔ˦ 府谷 → ləʔ˦ 神木等

夜里昨天 *le˥ʏ˧ li˨˩ → iɛ˨ʔ˦ 神木

1.2 脱落与合音。

语法成分因经常连用或语音弱化而导致音素脱落，或同前面的音节合音，是很常见的语音变异。

上趋向、结果补语、体助词 ʂɑ̃˨ 神木等 → xɑ̃˨ 神木等 → ɑ̃˨ 神木等

下趋向、结果补语、体助词 xa˨ 神木等 → a˨ 神木等

而真=现在 ʌɯ tʂʐ̩˨ 神木 → 而 ʌɯ˥ 神木

你家第三人称代词领属、复数形式 *ni˨˩ → □ niə˨˩ 吴堡 → □ niɛ˨˩ 神木等（按：黄河对岸山西临县等同此，而且韵母保留低元音。）

敢也 kæ˨ iɛ˨˩ → ka˨ 绥德（按：你 ka˨ 出点儿血么！）

敢[待也] kɛ˨ tai˨ iɛ˨˩ → kɛ˨ ɛ˨ 清涧（按："敢""待"是同义词，均表示揣测语气，故可连用。例如：他敢待按时来也么？

这一 tʂɛ˨ + iəʔ˦ → tʂei˨ 神木等 → tɕi˨ 神木等 → tʂʅ˨ 神木

那一 na˨ + iəʔ˦ → nei˨ 神木等 → ni˨ 神木

作摩 tsəʔ˦˩ ma˨ 神木、吴堡 → 咋 tsa˨ 府谷、神木等 → 咋 tsua˨ 绥德等（按：绥德等合音后[m]的唇音特征保留为[u]介音。）

解不下不懂、不知道 xɛ˨ pəʔ˦ xa˨ 神木等 → xɛ˨ p'a˨ 神木等（按：绥德等大多说"解不开"。）

我给咱 ni˨ kei˨ tsʻa˥ → 我咱 ŋou˨ tsʻa˥ 神木等

你给咱 ni˨ kei˨ tsʻa˥ → 你咱 ni˨ tsʻa˥ 神木等

我给你 ŋuo˨ kei˨ ni˥ → 我你 ŋou˨ ni˥ 神木等

下面是一组语气词合音的例子，由于合音伴随有促化等，所以就本方言很难看清其来源。

咋了 tsuʌ˨ le˥ → tsɛ˨ 清涧（按：用于句末表反问：个儿挣下的么，不花 tsɛ˨ 自己挣下的嘛，为什么不花？好好儿地的饭么，倒了 tsɛ˨?）

[嘞也]是 ləʔ˦ iai˥ ɿ˥ ɑi˨ 吴堡 → la˨ ɿ˥ 吴堡（按：表示是非问：吃 la˨ 是吃不吃？去 la˨ 是去不去？）

动[的话]虚拟语气词连用 tuŋ˨ təʔ˦ xua˨ 神木 → 动弹 tuŋ˨ t'æ˨ 绥德

时价愿望类虚拟语气词 sɿ˨ tɕiɛ˨ 神木等 → 嗲 sɛ˨ 绥德、清涧 → 些 ɕiɯɛ˨ 延川（按：关中、晋南方言也用"些"。）

咾[的话]虚拟语气词连用*ceʔ˧˦ ɣ ceiˇ ɣ xuʌˇ → 咾嗒 lɔˇ cl˩ tʌ˩延川

动咾[的话]* tuəŋˇ lɔˇ ɣ ceiˇ ɣ xuʌˇ → 的咾嗒 tei˩ cl˩ lɔˇ ɣ tʌ˩延川（按："的话"合音，"动"促化。）

去也 k'əˀ˩ ɣ iaˇ绥德、神木等→ k'ɜˇ清涧（按：清涧话"也"读[ɜ]。）

去也 ts'ɿ˩ ɣ ɜ˩ → ts'ɜ˩延川（按延川：活人还能教尿憋死 ts'ɜˀ?）

那(一)日儿*ni˩ iərˇ ɣ inˇ → niənˇ清涧（按：niənˇ嗲又来给我道歉来了。）

不要 pəʔ˩ ioˇ ɣ神木等→ 覅 pioˇ神木、绥德等→ 覅 pɔˇ延川

不用 pəʔ˩ yŋˇ绥德等→ pəʔ˩ iɤˇ神木→ 甭 piɤˇ神木、清涧等（按：后字先由撮口呼变为齐齿呼，然后合音。）

[个一]下儿*kəʔ˩ iəʔ˩ ɣeiˇ ɣ ɯʌ˩神木→ keiˇ ɣ ɯʌ˩ → keiˇ ɯʌ˩神木→ kʌɯˇ神木（按："个一"先合音，再脱落[x]，最后再合音。关中话"做个一下子"合音为"做嘎子"。"个一"合音后，语法化为连接动词和时量宾语、动量宾语的助词，如神木：放给阵儿，打给顿。比较内蒙古晋语"你坐个一阵阵么，兄弟。""说拿上耍个几天再还他。"邢向东、张永胜，1997：133）

去啊 ts'ɿ˩ ɣ ʌ˩ → tɕ'iʌ˩延川（按：我过两天去啊。就在那搭儿放得去啊！）

咋[个也] tsuʌ ɯ˧ təʔ˩ kuɛʔ˩ iaˇ佳县→ tsaɯ˧ tuəʔ˩ kuɛ˩佳县（按：合音的同时"的"被后字同化为合口呼。）

咋的[个也] tsuʌ ɯ˧ təʔ˩ kuɛʔ˩ ɜˇ清涧→ tsuʌɯ˧ ɜɯ˧ kuɛ˩清涧

男[子汉] nɛˇ ɣ tsəʔ˩ xɜˇ神木→ 男产= nɜ˩ ts'ɜˇ神木

贰 由方言音系差异导致的语音变异

由于方言音系之间的差异，在甲方言中读某音的语法成分，渗入到乙地后，可能因为当地人听的结果不同，或发不出、发不准借入成分的音，导致发生语音变异。从变化结果来看，操不同方言的人往往把它们当作不同的成分。其中有些既是受语法功能影响所致，又与方言音系的差异有关。该类变异包括韵母的变异、声韵同变、音节换位等。

如副词"海来很"：海来 xaeɯ˧ laeˇ吴堡→ 海里 xaiɯ˧ leiˇ绥德/ xɜɯ˧ liˇ神木、清涧（后字元音高化，不合本音系，但神木南乡、佳县、部分吕梁方言蟹摄白读一等韵舌位比二等韵高，读细音当与这些方言有关）→ 海利 xɛɯ˧ liˇ府谷、绥德（后字变读去声）→ 黑来 xəʔ ɯ˧ laeˇ吴堡、延川（前字促化，后字元音未高化）→ 黑里 xəʔ ɯ˧ leiˇ/

xeʔ ↑ʟ li ʌʟ 神木、佳县、绥德（前字促化,后字高化）→ 黑勒 xeʔ ʌʟ leʔ ɿ 佳县（前字、后字均促化）→ 黑咧 xeʔ ↑ʟ lieʔ ɿ 府谷（前字、后字均促化,后字由细音字[li]促化。）"海来"是陕北晋语中极其常用、广泛的程度副词,其读音也几乎是最为歧异的。可见,使用频率越高,地域分布越广,读音就越可能发生变异,语法化程度和语音变异是成正比关系的。这是语法、语义功能和方言音系共同作用造成的变异。

由方言音系造成的语音变异主要是韵母的变异,即韵母在阴声韵、阳声韵、入声韵之间变换,或在同类韵母中主要元音的高低变化,或四呼发生转换。

2.1 阴声韵和阳声韵互变。

秦晋两省黄河沿岸方言宕果摄韵母合流、梗假蟹摄韵母合流普遍存在,同时还有其他阴声韵、阳声韵混并的情况,（侯精一、温端政,1993；邢向东,2002a）因此,不同方言之间同一语法成分的阴阳交替、阴阳讹变十分普遍。

①阴声韵变为阳声韵

早来 副词:本来 tsɔ ʌʟ lɤ ɿ 神木→ 脏ꞌ来 tsɑ̃ ʌʟ lɤ ɿ 神木高家堡→（前字变阳声韵,由对应于效摄变为对应于宕摄。）→ 左ꞌ来 tsou ʌʟ lɤ ɿ 府谷（前字由开口变合口,对应于果摄,府谷话存在少数字果宕摄混并的现象。）→ 咋ꞌ来 tsa ʌʟ lae ɿ 佳县（前字变,对应于假摄二等开口,或为果摄早期的读音。）→ 早里 tso ʌʟ le ʌʟ 吴堡、清涧（后字元音高化。）→ 早利ꞌ tsau ʌʟ ʎ i ɿ 佳县（后字元音高化,同时变去声。）

早敢 副词:肯定会 tsɔ ʌʟ kɜ ʌʟ 神木→ 脏ꞌ敢 tsɑ̃ ʌʟ kɜ ʌʟ 神木高家堡→ 左ꞌ敢 tsou ʌʟ kæ̃ ʌʟ 府谷（按:与上一条神、府之间的变异平行。如:输上十回早敢赢一回也么。）

这搭搭 tʂəʔ ɿʟ ta ʌʟ ta ʌʟ 神木→ 这当当 tʂəʔ ɿʟ kɑ ʌʟ tɑ ʌʟ 府谷（按:府谷话[ɑ]对应于宕摄。）

试打 sɿ ʌ ta ɿ 神木→ 试当 sɿ ʌ tɑ ʌ ɿ 府谷（按:与上一条变异平行。）

倒 已经,反倒 tou ʌ 府谷→ 倒 kɔʔ / 灶ꞌ kɔʔ 清涧→ 灶ꞌ kɔʔ 神木、绥德→ 灶ꞌ kɔʔ / 则 tsa ʌ 佳县、延川→ □ kɑ̃ 神木南乡（按:内蒙古晋语普遍把该词读"倒"。清涧话[kɔʔ]、[ɔʔ]两读,是把"倒"和[kɔʔ]连接起来的关键。神木南乡进一步转与中古宕摄对应,与"早来""早敢"等条平行。）

可可儿 kʰou ʌ kʰʌɯ ʌ 神木→ 可可儿 kʰɤ ʌ kʰɤ ʌ 府谷、佳县→ 可可儿 kʰɯ ʌ kʰɤ ʌ 绥德→ 肯ꞌ肯ꞌ儿 kʰẽ ʌ kʰẽ ʌ 清涧（按:该字本是果摄韵母,府谷音反映果宕合流,原因见以下②"藏迷浪ꞌ浪ꞌ"条。绥德话果摄开口与深臻曾梗通合流,其中在见系声母后读舌面后高元音韵母,在其他声母后读鼻尾韵母,这个读音直接导致清涧话进一步读如深臻摄字。）

可心 ˀkʻuoˉ ɕiǎˋ → 肯心 kʻə̃ˋ ɕiǯˋ 神木（按：与上条的原因相同，但发生变异的方言不同。）

笸箩 pʻəʔˀ ˧ luoˠ 神木 → pʻə̌ˀ ˠ aˍ ˍ ˀ ˍ ˀ ˍ 佳县（按：原因应是果宕合流。）

夯拉 təʔˀ ˩ laˍ 绥德 → 夯□ təʔˀ ˩ leˍ 神木（神木对应于咸山摄开口洪音字。）

②阳声韵变为阴声韵

藏迷浪ˉ浪ˉ捉迷藏 tsʻ ˧ mi ˧ aˍ aˍ 府谷 → 藏迷摞ˉ摞ˉ tsˀ ã˧ mi ˧ luoˠ luoˍ 神木（按：府谷音对应于宕摄，神木对应于果摄，该变异反映黄河沿岸方言果宕合流的事实。内蒙古晋语有将该词说成"藏迷老ˉ老ˉ"的，对应于效摄。陕北方言平行的变化如："娘娘祖母"读[nyoˠ nyoˍ]或[ⁿyɛ˧ ⁿyɛˍ]，"狼"读[luoˠ]。相反，将"窝窝 vuoˠ vuoˍ"读成[vɒˠ vɒˍ]，"哥哥 kuoˠ kuoˍ"读成[kɒˠ kɒˍ]。）

尽管副词：尽情 tɕiǎˍ kuɛˍ 神木 → tɕiŋˠ kuæˍ 绥德 → tɕiəŋˠ kuoˍ / tɕiəŋˍ kuoˠ 佳县、神木南乡 → tɕiə̃ˠ kuˍ 清涧 → 尽股 tɕiǎˍ kuˍ 神木（按："管"字中古属山摄合口一等，神木、绥德的[kuɛ]正合规律。但佳县、神木南乡等白读音把"管"读[uo]韵，清涧话白读音则读成[u]韵，神木等地人听起来[uo]韵与[u]接近，更不用说清涧的[u]韵，因此转读为"尽股 tɕiǎ ku"。）

睡魇 ʂueiˠ iǎˍ 神木 → ʂueiˠ ɒˍ 府谷 → ʂueiˠ ieˍ 绥德

嵌嵌儿 tɕʻiæ̃ˠ tɕʻiɚˍ 佳县、吴堡、神木 → 恰恰儿 tɕʻiaˠ tɕʻiɚˍ 绥德（按：绥德音对应于麻韵。）

院前院子里 yeˠ tɕʻieˠ 府谷、吴堡等 → 院前 yˠ tɕʻiˠ 清涧 → 院起 yɛˠ tɕʻiˍ 神木（按：清涧的[i]韵是中古咸山摄开口细音字，对应于其他方言的[ie/iɛ]韵，所以神木话和它并不相同。清涧类的方言当是神木话转读的过渡因素。后面三条均属平行变化。）

外前院子里：相对于屋里而言 vɛˠ tɕʻieˠ 府谷、吴堡等 → 外前 vaiˍ tɕʻiˠ 清涧 → 外起 vɛˠ tɕʻiˍ 神木

浮前上面 fuˠ tɕʻieˍ 吴堡 → 浮起 fuˠ tɕʻiˍ 神木

两头前两头 liəuˍ tʻoɒˠ tɕʻieˍ 吴堡 → 两头起 liãˍ tʻəuˍ tɕʻiˍ 神木

□半 tʻaʔˍ ʋɑˠ 神木 → 打半儿 taˍ puorˠ 佳县、吴堡 → □般ˉ tʻai ˧ puoˠ 延川 → □□ tʻaiˍ pɯˠ 清涧（按：前字佳县、吴堡为[a]，所以疑为"大"或"太"字的讹变。神木、延川、清涧韵母保留上古歌韵字的读音。"半"延川变读阳平调，韵母仍对应于咸山摄，清涧则对应于果宕摄，但果宕摄韵母唇音字读入[u]韵，[ɯ]有音无字。）

这昝会儿 tʂəʔˀ ˩ tsaˠ huʌˠ 神木等 → tʂʻə̌ˀ ˠ ʈɒˠ ˩ ʂɛˠ ˩ huəɹˠ 府谷（按："昝"的韵母由

对应于咸摄转入假摄。）

爽性 副词:简直 ʂuã˧˩ ˍ ɕĩʔ˧ 神木高家堡 → 索性 suo˧˩ ˍ ɕiəŋ˧ 府谷

爽利 副词:简直 ʂuã˧˩ li˩ 神木 → 索利 suo˧˩ li˩ 府谷（按：以上两条仍反映果宕合流的影响。比较：神木等"缩"白读音[ʂuã]，府谷话读[suo]，"缩"是入声字，但其在陕北方言的白读层中可能早就舒声化了。因此反映宕果合流的事实。）

详˚哄 帮忙 ɕiɑ̃˧ xuǎ˧ 神木、延川 → 详˚伙˚ ɕiɑŋ˧ oux˩ 绥德 → 寻˚伙˚ ɕiəʔ˧ xɯ˩ 清涧

行 那家行 ·dx 神木高家堡 → ·cɔ 神木 → ·xəʔ 吴堡（按：神木话读音对应于效摄，吴堡话对应于果摄。）

2.2 阴声韵与入声韵互变。

因方言音系差异造成的阴入对转并不十分多见。

海直 副词:很 xai˧˩ tʂəʔ˧ 绥德 → 黑˚直 xəʔ˩˩ ɕiʔ˧˩ tʂəʔ˧ 神木高家堡 → xəʔ˧˩ tʂ˧e˩ 佳县（按："直"在陕北话中有文白异读，文读不送气，白读送气。）

俖 人称代词复数后缀 mi˩ 佳县、清涧、神木南乡 → 每 me˩ 吴堡 → 每 məʔ˧ 神木、府谷、绥德

去去 kʻə˩ ˩ kəʔ˧ 神木等 → tsʻʅ˧˩ tsʻʅ˧˩ 延川（按：陕北晋语"去"大多读入声韵，但延川话读[tsʻʅ˧˩]。）

个 量词 ·kuɛ 神木 → ·kuae 佳县 → ·kuə 绥德、佳县、清涧 等 → ·kəʔ 神木（按：佳县话，努˚还把你那个了价 他还对你那样呢？佳县、神木的阴声韵读法反映歌韵字的上古读音。）

则 语气副词:就、倒、于是、赶快 tsə̃ʔ˧ 神木 → tsaʔ˧ 佳县 → tsa˧˩ 佳县 等（按：佳县话，说则[tasʔ˧˩/ tsa˧˩]是说呗么，则[tsaʔ˧˩/ tsa˧˩]一阵儿个儿养的么 说归说嘛，毕竟是自己生的嘛！则教我利洒上两天 快让我清静两天吧！）

2.3 各类韵母内部的转换。

这一类变化指阴声韵、阳声韵、入声韵内部，主要元音等发生变异的现象。其中最常见的是阴声韵内部的变异。

①阴声韵内部主要元音的变异

猝马 立刻 tʂua˧˩ ma˩ → □马 ʂɤ˧˩ ʌm˩ 清涧

底根儿 当初,原来 te˧˩ kər˩ 吴堡/ ti˧˩ kʌɯ˩ 神木 → 逮˚根儿 tɛ˧˩ kʌɯ˩ 神木 → 带˚根儿 tai˧˩ kər˩ 绥德（按：吴堡话"底"读[te]，与其他沿河方言的[i]音韵地位相当，音值则和神木南乡、佳县等蟹摄开口一等字白读非常接近，因此很容易和其他方言的[ei]、[ɛ]类韵相混，在吴堡等地广泛流传着外地人将"你好"误听为"奶好"的笑

话。所以,该词是典型的因音系差别而导致语音变异的例子。)

来了 lɛ˧˩ lɤ˧ 神木 → lai˧˩ læ˧/ lai˧˩ lai˨ 绥德 → lae˧˩ lae˨ 佳县、府谷、神木高家堡。(按:绥德句末的"了"两读,正是处在变化的中间阶段,证明"来来"并非重叠"来"字。)

些 ɕiɑ˨ 吴堡 → 些 ɕiɣ˨ 神木等 → 嗓 sɛ˨ 清涧 (按:清涧话,去街上看秧歌嗓！你给咱写对子嗓。笔者认为,此处的"些"是表祈使语气的,和"时价"的合音词来源不同。它就是近代汉语中很早就有的语气词"些",属于麻韵三等。吴堡保留低元音,神木等已经高化,清涧则失落介音,声母未腭化。)

也 后事时助词、语气词·ia/·iɛ 神木、吴堡、绥德等→·ɛ 清涧、延川 (按:"也"多与前面的音节合音,如佳县话,嘞也 lə˥ ai˨ → la˨: 嚎着 la 不了还哭不哭了？延川话,去也 tsˑɤ˥ ʅ˧ → tsˑɤ˨; 清涧话,去也 kə˥ ɣ˧ → kɣ˨。)

带＝例 tɛ˥ li˧ 府谷、绥德→ 迭＝例 tɛ˨ li˧ 神木、府谷→ 带＝个来 tai˨ kə˥ lai˧ 延川 (按:"带"本字是"大",保留歌韵字上古韵母读法,"迭"为声调变化。平行的变化如神木等"多大多少"读[tuo˨ tɛ˧]。延川话中间加"个"。)

带＝大例 tɛ˧ ta˥ li˧ 神木、延川→ 大带＝例 ta˥ tɛ˨ li˧ 神木、佳县→ 迭＝大例 tɛ˨ ta˥ li˧ 神木→ 大带＝ ta˧ tai˨ 清涧 (按:"带"和"大"实同为"大",但读音不同,一为上古音层次,一为中古音层次,神木"迭＝大例"前字发生声调的变化,与上一条平行。该词的构词过程是:在"大例"的前面再加"大"。)

多带＝多少 tuo˨ tɛ˨ 神木等→ 咋大 tsuʌ˨ t.ɕiɛ˨ 延川 (按:"带"的本字即"大"。)

我 ŋuo˨ 神木→ ŋɐu˨ 吴堡→ ŋɯ˨ 清涧→ ŋɤ˨ 延川→ ŋɑ˨ 府谷、佳县→ ŋɑ˨ 绥德 (按:神木、吴堡、清涧、延川的读音对应于果摄字今音,合规律。府谷、佳县的读音反映果、宕合流,绥德的读音属果摄的中古音层次。)

②四呼的转换

孩儿 xər˨ 佳县等→ ɕiər˨ 吴堡、清涧、延川→ 孩伢儿 xeʔ˥ ɯʌ˨ 神木 (按:吴堡等的读音很特殊,当是受神木南乡、佳县及黄河对岸吕梁方言蟹摄开口一等字白读音的影响,导致元音高化,变为齐齿呼,参见刘勋宁,1998。神木话似乎经过了分音,否则无法解释其来源。)

圪涝＝扯 腋窝 kəʔ˥ ɕʌ˥ tʂɤʔ˥ 神木→ 圪涝＝囤＝窝 kəʔ˥ ɕʌ˥ tʂɤʔ˥ ouˑ vou˨ 府谷 (按:神木后两字来源不明。)

了 句末时制助词、语气词·lɛ/·læ 府谷等→·lie 吴堡

圪扭＝儿 蝌蚪 kəʔ˥ niʌˑ 神木→ 圪努＝儿/圪扭＝儿 kəʔ˥ nəur/ kəʔ˥ niəur

绥德(按:该词读音在方言中变异很普遍,本字未明。太原话作"圪蚪子",应当是比较古老的说法。笔者怀疑,陕北方言读[n]母可能是太原一类方言[t]母的鼻音化。比较3.1节②"一点儿""有点儿"等条。)

徒 递进关系连词 tʻu˧ ˧吴堡→ 投 ˭ tʻəu˧ ˧神木

饶 纵予连词 zuo˧ ˧神木等/ zuo˧/ zou˧ ˧佳县→ 让 zaŋ˥神木等/ zuo˧/ zou˧ ˧佳县→ 让 zaŋ˥绥德(按:佳县转读果摄,绥德转读宕摄。)

忽少 ˭少 ˭小动物跑、爬得快的样子 xəu˧ ɕ°˧ ɕ°˧ ˧神木→ 忽□□ xəu˧ ʃuŋ˥ ʃuŋ˥佳县(按:与上一条神木与佳县之间的变异平行。)

些微 ɕie˧ vei˧府谷→ □微 ɕyɜ˧ vei˧神木(按:据李树俨、李倩,2001:135,兰银官话银吴片方言里,"些"在"些微""些须"两词中亦读撮口呼,可见该条和下一条音变散播的范围很广,不独神木有之。从来源上说,这种音变当是语流中发生的同化所致。)

些许 *ɕie˧ ɕy˧ → 些须 ɕie˧ ɕy˧绥德→ □须 ɕyɜ˧ ɕy˧神木

越 yə˧府谷等→ iə˧神木

③入声韵内部的变异

甲掐 tɕiə˧ tɕʻiaʔ˧神木→ 甲夹 tɕiəʔ˧ tɕiaʔ˧府谷(按:声母送气与不送气之差。)

直程度副词:生生地,硬是 tʂʻəʔ˧神木、清涧、延川→ tʂʻəʔ˧ ~硬/ tʂəʔ˧府谷:~把你吼得来来!→ tʂʻaʔ˧佳县(按:笔者和张崇先生讨论以后,认为本字为"直",应是中古全浊入声字今送气、不送气两读的反映。府谷话送气、不送气两读,可为证据之一。)

2.4 音节换位。

立马上 liəʔ˧ ma˧府谷、吴堡、延川→ □么 liaʔ˧ məʔ˧神木→ □么 liuəʔ˧ mɑʔ˧吴堡、佳县(按:神木、佳县、吴堡前字读音对应于宕摄开口三等字的白读音,前后字之间舒、促对换。)

冷猛骨 ˭情态副词:冷不丁地,猛地 ləŋ˧ məŋ˧ kəuʔ˧府谷→ 冷猛古 ˭ lə̃˧ mə̃˧ ku˧神木→ 猛愣 ˭古 ˭ məŋ˧ ləŋ˧ ku˧佳县→ 冷不猛古 ˭ lə̃˧ pəʔ˧ mə̃˧ ku˧神木→ 猛不愣 ˭古 ˭ mə̃˧ pəʔ˧ lə̃˧ ku˧神木→ 不猛古 ˭ pəʔ˧ mə̃˧ ku˧清涧→ 不猛意古 ˭ pəʔ˧ mə̃˧ i˧ ku˧延川(按:该词的声调变化较大,神木、府谷变去声,清涧、延川变阳平,均由音节换位所致,"冷"、"古"也随之发生变调。在音节换位的同时,还伴随着音节的增加。初步推断,本词当为"冷猛个"或"冷猛价"。)

叁 由其他因素导致的语音变异

该类是不能归入上面两类的语音变异。包括声母的变异和分音词、圪头词、卜头词读音的变异等。

3.1 声母的变异。

①舌面音的舌尖化

今儿 tɕiər˩ 绥德、延川等 → 真儿 tʂʌɯ˩ 神木｜今年 tɕin ˧˩ nie ˥ 绥德、延川等 → 真年 tʂɤ̃ ˧˩ ɕiɛ ˥ 神木等（按：对于"今儿"、"今年"声母的变化，太田斋，1996，曾作过详细讨论。）｜如今 ʐu ˥ tɕieŋ ˩ 府谷 → 而真 ʌɯ ˧ tʂɤ̃ ˩ 神木 → 而直 ʌɯ ˧ tʂə ˥ 神木、佳县、吴堡 → 而个 ər ˩ kəʔ ˩˥ 绥德、清涧 → 而价 ʌɯ ˧ tɕiəʔ ˩ 神木、清涧 → tɕia ˩ 吴堡（按：该词的变化有两点值得注意。第一，前字声母由[ʐ]母脱落为零声母，韵母随之变为儿韵，符合日母字的演变规律；第二，后字"今"的声母在神木等方言中转读舌尖后音；在绥德、清涧话中保留舌根音读法，最为古老。）

②塞音的鼻音化

这搭儿这儿 tʂəʔ ˩˩ tʌɯ ˩˥ 神木等 → tʂəʔ ˩˩ nʌɯ ˩˥ 神木（按：平行的变化如，搭儿搭儿 nʌɯ ˩ ·ɯʌ，这搭儿搭儿 tʂəʔ ˩ nʌɯ ˩ ·ʌɯ，那搭儿 nə ˩ ·ʌɯ）｜一点儿 iəʔ ˩ tiɛr ˩ 绥德等 → 一捻儿 iei ˩˥ niʌɯ ˩˥ 神木、木神、府谷（按：相同的变化如，一点点 iəʔ ˩ tie ˥ tie ˩˥ tie ˩ 绥德 → 一捻捻 iəʔ ˩˩ ɲin ˩˥ ɲin ˩ 神木。）｜有点儿 iəuʌɯ ˩˥ tiɛr ˩ 绥德等 → 有捻儿 iɛi ˩˥ niʌɯ ˩˥ 神木

③塞音的塞擦音化

我的我们 ŋɤ ˩˥ tɤʔ ˩˥ → 我则 ºŋɤ ˩˥ tsɤʔ ˩˥ 延川（按：许多关中、晋南方言用后缀"的"表人称代词复数，这条是张崇先生为笔者解释的。）｜咱的咱们 ºtsʌ ˥ tɤʔ ˩˥ → 咱则 ºtɕia ˩ tsɤʔ ˩˥ 延川｜你的你们 ºni ˩˥ tɤʔ ˩˥ → 你则 ºni ˩ tsɤʔ ˩˥ 延川｜他的他们 ºtʰʌ ˩˥ tɤʔ ˩˥ → 他则 ºtʰʌ ˩ tsɤʔ ˩˥ 延川

④声母的脱落

下面几个词音的变异在沿河方言中比较一致，均为"日"字脱落声母，并转读齐齿呼。举神木话为例：

天日儿天天 ºtʰiɛ ˩˥ ʐʌɯ ˩˥ → 天夜儿 tʰiɛ ˩˥ iʌɯ ˥ ｜日儿日儿天天 ºʐʌɯ ˥ ʐʌɯ ˥ → 夜儿夜儿 iʌɯ ˥ iʌɯ ˥ ｜白日白日 ºpiɛ ˩ ʐəi ˩ → 白夜儿 piɛ ˥ iʌɯ ˥ ｜头日儿头一天 ºtʰəu ˥ ʐʌɯ ˥ → 头夜儿 tʰəu ˥ iʌɯ ˥ ｜递日儿第二天 ºti ˥ ʐʌɯ ˥ →

递夜儿 ti˧˩ iʌɯʌ˥│[那一]日儿那天 *ni˧˩ zʌɯʌ˥ → [那一]夜儿 ni˧˩ iʌɯʌ˥递

⑤送气与不送气之间的互变

搭套提前暗地里谋划好,以对付第三方 taʔ˦ tsʰɒ˦谷府→ 木神 踏套 tʰɑʔ˦ tʰɒ˦府谷(按:府谷话将端母字转读成透母。)│逮˭个副词:通常,一般。用于否定句 tae˩ kəʔ˦佳县→ □个 tʰɛ˩ kəʔ˦神木(按:本字仍疑为"大"。)

⑥声母的其他变异

就连儿马上,一下子 tsou˥ liɐʀ˥佳县→ tɕueiʔ˥/tsueʔ˥ lɯʌiʔ˥神木(按:"就"读舌尖音声母为保留古读。)│晌午 ʂã˧˩ vuo˧˩神木→ ʂɑŋ˧˩ xuo˧˩绥德(按:"午"的韵母亦变异,对应于果摄。)

3.2 分音词、圪头词、卜头词读音的变异。

①分音词读音上的差异主要表现在两个方面,一是声母送气不送气,声母是塞音还是擦音;二是韵母的四呼是否相同,即某方言为合口呼,另外的方言为齐齿呼,或某方言为撮口呼,另外的方言为合口呼。分音词用字均为同音字,因此不加同音符号。

蜷:窟联 kʰuəʔ˦ lye˧府谷→ 骨联 kuəʔ˦ lʒɤ˧神木等→ 骨圝 kuəʔ˦ luɑ̃˧吴堡│圈 tɕyɛ˧:窟□ kʰuəʔ˦ lyʌ˥神木 窟练 kʰuəʔ˦ liɛ˥佳县、吴堡、延川│圈 tɕʰyɛ˧:窟□ kʰuəʔ˩˩ lʒɤ˧˩神木→ 窟□ kʰuəʔ˧˩ liɛ˧˩吴堡、清涧、延川→ 窟阑 kʰuəʔ˦ lʒɤ˧清涧│卷:骨□ kuəʔ˧˩ lyɛ˧˩神木、佳县、吴堡→ 骨□儿 kuəʔ˧˩ liɐʀ˥佳县│环:忽圝 xuəʔ˧˩ luɛ˧˩神木→ 骨圝 kuəʔ˧˩ luɛ˧˩神木、佳县、吴堡→ 骨阑 kuəʔ˧˩ læ˧˩绥德、清涧│葫芦 eux˧ lu˧神木等→ 骨芦 kuəʔ˧˩ lu˧˩吴堡(按:本条和上一条证明,声母为[x k]的分音词当来自古匣母字,中古匣母字在上古读浊塞音。)│□溜 tsəʔ˦ liou˧˩佳县→ 积溜 tɕiəʔ˦ liəu˧˩神木等

②圪头词、卜头词的读音差异主要表现在前缀是否送气。这种差异代表了晋语圪头词、卜头词的两大读音类型。具体可分两小类,一类是,部分词根为送气塞音和擦音的,有的方言前缀一律不送气,有的与后面的词根一样送气。另一类是象声词,有的方言不送气,有的一律送气。第一类词头与词根一样送气的,以延川话最为典型,列举如下:

圪须 → 克须破布条儿 圪缩 → 克缩 圪渗 → 克渗渗出 圪超 → 克超扬起(头) 圪蹿 → 克蹿 圪沓 → 克沓喋喋不休 圪吵 → 克吵小声说话,议论 圪搐 → 克搐发皱 圪觑 → 克觑 kʰəʔ˧˩ tsʰu˧˩细看,偷看 圪攒 → 克攒 kʰəʔ˧˩ tsʰuɐ̃˧˩聚集到一起 圪丘˭ → 克丘˭ tɕʰiəu˧˩歪 圪猴猴儿 → 克猴猴儿冻得像猴子的样子 圪涌涌 → 克涌涌血直往头上涌的感觉 圪颡颡 → 克颡颡 kʰəʔ˧˩ sæ̃˥ sæ̃˥因病而浑身发抖的样子,生病时浑

身发软的感觉。　卜脐 → 扑脐　卜瓻瓻 → 扑瓻瓻缸打破后剩下的部分　卜滩 → 扑滩名词:乱七八糟的泥水滩;量词:滩　卜拃 → 扑拃 p'ɜʔ ㄱ tsʌ ㄱ用拇指和食指量物体的长度

第二类,清涧、延川象声词前字一律送气。如:

圪嚓 → 克嚓　圪噌 → 克噌　圪绘绘 → 克绘绘形容吃吃的笑声　卜嚓 → 扑嚓　卜嗵 → 扑嗵　卜哈哈 → 扑哈哈

肆　结语

通过对沿河方言语法成分的语音变异的描写,可以看到下面一些值得注意的事实。

4.1 语法与语音之间关系密切。语音是语法的外在形式,有的方言往往通过特定的语音变化表达一定的语法、功能意义。语法化程度的高低也往往会在语音上有所反映,许多语音的脱落、合音以及韵母、声调的促化,都是由于语法化程度高,语义上非常凝固,并因为使用频率极高而导致语音磨损。反过来,语音的变异也会促进语法成分的进一步语法化。

4.2 方言之间,同一语法成分在语音上有时存在对应关系,很容易识别;有时语音上对应不起来,其中的原因比较复杂。有的是本方言中语音的变异所致,有的是由于语法成分的辗转相借,包括输出以后再输入。同一语法成分在方言之间借来借去的过程中,由于音系的差异,可能产生许多语音的讹变。由此可见,方言之间存在着极其复杂的互相影响、互相渗透的关系。

总之,当我们对语法成分进行独立的描写、横向的比较、纵向的考察时,语音的变异应当成为不可忽略的内容。

参考文献

侯精一、温端政 1993　《山西方言调查研究报告》,山西高校联合出版社
李树俨、李　倩 2001　《宁夏方言研究论集》,当代中国出版社
刘勋宁 1998　陕北清涧话人称代词和指人名词语尾[·mi]探源,《现代汉语研究》,北京语言文化大学出版社
太田斋[日] 1996　《晋方言常用词汇中的特殊字音——"今日"和"今年"》,《首届晋方言国际学术研讨会论文集》,山西高校联合出版社
汪国胜 2002　大冶方言人称代词的变调,首届国际汉语方言语法学术研讨会(哈尔滨)论文,未刊
邢向东 2002a　《神木方言研究》,中华书局

邢向东 2002b 吴堡话(上吴堡)的音系及其特点,日本白帝社《中国语研究》第44期
邢向东 2003 陕北晋语沿河方言语法比较研究,南开大学博士后研究工作报告,未刊
邢向东、张永胜 1997 《内蒙古西部方言语法研究》,内蒙古人民出版社
张维佳 2002 《演化与竞争:关中方言音韵结构的变迁》,陕西人民出版社
郑 光[韩]主编 2002 《原本老乞大》,外语教学与研究出版社

On the sound variations of grammatical elements of the Jin dialects along the Yellow River in north Shaanxi

Xing Xiangdong

Abstract This paper studies the sound variations of grammatical elements of the Jin dialects in seven counties along the Yellow River in the north of Shaanxi province, which include 3 types: 1) those caused by the fluctuations of the semantic and grammatical functions; 2) those resulting from the borrowing of grammatical elements from one another among different dialects; 3) those with other causes. With the description of the sound variations, it attempts to probe into the correlations between grammar and phonetics and the relationships among the dialects.

Key words The Jin dialects in north of Shaanxi, the dialects along the Yellow River, grammatical elements, sound variations

贵阳方言的 ABB 式状态形容词

徐之明

（贵州大学人文学院　贵阳　550025）

提要　本文对贵阳方言形容词的 ABB 形式从构成、搭配、扩展以及变换形式等方面进行了描述和研究。

关键词　贵阳方言　形容词

ABB 式形容词是由 A+BB 构成的一种重叠式状态形容词，是汉语形容词生动形态的表现形式之一。而贵阳方言的 ABB 式形容词数量众多，表情摹状的功能也比较丰富。本文拟就其结构及形式演化进行描写与分析。由于贵阳方言中的 BB 有不少是有音无字者，或是一时难以考证其确切用字者，故遇前者采取的是以同音字替代，而后者则以"□"替代，并于其后附上国际音标。所标之音为贵阳市两城区（云岩区、南明区）读音。

壹　A 与 BB 的构成成分

1.1　A 的构成成分。

㈠A 为名词。例如："肉济济[tɕi˧]"和"心欠欠"之中的"肉"和"心"。不过这种情况较为少见。在较多的情况下，A 虽然本义与常用义基本上是以名词的身份出现，但其在单用时的比喻引申义，实际上已有了形容词的用法，故而在 ABB 式结构中它们基本上是以形容词的身份出现的，所以这类组合中的 A 其实已不能算是名词了。如："水兮兮、水垮垮、木楚楚[tsʰu˧]、木□□[tsuai˧]、贼呵呵"等。其中的"水"，贵阳话里可说"好水呕、水得很"，此"水"实有质量差、低劣的形容词义；"木"可说"木头木脑、木得很"，此"木"实有木讷、不灵光之义；而"贼"可说"好贼呕、贼得很、贼完嘞",此"贼"实有心术不正、贪婪之义。所以此类情况中的A从语义和语法功能来看,与其说是名词,倒不如说更具形容词的性质,不过此处根据其原有词性,姑且列为名词。

㈡A为动词。例如:

悬吊吊 吊垮垮 活鲜鲜 活甩甩 惊喳喳 喳翻翻 晃悠悠

㈢A为形容词,这类词语比较多。例如:

黑麻麻 红翻翻 长甩甩 长□□[soˉ] 短杵杵[ts'uˇ] 矮夺夺[toˇ] 老□□[køˊ] 生□□[køˊ] 高叉叉 野叉叉 厚董董[toŋˇ] 光董董[toŋˇ] 硬邦邦[paŋˉ] 硬当当[taŋˇ] 空捞捞[lauˉ] 稀捞捞[lauˉ] 轻捞捞[lauˉ] 清捞捞[lauˉ] 寡捞捞[lauˉ] 薄捞捞[lauˉ] 乖□□[luˉ] 嗲[liaˇ]巴巴 白□□[tsaˇ] 麻□□[løˊ] 麻□□[xøˇ] □[p'aˉ]□□[liaˇ] □[p'aˉ]□□[liaˇ]

1.2 BB的构成成分。

㈠B为单用可以表义的成分,具体又可分为以下几种情况:

①BB由单音节形容词重叠,这种情况比较多,如:

昏浊浊[ts'oˇ] 憨痴痴[tsiˉ] 笨拙拙[ts'oˇ] 烂朽朽[ɕiouˇ] 日古古[kuˇ] 矮矬矬[ts'oˇ]

②BB由单音节动词重叠,如:

活甩甩 心欠欠 棉扯扯 阴沁沁 行摇摇[iauˉ] 紧箍箍[k'uˉ] 霉□□[k'aŋˇ]

③BB由单音节名词重叠,如:

黑洞洞 稀□□[kauˊ]([kauˊ kauˊ]即糊糊) 光刷刷[suaˇ] 矮杵杵[ts'uˇ](贵阳话把肩抬或背负重物行走时,用来扶路和支撑所负重物以便歇气的工具叫做打杵或杵杵,其状较之一般拐杖粗而短。)

㈡BB不能单独表义,BB是表音的单音节的重叠,如:

兮兮[ɕiˉ]——□[p'aˉ]～～   □□[piauˊ]——滑～～

□□[pianˊ]——滑～～   □□[loˉ]——笑～～

□□[tiˇ]——苦～～   □□[loˉ]——圆～～

□□[taŋˇ]——满～～   □□[tɕiˉ]——酸～～

贰　A 与 BB 的搭配情况

A 与 BB 的搭配情况可从两个方面来作分析。

2.1　从语义、语法结构上看 ABB 的搭配。

㈠A 与 BB 凝固成词,ABB 是不可分割的整体,不过其中的 BB 似又可分为两种情况:

①BB 纯粹表音,如:

乎乎——长乎乎　普普——老普普　生生——脆生生　董董——光董董

②BB 虽无实际意义,但却可显示出鲜明的褒贬色彩。有的多用于褒义,如:

□□[luㄱ]——乖~~｜油~~｜热~~｜新~~｜鎔~~｜光~~｜□[p'aㄱ]~~

生生——黄~~｜白~~｜脆~~｜光~~｜干~~

有的多用于表示贬义,如:

□□[kθㄱ]——老~~｜麻~~｜青~~｜生~~

兮兮——□[p'aㄱ]~~｜脏~~｜烂~~｜哭~~｜神~~

□□[p'iaˇ]——黄~~｜旧~~｜蔫[ianㄱ]~~｜淡~~

□□[tsaˇ]——白~~｜烂~~｜稀~~

㈡BB 有较为明确的凝固的语义,A 与 BB 之间是语义、语法关系的结合,这里又可分为两种情况:

①BB 与 A 的意义相同或相近

菲菲——薄~~　　　锉锉——矮~~　　　黢黢——黑~~

焦焦——糊~~　　　古古——□[mieˇ]~~

②BB 与 A 的意义虽不等同,但却相关。这种情况下,BB 往往表现为对 A 的描摹性的补充。如:

甩甩——长~~｜活~~　　　垮垮——松~~

□□[liaˇ]——□[p'aㄱ]~~　　　松松——□[p'auㄱ]~~

阴阴——凉~~　　　　　　沁沁——阴~~

精精——干~~｜瘦~~　　　扯扯——绵~~｜皮~~

麻麻[maㄱ]——黑~~　　　浊浊[ts'oˇ]——霉~~｜昏~~｜瞎~~

㈢B 与 A 单字均有意义,A 与 B 可以搭配成词,但 A、B 的搭配成词又可分为两种情况,一种是 AB 式,一种是 BA 式。

①A 与 B 搭配为 AB 式,故此种 ABB 可以显示为 AB + B 扩展。此中又可分为 A 类和 B 类两种。

A 类:A 与 B 意义相同或相近,如:

笨拙——笨拙拙　笨□[suai↙]——笨□□　烂朽——烂朽朽　昏浊——昏浊浊

B 类:A 与 B 的意义不同,如:

急抓(来不急呕,只好打急抓)——急抓抓　惊喳(这人太惊喳)——惊喳喳

②A 与 B 的搭配为 BA 结构,如:

阴凉——凉阴阴　菲薄(这张面皮擀得菲薄)——薄菲菲　扯皮——皮扯扯

黢黑——黑黢黢

2.2 A 与 BB 的搭配选择。

㈠A 与 BB 搭配基本固定的,分别不与其他的 BB 和 A 搭配,此类情况很少。如:

行摇摇[iau↙]　窄咔咔[k'a˥]　瘸拐拐

㈡同一个 A 可以与多个不同的 BB 结合,多者同一个 A 可与十多个 BB 搭配,此类情况比例很大,如:

矮矬矬[ts'o↙]｜矮杵杵｜矮敦敦｜矮□□[to↙]｜矮□□[tu↙]｜矮□□[p'ia˥]

白生生｜白支支[tsi˥]｜白□□[lu˥]｜白□□[k'a˥]｜白□□[tsa˥]｜白□□[xua˥]

干精精｜干生生｜干巴巴｜干支支[tsi˥]｜干沙沙[sa˥]｜干□□[tɕ'iau˥]｜干捞捞｜干□□[lu˥]｜干□□[toŋ˥]｜干□□[sɑŋ˥]｜干□□[pia˥]

硬□□[ts'o↙]｜硬□□[tɕ'iau˥]｜硬□□[tɑŋ↙]｜硬邦邦

绵扯扯｜绵□□[kə˥]｜绵□□[tɕiɵu˥]｜绵□□[tsuai˥]

齐展展[tsan˥]｜齐刷刷[sua↙]｜齐楚楚｜齐□□[tu↙]

肥□□[toŋ˥]｜肥□□[tɕi˥]｜肥□□[lu˥]

油□□[uaŋ˥]｜油□□[tɕi˥]｜油□□[lu˥]｜油□□[kuaŋ˥]

㈢同一个 BB 可与若干个不同的 A 搭配,多者同一 BB 可与十余个不同的 A 搭配。如:

兮兮——水~~｜汤~~｜烂~~｜脏~~｜财~~｜烦~~｜哭~~｜渴~~｜抠~~｜神~~

捞捞[lau˥]——饿~~｜干~~｜寡~~｜光~~｜薄~~｜空~~｜轻~~｜清~~｜穷~~

噜噜[luㄱ]——白~~｜乖~~｜光~~｜肥~~｜□[pʻaㄱ]~~｜热~~｜新~~｜圆~~

扯扯[tsʻɵˊ]——疯~~｜干~~｜红~~｜□[liaˋ]~~｜绵~~｜皮~~｜死~~｜笑~~

浊浊[tsʻoˋ]——□[xaˊ]~~｜憨~~｜昏~~｜霉~~｜神~~

□□[pʻiaˊ]——矮~~｜淡~~｜旧~~｜黄~~｜软~~｜水~~｜蔫[iaŋㄱ]~~

叁 ABB 式的扩展与变换

贵阳方言里有不少 ABB 式形容词,可以因为表达上的需要而扩展或变换为更加生动形象化的四音节形容词,具体情况如下:

3.1 部分 ABB 可以扩展为 AABB 式重叠形容词。

光生生——光光生生　　　好生生——好好生生　　　惊喳喳——惊惊喳喳
喳翻翻——喳喳翻翻　　　昏浊浊——昏昏浊浊　　　齐展展——齐齐展展
稀捞捞[lauㄱ]——稀稀捞捞　　　撒脱脱——撒撒脱脱
满□□[taŋˋ]——满满□□　　　□[iɵㄱ]瘪瘪——□□瘪瘪
麻□□[tsaˊ]——麻麻□□　　　娄[lɵuˋ]□□[sɵuㄱ]——娄娄□□

3.2 有的 ABB 可以演变为 ACBB 式。

阴惨惨——阴风惨惨　　　财兮兮——财迷兮兮　　　喳翻翻——喳菲翻翻

3.3 不少的 ABB 式可以扩展为 ABAB 式。

神浊浊——神浊神浊　　　　　笑扯扯[tsʻɵˊ]——笑扯笑扯
活甩甩——活甩活甩　　　　　阴隙隙——阴隙阴隙
痒酥酥——痒酥痒酥　　　　　日古古[kuˋ]——日古日古
油□□[kuaŋㄱ]——油□油□　　　绵□□[tɕiɵuㄱ]——绵□绵□
灰普普——灰普灰普　　　　　麻□□[kɵㄱ]——麻□麻□
滑□□[piauㄱ]——滑□滑□　　　哭兮兮——哭兮哭兮
□[liaˋ]扯扯——□扯□扯

3.4 有的 ABB 可以扩展为 ABCB 式。

黑黢黢——黑黢麻黢　　　阴隙隙——阴隙阳隙　　　昏浊浊——昏浊实浊
鬼戳戳[tsʻoˋ]——鬼戳实戳

3.5 有的 ABB 可以演变为 ABCD 式。

哭兮兮——哭兮郎代　　　　　　青□□[kɵ˦]——青□[kɵ˦]郎当

干巴巴——干巴拉□[tsʻiau˦]

3.6 个别 ABB 可以演化为 ACAB 式。活甩甩——活摇活甩

3.7 有的 ABB 可以演变为 ACBD 式。

蛮杵杵——蛮头杵脑　　　　　　□[miɵ˩]古古——□[miɵ˩]头古脑

□[pʻu˦]鼓鼓——□[pʻu˦]实鼓胀

3.8 有的 ABB 可以演变为 ACDB 式。

浑[kʻuen˩]董董——浑不拢董　高耸耸——高不拢耸　脏兮兮——脏巴拉兮

霉□□[kʻaŋ˧]——霉衣烂□[kʻaŋ˧]　　阴□□[tɕʻu˦]——阴不噜□[tɕʻu˦]

3.9 有时出于表达更为生动、形象的需要,可由三个 ABB 演化组合为四音节的 ABC(B)D(B)式,如:由"笑眯眯、笑[lo˦]、笑呵呵"组合而为"笑眯□[lo˦]呵"。

肆　ABB 式形容词在表义及语法上的特点

4.1 语义上的特点。

㈠由同一个 A 构成的不同的 ABB 式,可以靠不同的 BB 来表示性质状态的不同、程度轻重的不同、褒贬色彩的不同。这一点较之普通话的 ABB 式要丰富、精彩得多。

①描写对象及状态的不同,如:"高耸耸"与"高叉叉"同样形容高,"高耸耸"用于形容物体的高而向上(那座烟囱高耸耸的),而"高叉叉"则往往用于形容人的身材高而腿长(那人长得高叉叉的,像根竹杆);"青郁郁[iɵ˦]"与"青□[kɵ˦]"同样形容颜色青,不过前者多用于形容草木等植物,而后者则常用于形容人的脸色青黑难看。此外,"麻□□[tsa˧]"与"麻□□[kɵ˦]",前者用于形容事物的杂乱、不清晰,而后者则主要用于形容物体表面的不光滑。

②表现程度轻重不同,如:"黑麻麻"与"黑黢黢"均形容天色黑暗,但前者表示黑暗的程度不及后者深。"薄菲菲"与"薄捞捞"都可用于形容物体的厚度薄,但前者比后者的程度深。

③表示褒贬色彩不同,如:"油噜噜[lu˦]"表示褒义,而"油□□[kuaŋ˦]、油腻腻、油□□[tɕi˦]"则表示贬义;"干生生、干噜噜[lu˦]"表示褒义,"干□□[toŋ˩]"表示中性,"干沙沙、干巴巴、干□□[tɕʻiau˦]"等表示贬义;"白生生、白噜噜"表示褒义,"白□□[pʻa˧]、白□□[tsa˧]"则表示贬义。

4.2 语法上的特点。

㈠贵阳话的 ABB 一般不受程度副词和否定副词的修饰。

㈡大多 ABB 可以修饰名词,如:浑董董的身材 | 热和和的被窝 | 高叉叉的个子 | 油噜噜的面条 | 饿捞捞的样子。

㈢部分 ABB 可以修饰动词谓语,充当状语。如:干支支的[ləi˥]赔了三百元 | 松捞捞的就拿了个冠军 | 急抓抓的跑起来。

㈣ABB 最为基本、最为常见的用法就是充当句中的谓语。如:一天没得吃饭,肚子空捞捞 | 这人的面相老普普[pʻu˧]的 | 那个姑娘疯扯扯的 | 他做事□[xa˥]拙拙的 | 他最近霉□□[kʻaŋ˥]的 | 这碗面条油噜噜的 | 这件衣服旧□□[pʻia˥]的。

㈤大多的 ABB 可以充当补语。如:这娃儿长得乖噜噜[lu˥]的 | 这件事做得活甩甩的 | 地下搞得湿□□[tsa˥]的 | 那人长得矮杵杵的。

最后需要强调说明的一点是,贵阳话中以上各种情况的 ABB 式形容词,在使用中不管充当何种句子成分,其后一般都要带上助词"的[ləi˥]",罕见例外,由 ABB 式扩展而成的四字格形容词亦如此。

主要参考文献

贾彦德 1988 汉语 XYY 型词的义位,《语文研究》第 2 期
姜文振 1997 哈尔滨方言叠音和带叠音成分的状态词,《方言》第 4 期
刘村汉等 1988 广西平南白话形容词的重叠式,《方言》第 2 期
吕叔湘 1999 《现代汉语八百词(增订本)》,商务印书馆
涂光禄 1998 《贵州省志汉语方言志》,方志出版社
汪 平 1998 《贵阳方言词典》,江苏教育出版社
辛 尚等 1989 试论 ABB 式形容词,《内蒙古大学学报》第 4 期
徐 浩 1998 现代汉语 ABB 词及其历史演变,《语言学论丛》第二十辑,商务印书馆
杨绍林 1995 成都方言 ABB 式形容词的特点,《方言》第 1 期
喻遂生 1982 重庆话的附缀形容词,《语言学论丛》第九辑,商务印书馆

A tentative analysis of the formation of ABB patterns of adjectives in Guiyang dialect

Xu Zhiming

Abstract This paper describes and studies the formation, collocation, expansion and transformation of the ABB patterns of adjectives in Guiyang dialect.

Key words Guiyang dialect, adjectives

地理语言学及其在中国的发展

曹志耘

（北京语言大学语言研究所　北京　100083）

提要　本文回顾了地理语言学在中国的历史发展，并就中国地理语言学的进一步研究和发展进行了探讨。

关键词　地理语言学　方言

笔者曾撰文（2002）回顾了地理语言学尤其是它在中国的历史发展情况，提出了加强中国地理语言学研究的呼吁。本文拟更加全面地论述笔者对地理语言学的认识以及在中国开展地理语言学研究的设想。

壹　定义

1.1　有关术语（学科）。

㈠ 术语（学科）名称。

dialectology	方言学
geographical linguistics	地理语言学
areal linguistics	地域语言学
geolinguistics	地缘语言学
linguistic geography	语言地理学
dialect geography	方言地理学

---

* 本文为高等学校优秀青年教师教学科研奖励计划和教育部"十五"规划项目"汉语方言地图集"（批准号01JD740005）的研究成果。在写作本文的过程中得到岩田礼教授的指教，谨此致谢。

㈡ 西方的情况。

戴维·克里斯特尔(2000)：

geographical linguistics 地理语言学 按地域分布研究语言和方言有时统称为地理语言学，但方言学和地域语言学这两个名称更为常用。(第157页)

dialect(-al,-ology) 方言(方言的,方言学) ……对各种形式的方言,但主要是对地域方言的系统研究称为方言学(dialectology),或"语言地理学",或方言地理学(dialect geography)。(第107-108页)

area(1) 地域(地域的) ……研究不同"地域"的语言特点——分析它们的歧异形式和历史渊源——叫做地域语言学(areal linguistics)。(第25页)

geolinguistics 地缘语言学 语言学的一个分支,研究全世界语言的地理分布,同时参照语言的政治、经济、文化地位。按狭义理解,语言学用这个名称指一种理论和方法,即将方言地理学、城市方言学和人类地理学的发现结合起来作为社会语言学意义的方言学研究,特别是用语言学变项这一概念考察新兴形式在某一地理区域内的扩散。(第157页)

由上可见,在西方学科体系中,"方言学-地理语言学-地域语言学-语言地理学-方言地理学"这几个术语的含义非常接近,甚至可以互相换用。

㈢ 中国的情况。

在我国现行的《学科分类与代码》(GB/T13745-92,国家技术监督局1992年11月1日发布)中,有关术语(学科)之间的关系如下：

一级学科	二级学科	三级学科
语言学	普通语言学	方言学
	语言地理学	
	汉语研究	汉语方言

在这个学科体系中,"语言地理学"是与普通语言学、比较语言学、社会语言学、心理语言学、应用语言学等并列的二级学科,"方言学"是位于"普通语言学"下面的三级学科,"汉语方言"是位于"汉语研究"下面的三级学科。

1.2 实际使用情况。表一是笔者于2003年12月31日利用Google在因特网搜索到的有关术语的出现次数(搜索中文术语时,为了避免混入日语材料,搜索范围限制在简体中文网页,并令其不包括标点符号)。

在英语文献里,"linguistic geography"最为常用,其次为"geographical linguistics";而在汉语文献里,"方言学"一枝独秀,其他术语均很少使用。

表一

排序	英文术语	出现次数	中文术语	出现次数
1	linguistic geography(语言地理学)	188000	方言学	2470
2	geographical linguistics(地理语言学)	81000	语言地理学	169
3	dialect geography(方言地理学)	46600	方言地理学	47
4	dialectology(方言学)	29100	地理语言学	45
5	areal linguistics(地域语言学)	6050	地域语言学	2
6	geolinguistics(地缘语言学)	1470	地缘语言学	0

1.3 方言学与语言地理学。根据表一,在英语文献里,"dialectology"与"linguistic geography"的使用次数之比约为1:6;在汉语文献里,"方言学"与"语言地理学"的使用次数之比约为15:1。如果把"dialectology""方言学"作为一类,把其余的"linguistic geography""语言地理学"等各5个含义更为相近的术语作为一类,那么在英语文献里,二者的使用次数之比约为1:11,在汉语文献里则约为9:1,两个数据几乎相反。

在西方,"dialectology"远不如"linguistic geography"类术语常用,这与西方国家的方言差异程度以及学术传统、研究旨趣有关。西方学者对方言的研究兴趣更多地是集中在方言的分布状况、地理差异及其原因的分析方面,在后来的发展中则逐渐转移到方言的社会差异方面。因此,在一定程度上(尤其是早期),西方的"linguistic geography"类术语是可以与"dialectology"混用的,有时甚至可以代替"dialectology"。①

尽管"linguistic geography"类术语在西方广为使用,"语言地理学"也列为我国的二级学科,但是我国学术界习用"方言学",而很少使用"语言地理学"类术语。(比较:同属于二级学科的"应用语言学"15100次,"社会语言学"2890次,"普通语言学"2020次)究其原因,(一)"方言"是中国传统小学的组成部分,源远流长;(二)长期以来,我国的方言研究以历史比较为主要取向,在一定程度上可以说是历史比较语言学的一个部分,与西方意义上的方言研究有着很大的不同。

如果仅仅是叫法上的差异,西方用"linguistic geography"等,我国用"方言学",亦无不可。但如上所述,这两种术语实际上已经代表了两种不同的研究倾向。换句话

---

① 沙加尔(Laurent Sagart)先生于2002年8月5-9日参加了在芬兰举行的一个方言学研讨会(METHODS Ⅺ: Eleventh International Conference on Methods in Dialectology),会后他写信给笔者说:"The tendency of dialectological research in the US, Canada, England, Germany, is very sociolinguistic-oriented. Classification of dialects, when it is made, is not intended to have any historical meaning. Very different from what takes place in Chinese linguistics."

说,西方意义上的方言学(或语言地理学)研究在我国长期以来处于断断续续、低迷徘徊的状态,而这种研究本来可以成为我国语言学的优势和强项,对于发展汉语语言学乃至普通语言学都具有重要的意义。在这种情况下,我们认为非常有必要在我国语言学界重新提倡语言地理学的思想,并大力进行语言地理学的研究实践,以促进我国方言研究的全面、健康的发展。需要说明的是,我们这里所说的"语言地理学",是指一种研究倾向,一种研究途径和方式。我们呼吁在我国开展语言地理学研究的目的,并不是想把"语言地理学"建成一个学科,更不是想用"语言地理学"来取代"方言学"。至于它最终是否会成为一个独立的学科,学科的名称将使用什么术语,那是另一回事。如果有一天,在汉语方言学界,语言地理学的观念和研究方法已经成了大家的基本共识,到那个时候,实际上完全取消"语言地理学"的提法也无妨。

1.4 定义。出于技术方面的考虑,本文以下统一使用"地理语言学"的名称。

20世纪40年代,贺登崧(W. A. Grootaers)曾对地理语言学的基本思想作过一个扼要的阐述(贺登崧,2003),今天看来仍不失借鉴意义:

语言地图的特点则在于,依据一份尽量简短的词的清单来搞明白很多问题。

语言地理学研究的主要特点是:

(1)慎重遴选少量语音、词汇以及语言片断(syntagm),到较多的地点进行调查,记录其发音。

(2)每个调查项目制作成一张地图。这时,对语言资料不作任何修改,以实际记录到的形式表示出来。

(3)把词及其所指对象联系起来,也就是要研究词汇中所反映出来的物质的和精神的文化现象。

(4)对地图进行解释。对于语言学者来说,这是最重要的工作,这是要以上述3项工作为前提的。语言地图的作用是为语言(方言)间作比较、为语言演变的历史研究提供可靠的材料。由此,我们能够确定语言的和文化的地理界线,也能够进而研究语言和文化相互影响的问题。

本文的定义:地理语言学(geographical linguistics)以众多地点的语言事实调查为基础,利用语言地图的方式描述语言现象的地理分布状况,结合社会文化因素解释这些分布的原因,探索语言变化的过程和机制。

贰 地理语言学的兴起和发展

19世纪70年代,历史比较语言学发现了语音演变的规律性,其中的青年语法学派提出了"语音规律无例外"的口号。但是,人们发现,标准语的语音演变中总是存在一些不规则的现象,于是推测标准语是混杂体,而乡下方言则是纯粹的、单一的,方言可以证明"语音规律无例外"的理论。

1876年(就是August Leskien提出"语音规律无例外"的那一年),青年语法学派的一名热心支持者——德国语言学家文克尔(Georg Wenker)为了证实"语音规律无例外"的原理,向莱茵河地区的所有小学教师寄发了一份由约300个词组成的40个句子的调查表,请被调查者用当地方言转写出来。文克尔设想,根据"语音规律无例外"的原理,莱茵河地区的高地德语与低地德语之间应该存在一条明确的分界线。他把调查结果画成了6幅方言地图(《德国语言地图》1册,1881年),在地图上,他惊讶地发现:同一个音变现象(例如[k]→[x]),在不同词里的变化情况的地理分布是不一样的,也就是说,反映不同词的音变的同语线往往是不重合的(例如"maken"和"ik"这两个词里的"k"的读音的同语线就不一致)。这种现象否定了青年语法学派"一种语音变化会以同一方式影响所有的词"的理论。

在青年语法学派的鼎盛时期,舒哈尔德(Hugo Schuchardt)强烈地反对音变规律学说。舒哈尔德的学生吉叶龙(Jules Gilliéron)在其思想的影响下,开展了对法语方言的调查研究。他专门训练了一名叫做艾德蒙(Edmond Edmont)的调查者,制定了一份约2000个词语的调查表,由艾德蒙一人赴实地对约650个地点的方言进行调查记录,最后编制出版《法国语言地图集》(1902–1914年和1920年)。在这项研究过程中,他发现几乎每一个词都有自己独特的同语线,因而提出了"每一个词都有它自己的历史"的口号,并与青年语法学派的"语音规律无例外"口号相抗衡。(徐通锵,1991:223–229)

此后,随着地理语言学的发展,在欧美各国相继出版了大量的语言地图集。例如,1926年,芮德(F. Wrede)编辑出版《德国语言地图集》6册。1928年起,雅伯尔格(K. Jaberg)、侏德(J. Jud)编制出版《意大利瑞士语言地图集》。在日本,1905年,国语调查委员会发表《音韵分布图》29幅,1906年发表《口语法分布图》37幅。1930年,柳田国男发表著名的《蜗牛考》。1966–1974年,国立国语研究所编制出版《日本言语地图》6卷(1981–1985年重印),包括2400个地点,300幅地图。1989–1999

年,国立国语研究所编制出版《方言文法全国地图》4卷(第5、6卷尚未出版),包括807个地点,267个项目,发音人均为1926年以前出生的男性老年人。地理语言学在中国的发展情况见下文肆。

叁 地理评议学研究的意义和方法

3.1 地理语言学研究的意义。

㈠ 为语言进行地理分类。人们对语言进行分类时,主要有发生学(谱系)分类、类型学分类和地理分类三种途径。地理分类并不是依据地理地形来给语言分类,而是从语言现象的地理分布状况(各地之间在共时平面上的异同关系)出发,把地理上相连、语言上具有较高相似性的方言归为一类。地理分类的结果主要就是表现为"方言区",反过来说,所谓"方言区"主要应该依据地理分类——不过,事实上,我们现在进行方言分区时,往往把发生学(谱系)分类和地理分类合在了一起。

早期的地理语言学家由于看到在方言地图上,每一个词都有自己独特的同语线,因而认为各地方言之间只有过渡,没有分界,方言是无法"分区"的,换句话说,事实上并不存在真正的"A方言""B方言"等等这样的"方言"。但是,后来的语言学家认识到,如果区分不同同语线的重要性,并且注意利用"同语线丛"的话,那么,地理语言学的研究成果完全可以用于对语言进行地理分类(方言分区)。事实上,地理语言学研究是语言地理分类(方言分区)的先决条件,这一点在今天已毋庸赘言了。

㈡ 从语言的地理分布考证语言的历史演变。由于一种语言在各地的发展演变速度不同等原因,各地方言之间在共时平面上的差异实际上可能正是该语言不同历史阶段特征的遗存,也就是说,语言的共时差异可以反映语言的历时变化。因而,地理语言学的研究成果是进行语言历史比较研究的重要基础,在缺乏历史文献资料的情况下更是如此。早期的地理语言学研究者反对青年语法学派,反对语音演变规律理论,他们没有想到的是,正是地理语言学的研究弥补了历史比较法存在的缺陷,地理语言学成为历史比较语言学的一种极为有效的研究途径。布龙菲尔德(1955:424)指出:"有些语言特征,现在只保留在残余形式里,从前却分布在广阔的领域:方言地理学提供了这样的证据。特别是,一个特征只出现在零散地方,被一片说着占上风的新形式的连绵区域所分隔,那么,这幅地图通常能够这样解释:这些分散地点曾经是一片完整领域的组成部分。这样,方言地理学可以给我们揭示语言特征的层积。"历史比较语言学家梅耶则说:"用地理方法得到的结果是很惊人的。"地理方法

使"比较方法得到了出乎我们意料之外的精密性,普遍性和便利性"。(徐通锵,1991:234)

如今,地理语言学在历史比较语言学研究中的作用已经得到大家的公认。岩田礼(1995)以对汉语方言"祖父"、"外祖父"的研究为例,阐述了地理语言学对研究语言历史的作用,可以参看。

(三) 结合非语言因素解释语言的分布状况,探索语言变化的机制。语言变化是在语言因素和许多非语言因素的综合作用下的一种复杂运动。

青年语法学派认为语言变化主要由生理因素引起,当一类音发生变化时,语音定律(phonetic laws)像机械运动一样,会覆盖所有相关的词。(刘润清,1995:69)

早期地理语言学的口号"每一个词都有它自己的历史",意在否定语音演变的规律性,这无疑过于偏激。因为一个词的历史(实际上是指一个词的音变)本身就是某种规律作用的结果,而许多词的历史往往可能受制于某种更大的规律,这个规律也许尚未发现,但不等于不存在。不过,从另一方面来看,地理语言学派的确揭示了语言现象演变的多样性(非线性),更为重要的是,这种多样性迫使语言学家去寻找更多的解释途径。一个经典的例子是,人们在研究德语北部方言的"maken"(作)的同语线时发现,它与南部方言的"maxen"的分界线(俗称"Benrath 线"),大致相当于以前 Berg 和 Jülich 二区的北界;而北部方言的"ik"(我)与南部方言"ich"的分界线(俗称"Ürdingen 线"),其南面是 Berg 和 Jülich 二区,北面是科仑选区,更有意思的是,"Ürdingen 线"从 Kaldenhausen 镇中间穿越而过,东区说[ek],西区说[ex],原因在于1789年之前,该镇的东部属于牟尔斯郡(新教),而西部属于科隆选区(天主教)。

语言现象的地理分布状况是语言变化的结果。语言变化(例如汉语方言中的浊音清化、尖团合流、入声消失等等)通常都发生在一定的区域里面,而不是局限在某一个方言点。因此,要观察和解释语言变化,仅仅着眼于单个的地点是不够的,而必须放眼于更加广阔的地理空间。在这方面,地理语言学无疑具有独特的作用。

当我们面对一个广阔的地理空间上的语言分布状况时,语言系统之外的因素(族群、行政区划、地形、交通、经济、文化、风俗、宗教等等)与语言变化及其结果之间的关系就会以各种方式显现出来,或者说,只有在这个时候才会显现出来。也只有在这时,我们才有可能正确地解释以下问题:这项变化来自哪里?它是如何发起和形成的?它借由什么途径进行传播?为什么会造成现在这种扩散结果(分布状况)?

把非语言因素引入地理语言学,大大增强了对方言分布、语言变化的解释能力。这种研究方法不仅对当时"波浪说"中的语言扩散理论提供了强有力的支持,也为方言与文化研究、方言的社会语言学研究、方言的普通语言学研究提供了有效的途径。在这方面,贺登崧(2003)的研究为我们提供了许多可资借鉴的样本。

布龙菲尔德(1955:430)指出:"方言地理学不仅帮助我们了解到对语言形式的推广传播发生影响的超语言因素,并且,由于残余形式和层次累积的实证,会给个别形式的历史提供许多有关的详细资料。"他所强调的是本小节第2、3两项作用。对那些方言分歧不是太严重的语言来说,语言的地理分类(方言分区)可能不是重要的工作,但是对于像汉语这样方言分歧极为严重的语言而言,分区无疑是地理语言学的一项基本任务。

3.2 地理语言学研究的方法。

㈠ 调查方法。青年语法学派提倡调查活的方言,试图以方言材料来证明语音演变的规律,因此促使文克尔(Georg Wenker)组织进行了一次最早的有计划、成规模的方言调查活动。此后,方言调查成为地理语言学研究的不可缺少的前期工作。在调查中所用到的方法有读词表(或字表)、提问、填问卷等。应该指出的是,由于地理语言学要求调查语言系统中部分语言项目在众多地点的说法,在选取调查项目和调查地点的时候实际上存在一个"抽样"的工作程序。调查项目抽样和调查地点抽样是地理语言学调查中至关重要的一环,往往决定整个调查工作的成败。

㈡ 研究方法。在研究阶段,地理语言学最重要的方法是方言地图,此外也要用到比较、解释以及与历史、地理等其他学科相结合的研究方法。方言地图是地理语言学特有的研究方法,也可以说是地理语言学的一个区别性特征。方言地图的基本做法是把调查到的方言材料绘制在地图上,以便直观地表示语言现象的地理分布状况。至于方言地图的具体形式则是多种多样的:或以区块显示,或以单点显示;或用符号表示,或用同语线表示;或彩色,或黑白;等等。

方言地图包括两大类:方言分布和分区图(简称"分区图"),方言特征分布图(简称"特征图")。分区图是在特征图的基础上归纳而成的。在西方地理语言学研究中,方言地图主要就是特征图。

由于计算机技术的发展,现在绘制方言地图时完全可以利用数据库技术和绘图软件进行自动化处理,而不必再像以前那样依靠手工操作了。(张维佳,2004)

肆 地理语言学在中国的发展

4.1 汉语方言学的研究。中国现代汉语方言学研究始于20世纪初。高本汉

(Bernhard Karlgren)于 1910 – 1912 年调查了二十多种汉语方言,研究成果即 1915 – 1926 年出版的《中国音韵学研究》(1940 年出版中译本)。高本汉的研究以历史比较为目的。

1927 年,赵元任带领助手杨时逢赴江苏、浙江调查了吴语 33 个地点的方言,1928 年出版《现代吴语的研究》。此后,在赵元任的领导下,中央研究院历史语言研究所先后对两广(1928 – 1929 年)、陕南(1933 年)、皖南(1934 年)、江西(1935 年)、湖南(1935 年)、湖北(1936 年)、云南(1940 年)、四川(1940 年)等地区的方言进行了大规模的调查。赵元任以及史语所的研究包括了地理分类和历史比较两方面的目的,这种研究模式对我国的汉语方言研究产生了长期而深刻的影响,一直延续至今。

在利用方言地图的方法研究汉语方言方面,汉语方言学界也进行了许多探索,取得了不小成绩。中国最早的方言地图是 1934 年上海申报馆出版的《中华民国新地图》里的 1 幅"语言区域图",由中央研究院历史语言研究所提供。最早的汉语方言特征图是史语所在调查两广等地方言的基础上画成的,我们现在所能看到的,首推赵元任等《湖北方言调查报告》里的地图,共 66 幅(1938 年成书,商务印书馆 1948 年出版)。此后,在许多方言调查报告、方言志以及方言研究论著里,都有人使用方言地图来说明方言的分区或方言特征的分布情况。后来,还出版了若干部专门的方言地图集,例如:王辅世《宣化方言地图》(1950 年完成,日本国立亚非语言文化研究所,1994 年),叶祥苓《苏州方言地图集》(日本龙溪书社,1981),岩田礼等《汉语方言地图(稿)》(1992 年在日本以"研究成果报告书"形式出版),平田昌司等《汉语方言地图集》(1995 年在日本以"研究成果报告书"形式出版),远藤光晓等《汉语方言地图集(稿)》第 3 集(1999 年在日本以"研究成果报告书"形式出版),太田斋等《汉语方言地图集(稿)》第 4 集(2004 年在日本以"研究成果报告书"形式出版),中国社会科学院和澳大利亚人文科学院《中国语言地图集》(朗文出版[远东]有限公司,1988)。此外,应该顺便提到金有景《中国拉祜语方言地图集》(天津社会科学出版社,1992),这是我国第一部少数民族语言地图集。不过,除了少数几种地图集(如日本学者所编的)以外,大部分方言地图都是直接或间接地为语言分类(方言分区)服务的,很少用于地理语言学其他方面的研究。(曹志耘,2002)

由上节可知,西方地理语言学的特点是以方言地图为基础,进行"从语言的地理分布考证语言的历史演变"和"结合非语言因素解释语言的分布状况,探索语言变化的机制"的研究。而我国的方言研究长期侧重于"为语言进行地理分类"和"从语言的地理分布考证语言的历史演变"的研究,并在这两个方面都取得了巨大的成就,此不赘言;但与此同时,方言地图的研究方法没有得到充分的发展。

4.2 贺登崧的研究。贺登崧(W. A. Grootaers),天主教淳心会神父,1911年出生于比利时。1932年起学习汉语文言,1939年赴中国传教,在北京期间师从周殿福学习汉语语音学和方言学。1941年7月,贺登崧被派到山西大同市东南、桑干河南岸的西册田村传教,同时开始对大同方言以及历史、地理、宗教、风俗等进行详细的调查,直到1943年3月,被日本宪兵队逮捕。1943年8月至1945年秋,贺登崧被软禁在北京,在此期间他把调查结果写成了两篇论文:

①La géographie linguistique en Chine, Nécessité d'une nouvelle méthode pour l'étude linguistique du chinois. Premiére Partie: la méthode de la géographie linguistique.(中国的语言地理学:汉语的语言学研究采用新方法的必要性。第1部分:语言地理学的方法)Monumenta Serica(华裔学志),Peking,VIII,103 – 166,4 maps,2 figures. 1943.(贺登崧,2003,第一、二章摘译)

② La géographie linguistique en Chine. Seconde Partie: une frontiére dialectale dans le Nord-est du Chansi.(中国的语言地理学。第2部分:晋东北的一条方言边界线)Monumenta Serica(华裔学志),Peking,X,389 – 426,4 maps,4 figures. 1945.(贺登崧,2003,第二章)

作者自认为"这两篇文章首次把语言地理学应用于汉语研究"(贺登崧,2003,作者日译本序:4)。《华裔学志》为辅仁大学学报。1945年秋,贺登崧被聘为辅仁大学语言学教授,并主持方言地理研究室的工作。1946年,贺登崧在《华裔学志》XI上发表 Différences phonétiques dans les dialectes chinois. Un exemple d'évolution linguistique locale dans les parlers de Ta-t'ong(Chansi-Nord)(汉语方言的语音差异:大同方言语言演变举例)。(贺登崧,2003,第三章)

1947年七八月间,贺登崧带领学生赴河北万全县调查民间信仰。1948年七八月间,他带领学生赴河北宣化县调查方言和庙宇。参加第二次调查的学生中有王辅世,他于1950年8月把调查结果写成硕士论文《宣化方言地图》(245页,地图35幅,日本国立亚非语言文化研究所,1994年)。贺登崧则用王辅世的调查材料写了一篇论文,即 Linguistic geography of the 宣化 Hsüan-hua region(察哈尔 Chahar Province)(宣化地区的语言地理学),发表在1958年的《中央研究院历史语言研究所集刊》29上。(贺登崧,2003,第四章)

1948年10月,解放军进攻北京,贺登崧奉命回国。在返回中国无望的情况下,贺登崧于1950年申请派遣到日本工作。他在日本积极推行地理语言学研究,并参与编制了著名的《日本言语地图》,对日本方言学和地理语言学的发展作出重大贡献,被誉为"日本语言地理学之父"。1999年8月9日,贺登崧在日本去世。

1994年,岩田礼和桥爪正子把贺登崧于1945—1958年之间发表的有关汉语方言研究的4篇论文和相关资料进行编辑删节,译成日文,并加上详细的注释,以《中国の方言地理学のために》为名,在日本出版(好文出版)。2003年,石汝杰和岩田礼又把此书译成中文,以《汉语方言地理学》为名,由上海教育出版社出版。(石汝杰,2003)

贺登崧的研究受到以吉叶龙(Jules Gilliéron)为代表的地理语言学派的强烈影响。(贺登崧,2003,作者日译本序:7)吉叶龙极力反对青年语法学派,并提出"每一个词都有它自己的历史"的口号,他主张研究每一个词的历史,以对个别的词的历史的研究取代对作为语言单位的"方言"的研究,他否认语音规律的存在,而主张以非语言因素解释语音的变化。(徐通锵,1991:228)同样地,贺登崧对高本汉的研究提出了严厉的批评:"这不是方言学,而是已为日叶龙(即吉叶龙——引者注)的研究结果所全面否定的旧词源学的方法。"(贺登崧,2003,作者日译本序:8)他认为高本汉所建立的《切韵》音系与现代汉语方言之间的语音演变规律是缺乏科学依据的,是站不住脚的。

贺登崧所做的汉语方言研究的特点是,选取较少的词语(特别是小动物的名称)作为调查项目,在一个较小的区域(例如一个县的部分地区)进行众多地点甚至逐村的实地调查,调查时同时注意收集历史、地理、宗教、风俗等方面的资料,调查结果以方言地图的方式予以描述,然后结合非语言因素来解释语言现象的分布和变化。很显然,这种研究是西方早期地理语言学在中国的实践。

如本文第三节所述,"结合非语言因素解释语言的分布状况,探索语言变化的机制"是地理语言学的任务,但不是全部。特别是在中国这样一个方言历史悠久、分布广阔、差异巨大的国家,地理语言学仅有这一方面的研究显然是不够的。高本汉在汉语方言基础上所进行的历史比较研究,以及以赵元任为鼻祖的中国学者所进行的地理分类和历史比较研究,不管完善与否,都是中国地理语言学的重要组成部分。

因此,笔者认为,贺登崧是最早把西方地理语言学的理论和方法引入中国的人,是早期汉语方言学、中国地理语言学的重要学者。但是,不应该把贺登崧的研究与中国地理语言学等同起来。贺登崧式的研究或许可看作是早期的地理语言学或狭义的地理语言学,它只是中国地理语言学的一部分,当然是非常重要的一部分。由于贺登崧的这部分研究后继无人,因而也就显得特别珍贵。

4.3 中国地理语言学研究展望。地理语言学已经有 100 多年的历史了。在历史上,它曾经为语言比较研究、语言变化研究作出了独特的贡献。"同语线(isogloss)""方言区"等概念已成为语言学的基本概念,"方言地图法"已成为语言学的重要研究方法。对历史比较语言学、普通语言学等学科而言,地理语言学是一门不可缺少的基础性学科,假如没有地理语言学的研究成果作基础,语言学中许多问题的研究的科学性无疑会大受影响。

地理语言学在语言的地理差异的调查的基础上展开进一步的研究。因此,复杂的语言地理差异,以及与此相关的悠久的民族历史和丰富的社会文化背景,是地理语言学研究的理想对象。我国语言种类和系属多种多样,汉语方言纷繁复杂、差异巨大,非常适合进行地理语言学的研究。由于种种原因,我国的地理语言学研究迄今尚未得到充分的发展。因此,在本文所指出的地理语言学研究的三个领域(为语言进行地理分类;从语言的地理分布考证语言的历史演变;结合非语言因素解释语言的分布状况,探索语言变化的机制),我国地理语言学都具有广阔的用武之地和远大的发展前景。

地理语言学研究的基础是调查,没有调查就没有地理语言学研究。我国的汉语方言调查工作,在几代学者的艰苦努力之下,已经取得了巨大的成就。但是,由于汉语方言的极端复杂性,方言调查任务仍然非常繁重和艰巨。另一方面,汉语方言目前正处于一个史无前例的急剧变化、萎缩和消亡的过程之中,对汉语方言进行抢救性的调查已经日显迫切。出于这两方面的原因,目前的中国地理语言学面临着不可推卸的历史使命,那就是尽一切力量,对汉语方言进行地理语言学调查。所谓地理语言学调查,就是要以地理语言学理论为指导,采用地理语言学方法,有组织、有计划地对全国汉语方言进行各种规模、各种深度的调查。从调查区域来讲,既需要全国性的(例如我们目前正在实施的"汉语方言地图集"项目),也需要大区性的(例如某个大方言区或某个大行政区),还需要小片性的(例如一个县)。就个人的研究力量(例如写学位论文)而言,最好是选择小片性的调查。从调查项目来讲,可以就语音、词汇、语法三方面进行比较全面的调查,也可以选取其中的某些主要项目进行专题调查,还可以进行与社会文化因素相结合的调查。此外,还可以尝试把社会语言学方法引入地理语言学调查,即在调查不同地点的方言差异的基础上,同时调查各个地点的不同年龄、性别、文化程度等因素的人的方言差异,最终得到一个既有横向差异,又有纵向差异的"立体的(三维的)"方言关系。

应当注意的是,不管是做哪种类型的调查,都必须事先明确自己的研究目的。因为研究目的不同,在选择调查区域、安排调查地点、拟定调查条目和使用调查方法等方面都会有所不同,反过来说,一定的调查只能为一定的研究目的服务。以"汉语方言地图集"项目为例,我们确定的目标是:(1)反映重要的地域差异;(2)反映重要的历史演变;(3)反映方言接触和影响。因此,所有的调查设计工作都必须服从于这三个目标。例如,西方地理语言学一般很少以语音系统作为调查内容,而出于上述目的,特别是为了"反映重要的历史演变",我们必须把能够反映语音系统的部分单字音纳入调查条目。在官话地区,一般是每3-4个县设1个调查点,但为了"反映方言接触和影响",凡是与东南方言"直接接壤"的官话方言县均选作调查点,不受"3-4县设1点"的限制。而从另一个角度来看,由于这项调查设点比较稀,无法很精确地反映语言现象在地理空间上的变化及其结果,所以如果想把调查结果用于更细致的地理分类或观察语言现象的变化过程,就会遇到困难。

总之,调查是基础。但在调查的基础上,中国地理语言学还面临大量的研究任务,这是一项长期而艰巨的工作。在文章的最后,笔者乐观地预言,中国地理语言学研究终将对历史语言学、社会语言学、普通语言学作出独特而重要的贡献。

参考文献

布龙菲尔德 1955　《语言论》,袁家骅等译,商务印书馆,1980
曹志耘 2002　老枝新芽:中国地理语言学研究展望,《语言教学与研究》第3期
陈章太、詹伯慧、伍　巍 2001　汉语方言地图的绘制,《方言》第3期
德川宗贤、贺登崧 1976　《方言地理学图集》,日本秋山书店
贺登崧 2003　《汉语方言地理学》,石汝杰、岩田礼译,上海教育出版社
洪惟仁 2001　《台湾汉语共时方言学:历史与展望》,第七届国际闽方言研讨会论文,厦门(未刊)
戴维·克里斯特尔 2000　《现代语言学词典》,沈家煊译,商务印书馆
刘润清 1995　《西方语言学流派》,外语教学与研究出版社
石汝杰 1997　汉语方言地理学的优良教科书——评介贺登崧《论中国方言地理学》,《国外语言学》第1期
石汝杰 2003　贺登崧和汉语方言地理学,《语言教学与研究》第6期
索绪尔 1949　《普通语言学教程》,高名凯译,商务印书馆,1980
王辅世 1994　《宣化方言地图》,日本国立亚非语言文化研究所
徐通锵 1991　《历史语言学》,商务印书馆
岩田礼 1995　汉语方言"祖父""外祖父"称谓的地理分布——方言地理学在历史语言学研究上的作用,《中国语文》第3期
岩田礼 2001　《方言地理学的调查研究及其思想》,汉语方言调查研究研讨会论文,台北(未刊)

岩田礼、苏晓青 2004 矫枉过正在语音变化上的作用,《语言教学与研究》第5期
游汝杰 1992 《汉语方言学导论》,上海教育出版社
张维佳 2004 方言研究与方言视图的数字化,《中国语文研究》第1期
J. K. Chambers and Peter Trudgill 2002 Dialectology,北京大学出版社

Geographical linguistics and its development in China

Cao Zhiyun

Abstract This paper reviews the development of geographical linguistics in China and discusses how China should further its research and development in this field.

Keywords Geographical linguistics, dialects

江淮官话入声发展演变的轨迹

伍 巍

(暨南大学中文系 广州 510632)

提要 在官话方言中,江淮官话的主要特点是有入声。从入声调类上分,江淮官话中,有的保留一类入声调,有的保留两类入声调;从入声韵母的结构上分,有的入声带喉塞韵尾,有的入声不带喉塞韵尾,变为舒声韵。研究与分析表明,按一定的顺序平面地排列现代江淮官话不同类型的入声材料,可以清楚地显示江淮官话入声发展变化的时间序列。本文拟以翔实的材料为基础,运用对比分析,揭示江淮官话入声发展演变的大致轨迹。

关键词 江淮官话 入声调 入声韵 喉塞尾

我们通常所指的"入声"应包括两个概念:一、入声调,即在某一音系中与平声、上声、去声形成对立关系的入声调类;二、入声韵,即一般带有-p、-t、-k 或 -ʔ 塞辅音韵尾,与同一音系中的舒声韵形成对立。

现代汉语方言中的"入声"系统远比中古入声系统复杂,有完整地保留-p、-t、-k 入声韵尾与短促的入声调类的(如广州粤语、闽南话、梅县客话),也有只存-ʔ 韵尾与短促入声调类的(如大多数江淮官话、晋语),还有不存入声塞辅音韵尾而只保留入声调类的(如长沙湘语、温州吴语、休宁徽语等)。通观现代汉语已有的方言材料,我们至今还没有发现有哪一种方言只存在入声韵类而不存在入声调类的事实。由此看来,入声调类的有无是我们今天判断某一方言有无"入声"的主要标志。为正确地认识汉语"入声"的内涵及不同历史阶段中汉语入声的表现形式,我们有必要将汉语的"入声韵"与"入声调"这两个既有联系又并不相同的概念加以区别。

壹 江淮官话入声的表现形式

江淮官话分布于长江中下游的安徽、江苏、湖北、江西、浙江五省共84个市县,按《中国语言地图集》的划分,江淮官话又可分为"洪巢片""泰如片"、"黄孝片"三个片①。"洪巢片"地跨安徽、江苏、江西三省,地域最广,使用人口最多。安徽境内主要分布于长江以北、淮河以南的大部分地区及江南沿江的部分地区,包括合肥、巢湖、六安、滁县、芜湖等二十多个县市;江苏境内主要分布于长江以北的大部分地区及江苏西南的长江沿岸地区,包括南京、江宁、镇江、句容、溧水(部分)、江浦、六合、扬州、江都、高邮、宝应、仪征、扬中、淮阴、淮安、涟水、灌南、沭阳、泗阳、洪泽、盱眙、金湖、连云港、东海、灌云、盐城、阜宁、建湖、响水、滨海、射阳、南通(部分)32个县市。"泰如片"集中分布于江苏东南部,包括南通(部分)、如皋、如东、海安、东台、大丰、兴化、泰兴、江堰、泰州10个县市。"黄孝片"包括湖北省的罗田、蕲春、英山、浠水、麻城、鄂城、红安、黄冈、黄陂、孝感、应山、安陆、云梦、应城(部分)14个县市。

在官话方言中,江淮官话的主要特点是有入声。江淮官话的入声大致可分为三类:甲类有两类独立的入声调,一般都保留入声韵(有喉塞韵尾);乙类只有一类入声调,保留入声韵;丙类无入声韵,仅存一类入声调,有的为短调,有的为舒调。

1.1 甲类入声。甲类保留两类入声的江淮官话又分"甲A"与"甲B"两种情况。

(一)甲A 保留两类入声调,入声韵均带喉塞韵尾。这类方言集中分布于江苏东部的"泰如片",见表一。

泰如片10个县市的江淮官话全浊上声一律与全浊去声合并,按浊去声的有无分为六调与七调两类。泰如片江淮官话古浊上与浊去字按文白两读的不同,分别归入不同的声调:白读(送气)时,全浊上与全浊去在七调区同归阳去,六调区同归阴平;若文读(不送气),全浊上与全浊去在七调区同归阴去,六调区同归去声。两个调区的入声调类均分阴阳,入声韵均带喉塞尾。除如东阳入调低于阴入调外,其他9个点的阳入调均高于阴入调②。

(二)甲B 保留两类入声,但只有阴入字保留喉塞韵尾,阳入字脱落喉塞韵尾变为舒声韵,阳入仍为独立的调类。"洪巢片"安徽境内的少数乡下官话属于此类。见表二。

---

① 《中国语言地图集》B3图,朗文出版(远东)有限公司,1988年。
② 顾黔《通泰方言音韵研究》第486页,南京大学出版社,2001年。

表一

方言点	调类数	平 阴	平 阳	上 阴	上 阳	去 阴	去 阳	入 阴	入 阳
南 通	7	21	35	55	(213)	42	213	ʔ4	ʔ5
如 东	7	21	35	32	(33)	44	33	ʔ5	ʔ2
兴 化	7	33	35	213	(21)	53	21	ʔ4	ʔ5
如 皋	6	21	35	213	(21)	33	(21)	ʔ4	ʔ5
泰 兴	6	21	45	213	(21)	44	(21)	ʔ4	ʔ5
海 安	6	21	35	213	(21)	33	(21)	ʔ4	ʔ5
江 堰	6	21	45	213	(21)	44	(21)	ʔ4	ʔ5
泰 州	6	21	45	213	(21)	33	(21)	ʔ3	ʔ5
东 台	6	21	45	213	(21)	44	(21)	ʔ4	ʔ5
大 丰	6	21	35	213	(21)	44	(21)	ʔ4	ʔ5

表二

方言点	调类数	平 阴	平 阳	上 阴	上 阳	去 阴	去 阳	入 阴	入 阳
桐城白马	6	31	24	324		53		ʔ5	43
枞阳义津	6	31	24	324		53		ʔ5	11

1.2 乙类入声

乙类只有一类入声调,保留入声调。"乙类"入声又可分两种情况:"乙A"阴阳两类入声合为一类入声,保留带喉塞尾的入声韵;"乙B"阳入分出,只保留阴入,带喉塞韵尾。

㈠乙A 阴、阳两类入声合并为一类,入声韵保留喉塞韵尾。"洪巢片"的绝大多数方言均属于此类,见表三。

表三

方言点	调类数	平 阴	平 阳	上 阴	上 阳	去 阴	去 阳	入 阴	入 阳
合 肥	5	31	55	35		52		ʔ5	
六 安	5	213	55	35		52		ʔ5	
巢 湖	5	31	35	213		52		ʔ5	
芜 湖	5	31	35	213		55		ʔ5	
南 京	5	31	13	22		44		ʔ5	
扬 州	5	31	35	42		55		ʔ5	
盐 城	5	31	213	55		35		ʔ5	
淮 阴	5	42	24	21		44		ʔ5	

㈡乙B 入声只保留阴入,入声韵带喉塞韵尾。阳入调并入阳平或阴平。"洪巢片"安徽境内的庐江、无为黄姑、桐城练潭等少数方言属于此类。其中庐江、无为黄姑阳

入调并入阳平,桐城练潭阳入调并入阴平,见表四。

表四

方言点	调类数	平 阴	平 阳	上 阴	上 阳	去 阴	去 阳	入 阴	入 阳
庐 江	5	31	11	213		55		ʔ5	(11)
无 为	5	31	11	213		55		ʔ5	(11)
桐 城	5	33	24	324	(33)	53	(33)	ʔ5	(33)

1.3 丙类入声。丙类只保留一类入声调,无入声韵。"丙类"入声主要分布于"黄孝片"的江淮官话与"洪巢片"安徽境内的安庆、淮南及江苏北部的连云港等地的江淮官话。

"丙类"入声也分两种情况:"丙 A"仅存的一类入声调为短调;"丙 B"仅存的一类入声调为舒调。"丙 A"(短调)型的有桐城、淮南九龙岗、宿松高岭、宿松柳坪;"丙 B"(舒调)型的有连云港、灌云、安庆、黄冈、红安、望江、岳西、宿松等地。

"丙类"入声按调类的数目又可分五调与六调两种:凡五调类的,阴阳两类去声均合并为一类,且阴阳两类入声合并为一类入声;凡六调类的,阴阳两类去声均独立成调,阳入有的归并为阴入(黄冈、红安),有的归并为阳去(望江、岳西、宿松等地),规律较为整齐。见表五。

表五

方言点	调类数	平 阴	平 阳	上 阴	上 阳	去 阴	去 阳	入 阴	入 阳
连云港	5	214	35	41		55		24	
灌 云	5	214	35	41		55		24	
安 庆	5	31	24	324		42		55	
桐 城	5	31	24	324		42		5	
淮南九龙岗	5	212	45	24		53		5	
黄 冈	6	33	213	53	(44)	35	44	13	
红 安	6	11	31	55	(33)	35	33	214	
望 江	6	213	445	31	(324)	35	324	45	(324)
岳 西	6	31	24	324	(22)	55	22	212	(22)
宿 松	6	11	24	42	(324)	31	324	55	(324)
宿松高岭	6	213	24	42	(324)	31	324	5	(324)
宿松柳坪	6	213	24	42	(324)	31	324	5	(324)

很明显,"丙类"入声与"乙类"入声之间存在着直接的时间序列关系;"丙 A"(短调)型入声与"丙 B"(舒调)型入声间也存在直接的时间序列关系。

贰 江淮官话入声发展演变的过程

2.1 "乙类"入声与"丙类"入声的发展变化。上面已经说了,江淮官话的"乙类"入声与"丙类"入声之间存在着直接的时间序列关系,"丙类"入声(喉塞尾脱落,只保留一个入声调类)其实是"乙类"入声的直接发展,所以应该将这两类入声放在一起讨论。如果将上述两类不同地域的入声形式按一定的顺序连接起来,我们就不难看出江淮官话"乙类"入声与"丙类"入声间发展变化的关系。

㈠"乙A"类入声的发展变化。先让我们看看"乙A"类入声在合肥、桐城、安庆几个相邻的方言中的发展过渡情况:

合肥(乙A)　　　　　　桐城(丙A)　　　　　　安庆(丙B)
ʔ5　　──→　　5(短调)　　──→　　55(舒调)

"乙A"类入声在合肥、芜湖等方言中均为促调(为与脱落喉塞韵尾的短调入声区别,故称为"促调"),保留喉塞韵尾-ʔ;发展到桐城话,虽同样是高调,但已脱落喉塞韵尾-ʔ,形成以高短调独立的入声。当入声脱落喉塞韵尾后,入声调的读音只要不与其他调类发生冲突,会有相对自由的发展空间,由"短调"变为"舒调"只是时间上的早晚。但是在脱落喉塞尾的初期,入声调不可能一步变为舒声,形成一个"短调"型的过渡状态是十分自然的。进一步发展,就成了像安庆话那样逐渐拉开的舒调。

本人在田野调查中发现,即使是今天的安庆话,自然口语语流中的入声音节一般仍然相对比较短,发音人只有在读单字音时,入声音节才是一个舒调,这也证明舒调入声是短调入声的直接发展。

㈡"乙B"类入声的发展变化。让我们再来看看"乙B"类入声在庐江、望江、宿松等相关方言中的发展过渡情况:

庐江(乙B)　　　望江　　　　宿松高岭(丙A)　　　宿松(丙B)
阴入ʔ5(喉塞)──→ 阴入ʔ5(紧喉)──→ 阴入5(短调)　──→ 阴入55(舒调)
浊入11(并入阳平) 浊入324(并入阳去) 浊入324(并入阳去) 浊入324(并入阳去)

位于皖西的望江、宿松、潜山等县,历史上一直归属安庆地区,与庐江县临近。该区方言除全浊声母不论平仄一律送气外,与安庆方言十分接近,词汇系统两者基本一致。以上四点的阳入均并入其他调,只存阴入一类入声。对比显示:庐江的阴入为高促调,有喉塞韵尾,且比较明显;在望江城关音系中喉塞尾已松动,仅为紧喉成分;发展到宿松方言,喉塞韵尾完全脱落,入声韵消失,仅存高短调入声;发展到宿松城关方言,短调入声被拉长,形成一个相对独立的高舒声调类,仍与其他声调保持对立。"乙B"类入声除阳入派入其他声调外,入声发展变化的基本路径与"乙A"相同。

当江淮官话的"乙类"入声发展到仅存独立的舒声入声调类后,这一变化并未就此停止,部分江淮官话的舒入调今天仍在继续发展。请看下列事实:

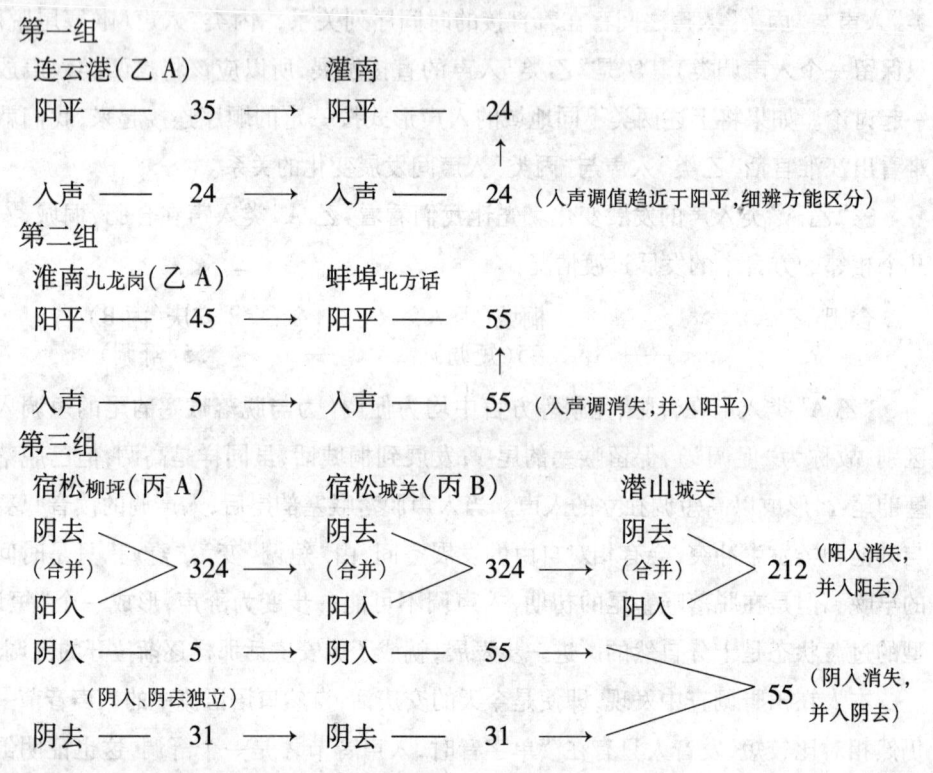

第一组
连云港(乙A)　　　　　灌南
阳平 ── 35　→　阳平 ── 24
　　　　　　　　　　　↑
入声 ── 24　→　入声 ── 24　(入声调值趋近于阳平,细辨方能区分)

第二组
淮南九龙岗(乙A)　　　蚌埠北方话
阳平 ── 45　→　阳平 ── 55
　　　　　　　　　　　↑
入声 ── 5　→　入声 ── 55　(入声调消失,并入阳平)

第三组
宿松柳坪(丙A)　　　宿松城关(丙B)　　　潜山城关
阴去　　　　　　　阴去　　　　　　　阴去
(合并)>324　→　(合并)>324　→　(合并)>212　(阳入消失,并入阳去)
阳入　　　　　　　阳入　　　　　　　阳入
阴入 ── 5　→　阴入 ── 55　→
　(阴入、阴去独立)　　　　　　　　　　　55　(阴入消失,并入阴去)
阴去 ── 31　→　阴去 ── 31　→

上述三组方言中的每一组都是邻近地区方言的对比。

第一组:连云港与灌南是苏北相近的两地,连云港入声调[˧]24,阳平调为[˧]35,调值接近但仍相互独立;到了灌南,阳平为[˧]24,入声为[˧]224,苏晓青教授曾实地调查过灌南方言,他告诉我,该地入声与阳平的实际调值已十分接近,只有认真辨别才能区分。这当是灌南入声趋于消失的迹象。

第二组:淮南九龙岗与蚌埠相距不过五十余公里,两地方言的声调系统除入声有无的差别,阳平分别为[˧]45、[˧]55外,其余三个声调的调值完全一样。淮南九龙岗入声为短调[˧]5,阳平[˧]45,同为高调,但彼此独立;蚌埠属北方话区,入声已并入阳平,同为[˧]55。

第三组:宿松与潜山两地接壤,同属一个方言小区,本区的阳入调并入阳去,只剩阴入调。宿松柳坪的阴入为短调[˧]5,该县县城阴入则已发展成为舒调[˧]55,到了潜山县城,阴入调进一步并入阴去,入声完全消失。

此外,江苏西北的泗洪方言,入声(乙类)也在逐渐消失的过程中。《江苏省志·方言志》说:"泗洪古入声字150个左右脱离入声,调值由[˧]5变为[˧˩]13舒调,韵母同时失去喉塞尾——笔者注,向阴平靠拢,形成一个过渡性调类。"①泗洪方言阴平调值为[˧˩]213,与[˧˩]13尤为接近。所谓"过渡性调类"正是泗洪入声走向消失的前兆。

材料证明,江淮官话的"乙类"入声今天正沿着"促调?"→"短调"→"舒调"→入声消失这一轨迹逐步发展。整个渐变过程今天都是我们看得见的事实。

2.2 "甲类"入声的发展变化。江淮官话的"甲类"入声至今保留阴、阳两类入声,其中"甲A"两类入声均带喉塞韵尾(见表一),应当是江淮官话较早的入声形式;"甲B"今天只有阴入保留喉塞韵尾与促调,阳入字已脱落喉塞韵尾成为舒声,但仍保持相对独立的阳入调类(见表二)。"甲类"入声的发展也分两种模式,下面让我们分别进行讨论。

㈠ "甲A"类入声的发展线索。根据顾黔先生的研究,今天"甲A"(见表一)类入声无论在七调区还是六调区,全浊声母入声所呈现的重要发展趋势是:白读(送气)保留阳入;文读(不送气)并归阴入。中西部的泰兴、如皋、东台、大丰、海安、江堰、泰州,浊入有些既有阳入(白读)一读,又有阴入(文读)一读,有些点(如泰州)大量的全浊入声字今天只有阴入一读②。

其实,全浊入声字分文白两读或只存阴入(文读)一读的现象,即使在庐江、无为黄姑、桐城练潭等"乙B"类入声中也同样普遍。以无为黄姑方言为例,古浊声母入声字分三种情况:

①只有白读的古全浊声母入声字(今归阳平):拔闸舌活罚滑凿核十石笛碟独毒熟赎

②只有文读的古全浊声母入声字(今归阴入):习集杰伐术植域积泽择籍敌蝶寂获读仆逐俗局

③今存文、白两读的古全浊声母入声字:达截绝实食值席服伏蜀属鹤

相比之下,无为黄姑方言今仅有文读一读的古全浊声母入声字数量最多,而且仍在不断增加,诸如"蜀、鹤"等一些地名用字,上个世纪50年代尚存两读,但在年轻人口中今天都只剩阴入一读。这一发展去向显然就是"乙A"类入声。本人认为,"甲A"类

---

① 《江苏省志·方言志》第28页,南京大学出版社,1998年。
② 顾黔《通泰方言音韵研究》第501页,南京大学出版社,2001年。

入声向"乙A"类入声的趋变不是"甲A"自身的发展趋向,而是受南京、扬州、合肥等"乙A"类官话影响的结果。

(二)"甲B"类入声的发展线索。上面表二材料显示桐城白马方言与枞阳义津方言的阴阳两类入声相对独立。与泰如片相同,这两地的全浊声母也分白读与文读,白读不论平仄一律读送气清音,文读平声送气仄声不送气。很多浊声母入声字今亦具备文白两读:白读呈独立的阳入调,文读归阴入,而且有相当一部分浊声母入声字只剩下一读,归阴入。"甲B"文读的发展方向与上面"甲A"文读的发展方向一致,遵循"甲B"→"乙A"的道路,这同样是相关官话影响的结果。不同于"甲A"(泰如片)的是,"甲B"归阳入的白读音均为舒调,而且浊入(白读)的发展方向也不同于文读。

如果联系望江、宿松、潜山等方言,其白读的阳入归阳去,我们就不难发现,"甲B"类浊声母入声还有一条自身的发展变化途径。

望江长岭、宿松高岭、潜山岭头的去声今亦保留阴阳两类,全浊上归阳去,阳入今白读也一律归阳去,全浊入声的白读去向显然与文读不同。属于同一地区的桐城练潭方言,全浊上、全浊去、全浊入三者同样合并为一类,浊去今已消失,三个调类一道归入阴平,此与"泰如片"六调区全浊入的去向①相同。我们不妨同时将望江长岭、宿松高岭、潜山岭头六调区的阳去调与阳入调作一个比较:望江长岭、宿松高岭的阳去阳入同为[˧]324,阴平调同为[˧]213;潜山岭头的阳去阳入同为[˩]22,阴平调为[˩]31,阳去调与阴平调相比,无论调型还是调值都十分接近,可以相信,这三地的阳入与阳去像潜山练潭那样,走向与阴平合并的道路恐怕不会太遥远。见表六。

表六

方言点	调类数	平		上		去		入	
		阴	阳	阴	阳	阴	阳	阴	阳
望江长岭	6	213	445	31	(324)	35	324	?45	(324)
宿松高岭	6	213	24	42	(324)	31	324	5	(324)
潜山岭头	6	31	24	35	(22)	423	22	55	(22)
桐城练潭	5	33	24	324	(33)	53	(33)	?5	(33)

概括江淮官话"甲B"类阳入调的发展趋势有两个:①两类入声合并,走向"乙A"类入声的发展道路;②阳入并入阳去,再跟随阳去并入平声或其他声调,只剩下阴入一类入声后,再加入"乙类"入声的发展道路。前者是受区域权威官话影响的结果,发展势头不可遏止;后者是其自身的发展方向。

---

① 顾黔《通泰方言音韵研究》第500页,南京大学出版社,2001年。

就整个江淮官话入声发展的进程而论,"甲类"入声当位于早期状态,"乙类"入声是"甲类"入声的发展,"丙类"入声当是继"乙类"入声后,逐渐走向消亡过程中的过渡阶段。用图表方式表示江淮官话入声发展变化的几个过程则是:

$$\begin{matrix} 甲A \longrightarrow 乙B \\ \searrow \\ \nearrow 乙A \longrightarrow 丙A \longrightarrow 丙B \longrightarrow 入声消失 \\ 甲B \longrightarrow 乙B \end{matrix}$$

资料来源

本文南京片、扬淮片、通泰片江淮官话材料主要引自《江苏省志·方言志》与顾黔《通泰方言音韵研究》;黄孝片的黄冈材料引自贺巍《官话方言研究》,红安材料引自陈章太、李行健《普通话基础方言基本词汇集》;安徽境内的江淮官话及有关方言材料主要为本人调查所得,其中淮南方言材料为孟庆惠先生提供。

参考文献

陈章太、李行健 1996 《普通话基础方言基本词汇集》,语文出版社
顾　黔 2001 《通泰方言音韵研究》,南京大学出版社
贺　巍 2002 《官话方言研究》,方志出版社
江苏省地方志办公室 1998 《江苏省志·方言志》,南京大学出版社
李　荣等 1988 《中国语言地图集》(B3、B10、B11),朗文出版(远东)有限公司

On the evolution of the entering tone in Jianghuai Mandarin

Wu Wei

Abstract　Among China's northern dialects, Jianghuai Mandarin distinguishes itself with its entering tone. In terms of the tone classification, some dialects of Jianghuai Mandarin have one entering tone while the others have two. As for the vowel structure, some entering tones feature a glottal stop ending and others don't. The paper shows that if data of different types of entering tones in contemporary Jianghuai Mandarin are arranged in a certain synchronic order a clear chronological sequence of the development of this tone in Jianghuai Mandarin. On the basis of abundant materials, this paper manages to conduct a contrastive analysis to unravel the general evolution of the entering one in Jianghuai Mandarin, with a purpose of providing relevant evidences for the vanishing of the entering tone words of the ancient northern Mandarins.

Key words　Jianghuai Mandarin, entering tone, entering vowel, glottal stop ending

"着"字式被动句的共时分布与类型差异*

李 蓝

(中国社会科学院语言研究所 北京 100732)

提要 本文首先描写现代汉语方言中"着"字式被动句的共时分布范围,然后讨论"着"字式被动句的语法特点。根据"着"字在现代汉语方言中不同的语法化途径及类型和谐关系,本文把现代汉语方言中的"着"字式被动句离析为两种来源完全不同的类型:一种是来自"遭受义"的受动型"着"字式被动句,这种"着"字句目前只见于南方汉语方言;另一种是来自"使役义"的使令型"着"字式被动句,这种"着"字式目前只见于北方汉语方言。

关键词 "着"字式被动句 语法化途径 语料同一性原则 受动型被动句 使令型被动句

壹 题解

1.1 普通话主要是用"被"字作被动标记。但在现代汉语方言中,可以用作被动标记的词语却非常复杂。不同方言,不同地域往往使用不同的词语来作被动标记,大致说来,现代汉语方言的"拿持义""给予义""得到义""遭受义""使役义"等五类动词都有演变成被动标记的实例。本文只讨论用"着"字作被动标记的被动句,称为"着"字式被动句,有时也简称为"着"字句。

1.2 判断一个方言有没有"着"字式被动句,指的是方言里具有"着 + NP + VP"

---

* 2003年10月,笔者参加"汉语被动表述国际学术研讨会"(武汉),当时提交了一份论文提纲,题目为"现代汉语方言中的'着'字式被动句"。写成本文时作了较大幅度的修改。谨向会议的主办方及邢福义教授、汪国胜教授、储泽祥教授表示衷心感谢。
本文获中国社会科学院重点项目"汉语方言语法比较与汉语方言语法语料库"资助。

这种完整结构的被动句式。比如说,如果一个方言里只有"着打"而没有"着人打",这个方言就算是没有"着"字式被动句的方言。

1.3 "着"字式被动句在唐宋以来的白话文献里就时有出现,但不是主流用法。在现代汉语方言里,这种被动句分布范围广阔,使用人口众多,是一种既有方言性,又有地域性的被动句。本文先根据现有的调查材料说明"着"字句的地域分布和方言类型,然后讨论"着"字从实义动词演变成被动标记的语法化过程。

1.4 本文在研究"着"字的语法化过程时,注意参证普通话和白话文献的研究成果。但在讨论过程中,本文特别强调语法化研究中语料使用的同一性原则。语料同一性原则指的是在研究语法功能"字"在方言中的语法化过程时,只根据该"字"在特定方言中的读音和用法来归纳其语法化途径,不引用其他方言的例子来作直接证明。

1.5 本文行文时用"着"字,引用文献或他人著述时也用"著""遭""找"等字。

贰 "着"字式被动句的地域分布与方言类型

2.1 下面是"着"字式被动句在现代汉语方言中的实例。举例时,如果来自《汉语方言语法类编》(黄伯荣等,1998),则用《类编》加页码的方式注明;如果来自《普通话基础方言基本词汇集》(陈章太、李行健,1996),则用《词汇集》加页码的方式注明;如果是笔者调查的,则注明调查时间;如果是笔者自拟的,则径注"自拟",不注时间。

云南昆明(张华文、毛玉玲,1997):要是再不回去,一定要着夫人打。
云南鹤庆(彭国均,1957):话说得不好,着你们笑了。
云南玉溪(张　莆,1985):茶杯着他打烂了。
云南个旧(路　伟,2004):大公鸡着狗咬着一口。
云南昭通(《词汇集》:4547):茶杯着他打破了。
云南大理(《词汇集》:4547):茶杯着他打破了。
云南蒙自(《词汇集》:4547):茶杯着他打破了。
贵州大方(自拟):茶杯着他打烂了。
贵州丹寨(李　蓝,1990):茶杯着他打烂了。
贵州贵阳(汪　平,1994):茶杯着他打破了。
贵州黎平(《词汇集》:4547):茶杯着他打破了。
贵州毕节(《词汇集》:4547):茶杯着他打破了。
贵州遵义(《词汇集》:4547):茶杯着他打破了。
四川成都(张一舟、张清源,2001):窗子着耗子咬了一个洞。
四川南充(《词汇集》:4547):茶杯着他打破了。

四川西昌(《词汇集》:4547):茶杯着他打破了。
四川自贡(《词汇集》:4547):茶杯着他打破了。
重庆市(《词汇集》:4547):茶杯着他打破了。
湖南东安花桥土话(鲍厚星,1998):他着[1]狗咬呱了一口。
湖南辰溪(谢伯端,1998):衣裳着雨淋得焦湿。
湖南益阳(崔振华,1998;徐慧,2001):他在路上着狗咬呱了一口。
湖南吉首(李启群,2002):茶杯着他打烂了。
湖北随县(《类编》:666):去寻柴,着人家打了一顿;挖草药,又着蛇咬到了。
湖北钟祥(赵元任,1956):着他骗哒了一回。
江西黎川(颜 森,1993):碗着渠打破了。
海南海口(陈鸿迈,1996):着风飚拍败被台风打坏。
福建厦门(周长楫,1998):着贼偷。
山东寿光(钱曾怡等,2001):书找[2]他给掉了。
山东荣成(王淑霞,1995):家里找[3]你作损得还有个弄儿吗?
山东利津(杨秋泽,1990):那本书着他拿去了。
宁夏固原(杨子仪,1986):两个队着[ɛtʂ'uɤ]雨打了。

　　另据《云南省志·汉语方言志》(吴积才,1989:446-447),除了上面已提到的昆明、昭通、大理和蒙自外,曲靖、保山、文山、思茅、临沧也是用"着"作被动标记。

　　[1]湖南东安花桥土话"着"字的读音是[ɛdu],原文用方框,表示本字不明。这个字的本字可定为"着":古全浊入声在今花桥土话中读阳平;药韵字白读为[u]韵母;澄母字今读舌尖中不送气浊塞音。声韵调都符合澄母药韵入声在花桥土话中的古今对应关系。
　　[2]据《寿光方言志》(张树铮,1995),在寿光方言中,古清入字今读阴平。宕摄入声韵今大都读同果摄。"着"字有[ɛuʂuə]搁放、[ɛtʂɑ]传染、[ɛtʂɔ]一着棋三个读音。根据第三个读音,再和山东的其他方言平行比较,被动标记"找"的本字不能定为"遭",但可定为"着"。
　　[3]据《荣成方言志》(王淑霞,1995),荣成方言的古清入字今读上声。可据此把荣成方言被动标记"找"的本字定为"着"。

　　2.2　根据现有调查材料,"着"字式被动句主要分布在西南、中南及华南地区的云南、贵州、四川、重庆、湖南、湖北、江西、海南、福建等九省市。此外,"着"字式被动句也见于华东地区的山东和西北地区的宁夏等地。

　　从方言类型来看,"着"字式被动句主要出现在西南官话中,与西南官话关系比较密切的湘语、赣语和湘南土话也比较常见;此外,还见于闽语、胶辽官话及兰银官话中。

　　在湖南,湘语、西南官话、土话的一些方言都使用"着"字式被动句。

　　总的说来,"着"字式被动句的共时分布既有突出的地域性特征,又和特定的汉语方言密切相关,具有明显的方言特征。

　　2.3　贵州和云南的一些少数民族语言还因受当地汉语的影响而接受了"着"字

式被动句。先看贵州布依语(周国炎,2003)的例子：

ða:i˨ na˧ te˧ tso˧ tɯ˨ kua˧ ɣau˧ tɕi˧ ta:u˧ leu˧
块   田   那 着   耙 过   好   儿   道   了   那块田被耙过好几次了。

贵州木佬语(薄文泽,2003)也用"着"字式被动句：

lai˧ lai˧ tso˧ lai˧ pə˧ luŋ˧ li˧
小 孩 子   着 父   亲   捶   了 小孩子被父亲打了。

下面是云南傣语(周耀文、罗美珍,2001)的例子：

mai˧ li˧ ko˧ mi˧ tso˧ mɯɯ˧ pɯ˧ tsiŋ˧ ɣɜ˧ ɣɜ˧ mɯ˧
木   好   也 有   着   蚂 蚁   白   吃   的   时 辰
好木头也有被白蚂蚁吃的时候。

此外,湖南城步苗族自治县的青衣苗人话(李蓝,2004)也是用"着"作被动标记。例如：伊着人捶呱 他被人打了。

2.4 云南、贵州、四川、湖南、湖北、江西、海南、福建等地使用的"着"字被动句是这些地方大多数汉语方言的一个地域性语法特征。虽然闽语的语言年代相对说来较为古老,但不能据此认为其他南方汉语方言中的"着"字式被动句都是从闽语中扩展出来的。更大的可能是这些地方的汉语方言各自独立发展出来的。

根据语音对应规律来看,少数民族语言中同类的被动标记是从西南官话向这些地区的少数民族语言扩展出去的。

山东寿光、荣成、利津以及宁夏固原等地的"着"字式被动句应该也是独立发展出来的,和南方汉语方言没有什么关系。

叁 与"着"字式被动句相关的若干语法问题

3.0 本节共讨论三个问题：(1)在使用"着"字句,且有详细描写材料的汉语方言中,"着"字都不是唯一的被动标记。这个问题可简称为"被动标记的多元性"。(2)"着"字除了可用作被动标记外,还兼有其他多种语法功能。这个问题可简称为"被动标记'着'字的多用性"。(3)在一些南方汉语方言中,"着"字可用作被动标记,但不能用在动词后表持续；在一些使用"着"字式被动句的北方汉语方言中,"着"却可以用在动词后表持续。这个问题可简称为"被动标记'着'与持续义用法的和谐性"。

3.1 普通话中的被动标记虽然以"被"字为主,但由于受方言及书面语的双重影响,实际使用的被动标记还有"叫、给、让"等,实际上是多个被动标记共存的局面。

笔者观察过的现代汉语方言中,福建连城客家话(项梦冰,1997)的被动标记是最多的。连城客家话有"拿、分、乞、畀、锡"等5个单音节被动标记,及由这5个单音节被动标记组合出来的10个双音节被动标记,6个三音节被动标记,共使用了21个被动标记。

从使用"着"字作被动标记的方言来看,只要是有详细描写材料的方言,一般都使用两个或多个被动标记。

例如湖南益阳话(徐慧,2001)有"着、ts·ɤ̃、把得"等三个被动标记,贵州大方话则使用"着、挨、拿给"等三个被动标记。

同时,如果一个方言里有不同的被动标记时,不同被动标记构成的被动句在句法关系、语义色彩、使用场合等往往有细微区别,有时不能随便换用。下面以贵州大方话中的三个被动标记"着、挨、拿给"为例。

㈠"着"字式被动句是大方话中最常用的,功能和用法大致相当于普通话中的"被"字式被动句。"着"字后的动作施行者可以出现,如"我着他打了";也可以不出现,如"我着打了"。

㈡"挨"字式被动句在功能和用法上都和"着"字式被动句差不多,但在下列两个方面和"着"字被动句有细微差别。

①"着"字句和"挨"字句在语义上有差别。一般说来,"挨"字句往往用来强调主观"忍受",多用在时间长、数量大的场合;而"着"字句则往往用来强调说话人主观的"遭受",多用在出乎意料之外或不合情理的场合。例如在"同一件事情,我挨五个人问了八遍"这样的句子中,一般人会倾向于用"挨"字句来强调自己的主观感受。而在"今早晨我差些乎差一点着一条狗咬一口"这样的句子里,一般人则倾向于选用"着"字句来表示事件的不可预测性。

②在一般情况下,"着"字句更常用,是优势句式,"挨"字句往往是备选句式。

㈢"拿给"在句法结构上有限制,只能用在"拿给+施动者+动词"这样的结构中,后面的"施动者"不能省,否则句子站不住。试比较下面的句子:

例一:我都三十岁了,还着他这样说。

例二:我都三十岁了,还着这样说。

例三:我都三十岁了,还挨他这样说。

例四:我都三十岁了,还挨这样说。

例五:我都三十岁了,还拿给他这样说。

例六:*我都三十岁了,还拿给这样说。

前面的五个例句都是合法的。一、三、五句的施动者是定指的,二、四句的施动者是泛指的。第六句则不能说。第六句之所以不能说,主要是因为"拿给"的动作性比较强,不允许宾语空置,至少也要有"别人"或"人家"这种婉指或泛指的对象宾语,否则就只能换用例二或例四的说法。从使用频率和使用限制来看这三种被动句的标记等级,则为:

"拿给句"＞"挨字句"＞"着字句"

被动标记的多用性问题也见于用"着"作被动标记的白话文献。以《五灯会元》为例,全书共有"被、着、遭、为、吃"等五个被动标记。而且,这五个被动标记在使用频率、句式组配等方面也有一些差别。大致说来,"被"字句是最常用的优势句型,"遭"字句次之,"着"字句和"为"字句又次之,"吃"则处于被动标记形成的过程中。在句式组配上,这五个被动标记也不完全相同。大致情况是,"被"字句只能用在"被＋V"或"被＋NP＋VP"这两种句式中,不能用在"被＋NP"这种句式中。"着、遭"可用于"被动标记＋VP"或"被动标记＋NP＋VP"这两种句式中,也可用于"被动标记＋NP"这种句式。"为"字句应为古汉语"为"字被动句的残留,可以构成"为＋NP＋所＋VP"和"为＋NP＋VP"这两种句式,不用于"为＋VP"句式。"吃"字主要用于"吃＋NP"这种句式,"吃＋VP"少见,"吃＋NP＋VP"仅一例。综合使用频率和句式组配两个方面来看这五种被动句,其标记等级大致为:

"吃字句"＞"为字句"＞"着字句"＞"遭字句"＞"被字句"

3.2 在有比较详尽语料的调查报告里,"着"字往往兼有其他多种用法,还没有发现像普通话中的"被"字这样的专职被动标记。李蓝(1998)曾把贵州大方话中的"着"字归纳为三个读音,六种用法。为方便读者查核验证,本文尽量补充"着"字的其他的用法,并将其整理成词典的条目形式。

着₁ [tso˥]

㈠用作单音动词。

①沾上(水):拿帕子毛巾去着点水来。

②遭受(损失):他之这一回才着了三千块。(这种用法也读 tsao˥)

③后接"得/不住",表示"经受得起"或"经受不起":他家穷得很,三块钱一天都着不住｜他家不要紧,三块钱一天还是着得住的。(这种用法也读 tsao˥)

④燃烧:着火。

㈡象棋术语。

①一着:下象棋时走了一步棋。

②杀着:构成绝杀的一招。

㈢与其他词语连用。

①穿着:衣物装束。

②睡着:表示进入睡眠状态:昨晚些昨晚我一上床就睡着了。

③着急:表示心理感受:天垮下来他都不着急。

④着落:"下落"或"结果":大学毕业两年了工作都还不得没有着落。

㈣用在动词或名词前表示被动:茶杯着打烂了｜茶杯着人打烂了。(这种用法也可读成 tsao˩)

㈤用在动词后构成"V 着"式,读音的变化与语义密切相关。

①表示动作行为产生了不良后果:他一天成天打了张三打李四,这回终于打着了终于打出问题了。(这种用法多读成 tsao˩)

②表示钱财的付出:你昨天的白菜买着好多钱一斤?(这种用法也可读 tsao˩)

③表示动作行为得到好的结果:之这回着他做着了这次被他做对了。(这种用法绝对不能读成 tsao˩)

㈥用在句末,意思大致和"再说"差不多:不要着急,等我吃了饭着。

着₂ [tsao˩]

这个读音只用于遭受义和被动义,除了上举㈢②、③,㈣,㈤①、②等之外,还能构成下面的词语。

着头:因愚钝而屡屡上当受骗的人。

着₃ [tsʻo˩]

①与"火星子"连用,义为"恼怒":今天我的火星子太着得很。

也可说成"火着"或"鬼火着"(语气比"火着"重):今天我(鬼)火着得很。

②着气,义为"使生气":今天着被我着气了他几句。

"着"字在大方话里计 3 个读音,18 种用法。

3.3　在大方话中,尽管"着"字的用法多达 18 种,但不能用在动词后表持续。这种情况在西南官话中是普遍现象。实际上,湘语、赣语、湘南土话中使用"着"字式被动句的南方汉语方言的"着"都不用在动词后表持续。

这种情况和山东等地使用"着"字式被动句的北方汉语方言迥然不同。例如:

山东寿光(张树铮,1995):没寻思那根棍子是虚插着的,一下子蹲了茅子坑里去了。

山东荣成(王淑霞,1995):一个年轻的小老头儿,头上带着破帽头儿。

山东利津(杨秋泽,1990):早时一个庄儿里住着俩财主。

总的说来,在南方汉语方言中,"着"用作被动标记时排斥"着"的持续体用法;但在北方汉语方言中,"着"用作被动标记时却与持续体标记"着"和谐。这是南方汉语方言与北方汉语方言在"着"字式被动句这个问题上一个重要的类型学差别。

肆 两种"着"字句的类型特点及其语法化途径

4.1 根据上述3.3的讨论,现代汉语方言中的"着"字式被动句已显示出南北两种句式的类型差异。通过句式特点和语法化过程的深入分析后发现,现代汉语方言中的"着"字式被动句确实应该分成使令型被动句和受动型被动句两种。南方汉语方言的"着"字式被动句来源于"着"字的"遭受义",被动句的前身是受动句;北方汉语的"着"字式被动句来源于"着"字的"使役义",被动句的前身是使令句。

4.2 下面我们仍沿用"词典式共时分析"的方法来研究汉语方言中的"着"字式被动句。

贵阳方言(汪平,1994)的"着"字有两个读音,读[tsau˩]时可单用,表示遭遇到不利的、说话人认为不好的事,此外还有"着不住"(受不了)"着刮"(被批评)"着谎谎"(被骗)等用法。

成都方言(梁德曼、黄尚军,1998)中的"遭"("遭"读[tsau˩]。从其声调可推知本字应为"着"字)可以单用作谓语,可以表示"遭受"或"承受",其他还有"遭事遇到不幸或不顺利的事""遭烧上当受骗"等用法。

黎川方言(颜森,1995)中的"着"有两个读音,表被动的"着"读[tsʻɔʔ˩],是一个来自古全浊入声的字。这个读音的"着"字还有"着寒""着猴羡慕"等用法。

海口方言(陈鸿迈,1996)中的"着"有三个读音,表被动的"着"读[ʔdio˦],今读阳去,应来自古全浊入声。海口这个读音的"着"字还有"着伤""着病"等用法。

厦门方言(周长楫,1998)中的"着"字有三个读音,表被动的"着"读[tioʔ˩](阳入调)。这个读音的"着"可以单用,表示"碰触""挨上""使附着""正确""(打或击)中"等;用在动词前可以表示"应该""轮到""需要"等;用在动词后可以表示动作有了结果;此外还有"着时得时,逢时""着磨受累""着烧喻指因愤怒、不满而心情激动""着灾受灾""着衰倒霉""着电触电""着铳被子弹打中""着伤受伤""着病生病""着触绊倒,受挫"等用法。这个读音的"着"字不用在动词后表持续,但在"使附着""轮到"等用法中有使役义。

厦门话中的"着"字虽有使役义,但其被动用法应该是由"遭受义"变来的。原因是,厦门方言中"着"字的使役义比较弱且用法已定型化,而"着"的"遭受义"用例比较多也比较活跃。《厦门方言词典》(周长楫,1998)中共有"着火烧""着贼偷"两个被动句实例,"着火烧"应即"着烧"之间加了"火"字后扩展的结果,"着贼偷"也应该是在"着偷"之间加上一个"贼"扩展而来,不可能来自"得要着到我应该轮到我"这种使役义比较弱且后面需接"到"来强化其动作性的"着"。

可以看出,包括贵州大方话在内,以上六种南方汉语方言的"着"字式被动句都来源于遭受义的"着"。其语法化途径可以概括为:遭受义"着" → 被动标记"着"。

句式演变模式为:

(1) 着 + VP 式 → 着 + NP + VP 式

(2) 着 + NP 式 → 着 + NP + VP 式

此外,南方汉语方言的"着"字式被动句还有两个伴随性的类型学特征。

(1) 被动标记"着"和用在动词后表持续的"着"不同音,二者互相排斥。

(2) 如果一个方言里同时使用多个被动标记,都不用"教""叫""让"等源于使役义动词的被动标记。

4.3 使用"着"字式被动句的北方汉语方言的语法化途径与此不同。根据目前已有的语料来看,北方汉语方言的"着"字式被动句应该是来自使役义动词"着"。

宁夏固原因无足够的语言材料,本文暂不讨论。下面只讨论山东寿光、荣成、利津三处与"着"字式被动句相关的问题。

山东利津(杨秋泽,1990)的"着"字可用在动词后表持续:吃着饭。

有使役义:着你干啥就干啥吧!

也用"叫""让"作被动标记:我的书叫/让他弄脏了。

山东寿光(张树铮,1995)的"着"也有使役义:着学生念黑板上那字儿。

山东寿光(张树铮,1995)和荣成(王淑霞,1995)的"着"字都可用在动词后表示持续,同时也使用"叫"字式被动句。

还有一点:这些方言中的"着"字式被动句和"叫"字式被动句中的名词都不能省去不说。即不能说成"我着打了""我叫打了"或"我让打了"等句式。这是这几个山东汉语方言中的"着"字式被动句来源于使令句的直接证明。

根据本文的研究,"被动标记 + VP"是来自"遭受义"的早期被动句式。如果是来源于使役义的使令句,其早期句型一定是"被动标记 + NP + VP"这样的兼语式。因此,山东这些方言的"着"字式被动句不是不能说成"着VP式",而是这些方言中根本就没有这种来源于遭受义的早期被动句。

根据以上讨论,上述三个北方汉语方言的"着"字式被动句都是来源于使役义的"着"。其语法化途径可以概括为:使役义"着" → 被动标记"着"。

这种被动句的句式结构和原有的使令句相同,没有发生变化。

北方汉语方言的"着"字式被动句也有两个与南方汉语方言不同的类型特征:

(1) 被动标记"着"和用在动词后表持续的"着"是和谐关系,往往在一个方言里同现。

(2) 如果一个方言里同时使用多个被动标记,就还有"叫"或"让"等源于使役义动词的被动标记。

4.4 根据以上讨论,可以用表一来描述现代汉语方言中两种"着"字式被动句在三个方面的类型差别。

表一 南方"着"字句和北方"着"字句的类型差别

	"着"表持续	用"叫"字句	有"着+VP"式和"着+NP"式
南方"着"字句	−	−	+
北方"着"字句	+	+	−

表一可以归纳成下列公式:

  北方"着"字句⊃"叫"字句⊃持续"着"⊃"着+NP"式∨"着+VP"式

  南方"着"字句∨"叫"字句∨持续"着"⊃"着+VP"式和"着+NP"式

符号说明:⊃——与……和谐;∨——与……不和谐。

参考文献

鲍厚星 1998 《东安土话研究》,湖南教育出版社
薄文泽 2003 《木佬语研究》,民族出版社
陈鸿迈 1996 《海口方言词典》,江苏教育出版社
陈章太、李行健 1996 《普通话基础方言基本词汇集》,语文出版社
崔振华 1998 辰溪方言的介词系统,《湖南方言的介词》,湖南师范大学出版社
冯春田 2000 《近代汉语语法研究》,山东教育出版社
黄伯荣主编 1996 《汉语方言语法类编》,青岛出版社
江蓝生 1989 被动关系词"吃"的来源初探,《中国语文》第5期
江蓝生 1999 汉语使役与被动兼用探源,《近代汉语探源》,商务印书馆
蒋绍愚 1994 《近代汉语研究概况》,北京大学出版社
蒋绍愚 2002 "给"字句、"教"字句表被动的来源——兼谈语法化、类推和功能扩展,《语言学论丛》第二十六辑,商务印书馆
李 蓝 1990 贵州丹寨方言语法调查材料,未发表

李　蓝　1998　贵州大方话中的"'到"和"起",《中国语文》第 2 期
李　蓝　2004　《湖南城步青衣苗人话》,中国社会科学出版社
李启群　2002　《吉首方言研究》,民族出版社
李如龙、张双庆　1997　《动词谓语句》,暨南大学出版社
李如龙、张双庆　2000　《介词》,暨南大学出版社
李　珊　1994　《现代汉语被字句研究》,北京大学出版社
梁德曼、黄尚军　1998　《成都方言词典》,江苏教育出版社
路　伟　2004　云南个旧方言中的"了"和"着",未刊
马贝加　2002　《近代汉语代词》,中华书局
彭国均　1957　云南鹤庆话里的一些语音、语法现象,《中国语文》第 9 期
桥本万太郎　1987　汉语被动式的历史·区域发展,《中国语文》第 1 期
钱曾怡等　2001　《山东方言研究》,齐鲁书社
茹　钢　1996　铜川方言的语法特点,《西北大学学报》(哲社版)第 2 期
沈家煊　1999　《不对称和标记论》,江西教育出版社
汪　平　1994　《贵阳方言词典》,江苏教育出版社
王　力　1980　《汉语史稿》(中册),中华书局
王淑霞　1995　《荣成方言志》,语文出版社
吴福祥　1996　《敦煌变文语法研究》,岳麓书社
吴积才　1989　《云南省志·汉语方言志》,云南人民出版社
向　熹　1993　《简明汉语史》,高等教育出版社
项梦冰　1997　《连城客家话语法研究》,语文出版社
谢伯端　1998　辰溪方言的介词系统,《湖南方言的介词》,湖南师范大学出版社
熊学亮、王志军　2003　被动句认知解读一二,《外语教学与研究》第 3 期
徐　慧　2001　《益阳方言语法研究》,湖南教育出版社
颜　森　1993　《黎川方言研究》,社会科学文献出版社
颜　森　1995　《黎川方言词典》,江苏教育出版社
杨国文　2002　汉语"被"字句在不同种类的过程中的使用情况考察,《当代语言学》第 1 期
杨秋泽　1990　《利津方言志》,语文出版社
杨子仪　1986　固原话语法特点撮要,《宁夏大学学报》(社科版)第 1 期
张　甫　1985　《玉溪方言志》,云南省地方志办公室,内部出版
张华文、毛玉玲　1997　《昆明方言词典》,云南教育出版社
张树铮　1995　《寿光方言志》,语文出版社
张一舟、张清源等　2001　《成都方言语法研究》,巴蜀书社
赵元任　1956　《钟祥方言记》,科学出版社
周长楫　1998　《厦门方言词典》,江苏教育出版社
周国炎　2003　布依语被动句研究,《中央民族大学学报》第 5 期
周耀文、罗美珍　2001　《傣语方言研究》,民族出版社
左林霞　2001　孝感话的"把"字句,《孝感学院学报》第 5 期
(美)伯纳德·科姆里　1989　《语言共性和语言类型》,沈家煊译,华夏出版社
Paul J. Hopper and Elizabeth Closs Traugott 2001 *Grammaticalization*,外语教学与研究出版社,Cambridge University Press,1993
William Croft 2000 Typology and Universals,外语教学与研究出版社,Cambridge University

Synchronic distribution and typological difference of two kinds of passive sentence types with *zhuo* (着) in Chinese dialects

Li Lan

Abstract The paper describes the synchronic distributional range of the passive sentence with *zhuo*, and then discusses its grammatical features. According to the paths of grammaticalization and compatibility of types, the paper holds that there are two types of passive sentences with *zhuo*: 1) the acted type derived from the verb *zhuo* meaning "suffering", only found in southern Chinese dialects; 2) the causative type derived from the verb *zhuo* meaning "commanding", only found in northern dialects.

Key words the passive sentence with *zhuo*, grammaticalization, the principle of using identical data, the acted type of passive sentence, the causative type of passive sentence

新词语词典的方言词收录及其规范问题[*]

冯爱珍

(商务印书馆 北京 100710)

提要 本文就新词语词典中的方言词收录问题从比例、来源、界定、规范等四个方面进行研究和阐述。

关键词 新词语词典 方言词 规范

改革开放以来,我国在政治、经济、社会生活等各个方面都发生了巨大的变化,伴随着这些变化,新词语的产生也比以往任何一个时候都更加活跃,可谓层出不穷。与此同时,编写新词语词典也成了热门。据统计,近二十年来,我国出版的新词语词典达三十余种,有些还被我国港台地区以及东南亚国家引进版权在当地出版。其中最有代表性的是商务印书馆出版的《新华新词语词典》。该词典2003年推出,旋即成为抢眼亮点,一时间引得媒体竞相报道,话题频频,销售量直逼10万大关。读者对《新华新词语词典》的广泛接受程度表明,新生活、新词语总是解读时尚,触摸时代脉搏的最直接的途径。同时也标志着近二十年来的新词语研究已经从学术层面进入了社会应用的范畴。

壹 《新华新词语词典》收录方言词的比例和处理方式

《新华新词语词典》作为"一部词语和百科兼收的中小型语文词典",(商务印书馆辞书研究中心,2003)主要收录了20世纪90年代以来出现在社会生活中的新词语2200余条,内容涉及政治、财经、信息、医学、环保、体育、法律、教育、军事、科技等领

---

[*] 本文曾在2003年贵阳举行的全国汉语方言学会第12届年会上宣读,发表时有修改。

域,其中近百条新词来自于方言词。关于新词语词典的功能和编写目的,该词典前言说得很明确,"是当代汉语词汇的一个观察站",以便"对这些新词语进行观察、收集、整理、研究,通过词典编撰的方式来引导和推荐"。(商务印书馆辞书研究中心,2003)这里说的"引导和推荐"显然暗含着规范化的意思。《新华新词语词典》注意适当收录部分方言词,显示出共同语在产生新词时对方言词是兼收并蓄的,同时也表明词典的编纂者对方言词进行"引导和推荐"的态度。与《现代汉语词典》(以下简称《现汉》)通过体例"〈方〉"标明方言词不同的是,《新华新词语词典》大多用直接说明的方式,表明该词的方言来源。对流行程度还不够的方言词,则用附录列出,该词典对方言词的处理主要有三种方式。

1. 释义中直接说明新词语产生的方言地域,或者在"知识窗"中交代该新词产生的方言背景。比如:产生于广东的"影楼、拥趸、煲电话粥、发廊、房车、猛料、世界波、按揭、炒鱿鱼、买单、生猛、乌龙球、无厘头、搞定";产生于北京的"膀爷、侃、侃爷、款爷、泡妞、托儿";产生于四川的"勾兑、下课、雄起";产生于上海的"闹猛、搞定";产生于福建(闽南)的"哈日";产生于东北的"海选";以及产生于港台的"八卦、打理、打拼、打压、大话、多多、发烧友、非礼、搞笑、供车、供楼、减肥、拍档、拍拖、收银台、提升、谐星、主打、写字楼"等等。

当然,港台新词并非都是方言词,如"嘉年华、人气、三级片、瘦身、脱口秀、作秀"等,有些是港台社会现象滋生的新词,有些是外来语通过港台传入内地而成为新词。因此,人们在收集、研究新词时,通常港台词总是单列一类。但是,抛开时政类、社会类的新词,涉及日常生活的词汇,港台词也就是粤方言词、闽方言词。如果没有广东、福建等广大粤方言区、闽方言区的语言基础,港台词进入普通话系统,恐怕不会来得如此广泛而直接。

2. 没有说明方言地点,甚至也没有指出该新词与方言有关。比如:"扮靓、帮扶、傍大款、爆棚、蹦迪、比拼、飙车、飙升、大腕、档期、放电、放水、管涌、豪宅、花心、焗油、侃价、看旺、烂尾楼、灵动、流拍、皮草、人蛇、杀熟、蛇头、时蔬、火(红火、兴旺)、手包、旺市、尾市、爽、舒爽、雪藏(只说明有方言色彩,没有指明地域)、影碟、宰、宰客、撞衫、资讯、走穴"等等。

这类词没有说明方言区域来源,有的是编写者的疏忽,更多的是由于词汇的方言色彩不明显,有的一经产生便很快融入了共同语,有的是作为词素与共同语的词素结合组词,使人们淡忘了它的方言区域来源。比如"扮靓"一词,"靓"意思"漂亮",是粤方言词,与普通话的"扮"结合,指"通过打扮、装饰使变得漂亮";"爆棚"一词的

"棚",在粤方言、闽方言中指戏院,"爆棚"指"影剧院、体育场馆等的观众、听众等非常多,以至容纳不下",并引申为"轰动性的,令人震惊的",既来自于方言,又发展了原方言词的意义。再如,"傍大款"源自北京方言。北京方言词"傍着",意思是依附。那些本有家室的男人,在外面有了女人,家外有家也称之为"傍"。北京方言词"傍家儿"(指情妇)即由此引申而来。北京人称有钱的男人为"款爷"。那么,由"傍着"与"款爷"中的词素便组合成了"傍大款"。可见,"傍大款"是一个北京方言词。词典之所以没有标注其方言区域来源,一方面可能是人们往往将北京话等同于普通话,忽略了北京方言的存在;另一方面可能是没有注意"傍大款"一词的构成词素。

3. 用附录列出港澳台流行词语和京沪穗流行词语。这些词大部分在某些方言区流行,尚未被其他方言区和官话区的人们所广泛接受。《新华新词语词典》将这类词语用附录的形式单列,显示了词典编纂者对新词和方言词入典的一种审慎而客观的态度。

《新华新词语词典》收方言词90多条,占全部词条的4%,这一比例与《现汉》收录方言词的尺度是一致的。据苏新春研究表明,"《现汉》对方言词的收纳始终保持着一个相当稳定的量与度。'二版'方言词共有2332条,占总词数56147的4.2%。'三版'方言词共有2638条,占总数词61238的4.3%。'三版'删除方言词186条,占总删除词目4776条的4.2%。'三版'增加方言词475条,占总增加词目9869条的3.9%。"(苏新春,2001)由此可见,共同语来源于方言,植根于方言,它从方言中不断吸取有益的成分来丰富自身系统,如果没有方言的融合,新词的种群就不够丰富,不够生动,新词的产生和积淀也会大打折扣。因此,编写新词语词典当然要注意方言词的收录。在这方面,《新华新词语词典》对源于方言词的新词语收录的尺度把握是合乎语言实际的。

贰 方言词是产生新词,促进共同语词汇不断丰富的重要来源

从《新华新词语词典》中方言词的收录情况我们可以看到,方言词是产生新词的土壤,方言词是促进共同语词汇不断丰富的重要来源。

所谓共同语,指的是在某一种方言的基础上形成的民族内部共同使用的语言,现代汉民族的共同语是普通话。所谓新词,指的是新产生的或产生之后使用时间不长的词。社会变化所产生的新事物、新思潮、新概念,总是需要相应的词来表达。这类新词通过各种途径产生,具有共同语原有的基本词汇所没有的新意义、新用法或新结

构,如"安乐死、白领、波波族、炒作、反腐、黑客、克隆、飘红、认捐、入关、上网、小资、很阳光"等。另外,外族语言或方言中被吸收进共同语的词或意义,也是新词。如《新华新词语词典》收录的"吧(bar)、蹦极(bungee)、路演(road show)、酷(cool)、秀(show)、写真"等外来词,和"搞定、比拼、打理、雄起"等方言词,对普通话来说都是新词。

方言词进入共同语的途径大致有三:一是人们主动学习方言词,尤其是那些生动形象的方言词汇,能够表达共同语词汇所没有的意义和情感色彩。比如,"下课"在普通话中"指教师结束讲课",四川方言将其发展为"指体育运动中教练员被解职"。这是因为足球在四川发展比较快,球迷比较多的缘故。对不称职的或令球迷不满意的教练员,以"下课"代"解职",既文明又不失幽默。再如,粤方言的"炒鱿鱼"作"解雇、辞退"解,生动形象。为了语言表达的贴切和生动,这类方言词会成为其他地区的人主动学习的对象。二是各地文化的交流融合。比如,粤方言的"靓""生猛",东北方言的"贼""老多",伴随着美容、餐饮业,以及相声、小品的广泛流播,而为全国各地所接受。三是推广普通话蔚为成风,而现代生活节奏的加快,又使得人们无心辨别、探究词语的产生来源,而将共同语、方言交杂使用,使用中不觉得别扭,反而觉得亲切时尚,尤其是媒体,适当使用方言还成了展示时尚和特色的表达手段。因此,方言词也就在人们的不知不觉中融入了共同语。

方言词进入共同语后,其发展会出现两种情况。一种是完全融入共同语,令使用者忘却了它的来源,比如"尴尬、搞、磨蹭"等;一种是仍旧保留方言色彩,比如《现汉》中所有标明"〈方〉"的词汇。这类方言词汇,通过规范词典的认可和传播,会加速融入共同语的进程。当然,方言词在与共同语融合的过程中具有某种内在的筛选机制。当某些方言词所表示的意义,在共同语中没有相当的词来表示,而它在全民生活中又用得着,就会很快被吸收。比如西南官话方言的"搞",吴方言的"尴尬",粤方言的"靓"等,很快成为了普通话的基本词汇。另一方面,没有被广为认同的方言词会逐渐消失,比如,《现汉》二版所收的方言词"不打紧、赤光光、值更"等,虽然被收入规范词典,但多年以后,仍未被广泛接受,到1996年修订三版时便被删去了。

由于方言词是共同语词汇系统的重要来源之一,共同语作为一种开放的、兼容并包的语言体系,在其各种词典中,方言词都应该占有适当分量。但是,有些新词语词典,对方言词的收录不那么科学,或者过于宽泛,将流行于方言区,尚未被共同语认可的词作为新词收录;或者在收录新词时,过于褊狭,排斥方言词。

叁　方言词的界定要以方言调查和方言比较研究为基础

由于词汇的使用比较开放,它作为一个流动的符号,常常不受方言区域的局限,所以,除了典型的情况以外,一般准确界定方言词的来源是有一定困难的。因此,《现汉》仅以"〈方〉"区别方言词和非方言词,而不细分具体方言区域,有其深刻的道理。《应用汉语词典》在对方言词的区域标示问题上较《现汉》有所突破,但难免存在着不准确或标准宽严不一的现象,比如"摆谱儿(北方官话)、鸡公(西南官话)、悖悖(北京话)、扁食(山东话)、背时(河南话)、闭痧(江西话)、爆棚(粤语)、阿姨(吴语)、瘪三(上海话)"等。(商务印书馆辞书研究中心,2000)在这里,"北方官话""粤语""吴语"用的是方言分区的概念,"山东话""河南话""江西话"用的又是方言地域的概念。再如,地处南国的广东,因四季如春,分不清冰雪的区别,将有关"冰、雪"的词一概说成"雪",如"雪条(冰棍)、雪屐(冰鞋)、雪柜(冰箱)、雪藏(冰冻、冷藏)"。在这几个带"雪"的方言词里,前三个意思在普通话里已有现成的词,未被吸收。而"雪藏"给人的感觉不像普通话"冷冻"那么冰冷无情,引申为"深藏保存",因而成为普通话的新词。《新华新词语词典》收录"雪藏",只指出"有方言色彩",并未说明其方言区域,难免失去了该词理据中的一些文化心理色彩。2002年出版的《现汉》增补本,其书后附录的新词将"线报、线人、挤提、找赎"等词标示为"〈方〉",也说明了方言词的界定是有一定困难的。

因此,方言词的界定必须以方言调查和方言比较研究为基础。比如,根据各种方言研究成果,我们可以知道"窝囊废、老伴儿"是北方官话方言,"搞、耗子"原为西南官话方言词,"打牙祭"是西南官话、湘方言地区的词语,"历本"却是西南官话、江淮官话、吴方言都说的词,"煲、埋单"来自于粤方言,"嗲、白相"来自于吴方言。只有充分的调查研究做基础,词典对词的色彩标示才能更准确明白。随着汉语方言研究的深入和发展,语言学家和词典编纂者对方言词的界定会更为科学、更为准确。

肆　词典收录新词和方言词要有规范意识

词汇是社会的政治、经济、文化生活日益丰富和发展的产物。社会生活的急剧变化必然带来新词的大量产生,但新词的最终确认,有赖于人们的语用实践和社会认同。如果仅仅是媒体的炒作之词,其生命力可想而知。有些新词在某一时期内使用频度很高,如"红魔(日韩世界杯足球赛期间的韩国拉拉队)、大哥大",不过昙花一现,或是很快消失,如"红魔"随着日韩足球杯赛的结束而消失;或是被更贴切的新词取代,如"手机、移动电话"取代了"大哥大"。新词只有被收入权威词典,才能定型并保留下来。作为"记录性"的新词语词典,虽然"实录"非常重要,但"规范"也是极其重要的职责。方言词作为新词收录,不能成为新词语的"流水账"。林焘先生指出:"凡是普通话里没有的方言词,按照原则都应该不断把它们吸收到普通话里去,只是这种吸收不应该再是自流的。"(林焘,1989)这种"不该是自流的"包含着"规范"的意思。当然,并不是所有的方言词都能作为新词进入共同语系统,正像林焘先生所说的,"明明有一些方言词在普通话里并没有相同的词来表达,目前又似乎还没有被普通话吸收。例如北京话里的'怹、肉头、麻利、糊弄、巴拉'等等,今天还只能算是方言词,对这些词我们应该如何处理?现在我们对方言词汇了解得还不够,等到方言普查工作深入展开以后,这问题就更值得我们注意。"(林焘,1989)林焘先生说这话是在1955年(论文汇编出版于1989年),五十年后,他所举的例子,除了"巴拉"一词在《现汉》里写作"扒拉",未标〈方〉以外,[1]其余仍有"〈方〉"的标示,也就是说,它们还没有完全融入共同语。

对于新词、方言词的收录,《现汉》、《新华新词语词典》都表现出了一种审慎、开放、规范的姿态。比如对于一些广为流行,但尚未稳定的新词,《现汉》采用"增补本"的形式处理,用区别于正文的粉色纸作为附录收了1200余条新词。《新华新词语词典》为新词亮相搭建了一个宽阔的平台,更是为规范词典对新词的收录建立了一个"观察站"。因此,尽管《新华新词语词典》是一本完全收录新词的词典,它对新词的收录也不是一概"来单照收",比如,它收录了非常时髦、非常前沿的"酷、私密、波波族、无厘头、代际公平"等,但是,对"白骨精(白领、骨干、精英)、蛋白质(像蛋白质一样健康、纯净、营养、圆满,通常来说头脑比较单纯的人)、蓝颜知己(在配偶和情人之间的那群朋友)、糗(不好的、不体面的)、秀逗(大脑短路)、BT(大脑的跳跃式思维,幽默、机智、灵活,有点无厘头的味道)"等仅在某些特定人群中使用的新词或方言词,并没有给予收录。再比如对于"埋单"一词的处理,《现汉》增补本的办法是用粤方言词立条目,再说明进入共同语后的写法,如"【埋单】〈方〉在饭馆用餐后结账付款,现也用于其他娱乐性消费。原为粤语,传入北方话地区后也说买单。"《新华新词

---

[1] 本稿成于2003年。发表之际,《现汉》第5版(2005年6月)已出版。看到新版《现汉》的"扒拉"一词,加上了"〈口〉"的标示。这表明,"扒拉"是否进入了共同语词汇系统,编纂者是犹豫的。

语词典》则直接以"买单"立条目,如"【买单】在饭馆用餐后结账付款,也用于其他方面的消费。原为粤方言词,写作'埋单'。……进入普通话后,多写作'买单'。"这种做法体现了一种规范引导的含义。因为"埋"在粤方言里有非常丰富的意思。其他方言区的人并不能尽解其详、尽得其妙。白宛如的《广州方言词典》将"埋"归纳了"动词、动词尾、介词、形容词"四大类17个义项,在"埋"字头下收有30个以"埋"为首的词条,与"埋单"意思相近的词还有"埋柜、埋数(商店晚上结账)"。(白宛如,1998)直接用"买单"立条目,有普通话的词汇理据,同时也有引导和推荐的规范作用。

  新词语的最终确认不仅是大众的约定俗成,同时也是专家学者规范化、标准化的研究成果。德国语言学家威廉·冯·洪堡特(1999)指出:"语言一方面要保持通俗性,另一方面又应具有发达的教养内涵,为此语言必须有规律地从民众流向作家和语法家,再从他们手中返回到民众当中,如此循环反复,永不歇止。"语言发展讲求"积非成是""约定俗成",但并不是说人们的语言实践可以一意孤行、随意而为,可以任意使用有失规范的词语。专家学者应该根据语言发展规律和社会交际需要,进行理论与实践上的规范化和标准化的研究。因为,词汇的产生和发展以及确认,是一个与时俱进的社会过程。

参考文献

白宛如 1998 《广州方言词典》,江苏教育出版社
韩敬体 1997 《现代汉语词典》修订工作概述,《辞书研究》第1期
林 焘 1989 现代汉语词汇规范问题,《词汇学论文汇编》,商务印书馆
吕叔湘 1984 大家来关心新词新义,《辞书研究》第1期
商务印书馆辞书研究中心 2003 《新华新词语词典》,商务印书馆
商务印书馆辞书研究中心 2000 《应用汉语词典》,商务印书馆
苏新春 2001 普通话词汇系统对方言词的吸收与更新——《现代汉语词典》方言词研究,《语言》第二卷,首都师范大学出版社
威廉·冯·洪堡特 1999 《论人类语言结构的差异性及其对人类精神发展的影响》,姚小平译,商务印书馆
中国社会科学院语言研究所词典编辑室 1978 《现代汉语词典》,商务印书馆,1978年第1版,1983年第2版,1996年第3版,2002年增补本

On adding entries of dialectal words into neologism dictionaries and the issue of the criteria

Feng Aizhen

Abstract This paper discusses in depth the issues of adding entries of dialectal words to neologism dictionaries from the aspects of ratio, source, definition and criteria.

Key words Neologism dictionaries, dialectal words, criteria

正确处理方言与普通话关系刍议

汪 平

(苏州大学文学院 苏州 215021)

提要 本文首先回顾五十年前普通话与方言在我国的使用情况。当时人们大多只会说方言,都不愿说普通话,所以采取带强制性的推普措施是必要的。推普五十年后的今天,情况已发生巨大变化:普通话已深入人们口中,已成为优势语,方言则在不同程度上处于濒危状态。

文章确认推普的重大意义。中国要走向现代化,必须有一个在全民得到普及的共同语。但同时也强调保存方言的重要性。指出这是使世界保留多样性的重要一环,其重要性几乎跟保护生物多样性相同。在推广普通话的同时,为方言留出一片生存空间。建议将指令性的推普政策改为指导性的计划。让普通话与方言长期共存,并行不悖。

关键词 方言 普通话

近年来,一些学者发出了保护濒危语言和方言的呼吁,并就此做了许多工作。我们认为这是非常正确和重要的,对保护濒危语言和方言起了很大作用。随着我国社会的飞速发展,我们发现,光是保护使用者极少的语言和方言已经不够了。在此,我向方言学界、语言学界,以及全社会发出保护汉语方言的呼吁。

壹 历史的回顾

谈保护方言,就关系到推广普通话工作。这里先回顾一下普通话与方言在五十年前的使用情况。

中国的汉语方言众多,并且差别巨大而复杂,是世界上任何语言所没有的。所谓

"官话",主要流行于官场,并无统一标准,不同方言背景的人说的官话都带有各自很重的乡音,即所谓"蓝青官话",仅能勉强应付不同方言区人们的交流。在几千年小农经济社会中,"鸡犬之声相闻,老死不相往来",方言的消极影响虽然存在,还不很严重。进入现代社会,影响就大大加剧,到了非采取措施不可的地步。就是在这样的背景下,建国不久,国家推出了推广普通话的重大政策,这是完全正确和必要的。

从另一方面看,由于自古以来的传统习惯,普通百姓都只会说方言,人们接受教育用的是方言,知识分子通常也只说方言。人们不习惯或者说不会说普通话。因此,那时推普存在很大阻力。就我本人的经历而言,五十年代在中学时期,虽然已基本学会了普通话,但日常生活中没有说普通话的环境。在周围强大的方言包围下,说普通话,或者对方听不懂,或者遭到嘲笑,因此,即使会说普通话也说不成。也就是说,在语言态度上,人们普遍持排斥普通话的态度。

在这种形势下,就有必要实行带一定强制性的措施,其中最有效的是在各级学校推广普通话时,要求教师必须用普通话教学,尤其是把普通话水平当作教师上岗的必要条件。这就使普通话成为儿童少年接受知识的唯一传送工具。我把这称作是对方言的"釜底抽薪",普通话有可能成为孩子们使用最熟练的语言,他们不再有自己的方言母语,普通话就是他们的母语。

贰 对当前形势的估计

推普工作至今已有五十年,当前的情况跟五十年前相比,已发生了巨大的变化。现在,除了退休人员外,活跃在社会上的六十岁以下的人,几乎全都接受过普通话教育。绝大部分乡镇以上的地区(在经济、交通发达地区,甚至包括乡镇以下的农村),很少再有人听不懂普通话,多数人都不同程度地会说普通话。并且,越是方言复杂的地区,普通话普及程度越高,例如福建省。凡是方言跟普通话距离小,或方言区内部差别小的地区,普通话普及程度反而较低,例如东北、华北、西南地区。但这些地区的方言跟普通话差别小,改说普通话的必要性也比较小,也就是说,他们不说普通话也不怎么影响交际,而推广普通话的目的为了交际的顺畅。

由于推普力度大,在一些地区,年轻人使用普通话的熟练程度已经超过方言,很多年轻人只能在日常生活中使用方言,遇到稍有文化色彩的交际内容,就要用普通话。同一句话夹用方言和普通话的现象越来越常见。方言使用的范围在逐渐萎缩。我们知道,很多少数民族语言,特别是没有文字和使用人数很少的语言,近几十年来,汉语借词越来越多,本民族语只限于很狭窄的日常生活范围内,从而成为濒危语言。现在,汉语方言也正在出现同样的现象,越来越多带有一定文化层次的词语都要用普通话说,对很常见的字,年轻人也读不出方言语音,只会读普通话语音。

在普通话使用的必要性方面,几十年后的今天,也出现了巨大变化。随着社会的发展,人们的交往越来越频繁,人与人的距离越来越小,连地球也被称作"村"。北京、广州聚集着全国所有地方的打工者,温州人飞到新疆做生意,东北人前往海南跑买卖。不同方言地区的人出现了空前大交流。做生意、谋生存的动机决定他们必须用大家都能懂的普通话交流,别说不需要谁动员他们说普通话,即使谁想阻挡他们说普通话也阻挡不了。

在像苏州这样的地方,变化更大。苏州有用方言表达的戏曲(昆曲、苏剧)、曲艺(评弹),现在的年轻人不欣赏这些艺术,甚至听不懂其中的方言。也就是说,这些中国文化的瑰宝,年轻人不能接受的不仅仅是其艺术形式,还有传递信息的工具。"皮之不存,毛将焉附",保护文化遗产就成了空话。这样的情况,并不限于苏州一地。

当然,就全国来看,也有很大的不平衡。这表现在两个方面,一是在城市化程度不同的地区间不平衡;二是在接受教育程度不同的人群间不平衡。城市化程度越高的地区,普通话普及程度也越高,相比而言,较为偏僻的地区普通话普及率要低得多;教育程度高的人群中,普通话普及率很高,教育程度低的人群显然普通话差得多。而这两个方面又密切相关,多数情况下是伴生的,即城市化程度高的地区同时教育程度也普遍较高,反之亦然。但是,随着我国社会的全面飞速发展,低的一方正向高的一方前进,包括城市化步伐的迅速加快和教育普及率的不断提高。社会的发展已成为推广普通话的主要动力了。

叁 保存方言的必要性

鉴于历史上方言过于强大,人们看到的只是方言分歧阻碍交际的消极面,人们只是一味宣传普通话的重要。几十年来,谁也没想到和提到方言消亡的可能性,更不存在论证保留方言的必要性。好像方言是不会消亡的,或者说即使消亡也不必关注。但随着时代的变迁,这一议题到了该论证的时候了,否则,将是认识上的又一次严重滞后。其情形正如当年只知冒烟的烟囱越多越好,等到造成严重污染后才醒悟需要保护环境,而此时已经付出了太多的"学费"。

方言是文化的载体之一。在某些文化领域,方言甚至是其主要载体,例如戏曲、曲艺。各地方丰富多样的习俗也常常要用方言作为载体，离开了方言，将会严重影响其表现力。不能想象，老舍的小说离开了京味方言，会是什么样子。

这一问题在苏州这样的历史文化名城更为突出。因为昆曲已被列为我国的世界非物质历史文化遗产，而昆曲（南昆）用的是苏州方言，不保护苏州方言，"保护昆曲"就是一句空话。有幸的是，这一问题被苏州市主要领导所注意，他明确提出了保护苏州话的意见，并已采取一系列措施，在苏州形成了一定影响和效果。"保护方言"的口号首先在苏州出现，不是偶然的。我们语言、方言工作者在这一问题上的认识竟然落后于一个日理万机的行政领导人，是应该引起大家深刻反思的。

多样化的世界才是有生气的、有发展前途的世界。因此大家都说民族的才是世界的。方言作为文化的不可分割的一部分，也同样必须允许其存在千差万别，而不是完全统一于一种共同语之下。

就口语而言，普通话其实是各方言的最大公约数。比如甲方言是15，乙方言是12，普通话就是3，普通话大大小于方言。方言中大量生动活泼的成分普通话都不存在。当然，就书面语说，普通话有更丰富的内容。但这是另外一个系统。一本小说，一个剧本，没有方言，只用普通话是很难成功的。

就像保证人类安全是保护狮子、老虎的前提一样，保证交际的畅通，也是保存方言差别的前提。问题的症结是，当前人类被狮虎伤害的危险已极小，狮虎被人消灭的危险却随时会成为现实。方言的情况也与此相似，普及普通话固然必须实行，但当前其势头已不可阻挡，方言却处在消亡之中。

前几年已经有学者提出抢救濒危方言。如前所述，现在的状况是，濒危方言已不仅仅限于少数偏僻地区使用人数极少的方言，而已扩展至全部汉语方言，城市规模越大的方言受到的冲击越大，这也包括北京方言。

通常确定濒危语言或方言的标准是使用人数，使用人数在一万人以下就有些危险，如在一千人以下就很危险了。其实，还有一个更深层的标准，那就是使用的语境范围。在推普前，各汉语方言的语境范围几乎是全面的。用方言可以读出任何一个字的音，任何谈话场合和内容都可以用方言交谈。但随着普通话教学的垄断，方言使用的语境范围，一代人比一代人窄。表面上看，上海这样的大都市，仍有千万以上的人在说上海话，实际上，年轻人使用上海话范围越来越窄。任何来自书面或媒体的信息，都要用普通话表达。真正的上海方言只能用在吃饭、睡觉之类日常生活的狭小范围内。其实，很多民族语早已出现这种现象，只是始终不为人们关注而已。由此让人想起法国常常出现的保卫法语运动。如果拿来做比较的话，当今法语中英语的渗透一定远远小于各汉语方言中普通话的渗透程度。在汉语内部,虽然不存在民族问题,但方言的消亡,却同样会出现。

污染了的环境总还能想办法改善,消亡了的方言却如消失的物种,是不可再生的。令人非常担心的是,有关当局至今还制定了2010年内初步普及普通话、2050年内全面普及普通话的战略目标。这里又引发出一个值得讨论的问题,那就是普及普通话的目的和标准。应该说,普及普通话并不是为了让全国十几亿人只说一种完全一致、毫无差别的话,但是方言还有多大的生存空间,却是我们要考虑的问题。

让我们环顾一下世界各国的语言使用情况。世界各国因民族、政治的原因,为确定哪一种语言为官方语言而大费斟酌的国家确实不少,但像汉语普通话那样人为制定一种话作为全国的标准用语的,好像主要就是中国。也就是说,绝大多数国家都是以一种自然语言为官方语言或标准语,既然如此,其标准就不会那么苛严,不同地区的人说话时带一点家乡口音就不存在违规因而必须纠正的问题。比如我们请一个美国人来当英语教师,考察的是他的教育程度、教学经验方面的资格,几乎很少考察他的方言口音情况。这固然跟美国英语内部方言差别不大有关,但显然也跟美国自己就没有一个普通话那样的书面规定有关。至于英语词典的正音,属于教育、文化层次。这里说的是方言分歧问题。

由此可知,让全国人说毫无差别的话并不是必不可少的。在中国提出推广普通话的原因是中国有分歧太多的汉语方言,影响了人们的交际。只要基本解决交际问题,我们的目的就达到了。具体地说,存在一种共同语——普通话(这一目标早已实现),中国人都会听(在电视普及的今天,这一目标大多数地区已经达到)、会说(在初等教育所及的范围内,这一目标已基本达到,在少数经济不发达地区也已有很大进展),还必须说明,这里说的中国人,不应该包括有自己语言的少数民族,他们有说本民族语言的权利,不能要求他们必须说汉语普通话。尽管实际情况是,他们中的多数人也在自发地说普通话,说白了就是,即使政府不推广,老百姓自己也在推广。

实际上,不太可能,也没有必要要求每一个人都说标准的普通话。为达到这一目标所面临的困难太大,所耗费的代价,除了推普工作中的大量人力物力外,促使方言消亡也是一个无可挽回的损失。而另一方面,因为普通话不完全标准而给人们交际带来的不利影响,却是十分微小的。无数的事实证明,斤斤计较于某一个字的发音或某个词语的选用,只是语言学家们的怪癖。对广大老百姓来说,只要达到交流的目的就成,他们是没时间和兴趣去"咬文嚼字"的。

当然,"取法乎上,仅得其中",我们应该宣传、倡导标准的普通话,我的意思决不是有意让普通话不标准。但是,宣传、倡导跟采取强制性的推普政策,完全是两回事。

大约在一个世纪前,在当时中国整个政治、社会的大环境下,出现了改革语言文字的强大呼声,其中不乏一些激进主张。总的来说,他们都是站在时代前面的改革者,其精神是值得肯定的,他们也确实在当时起到了推动社会进步的作用。但是,在一个世纪之后的今天,整个人类,包括我们中国人,都变得大大睿智和有远见了,我们已经在许多方面看到了当时先进的国人之种种不足。环境保护意识的出现和增强,就是一个典型的例子。在我们语言文字领域,对汉字认识的转变,也是一个非常重要的例子。想当年,连鲁迅这样最先进的中国人都把汉字当作中国积弱积贫的罪魁,何况于他人?直到大半个世纪之后,才终于认识到这是一个误会,终于把"文字改革委员会"变成了"工作委员会"。

遗憾的是,在普通话和方言的关系问题上,至今仍没有新的认识。难道一定要到方言消亡后才想到保护方言吗?

肆　新的对策

面对上述情况,我们的对策应是什么?

在我国从计划经济模式向社会主义市场经济模式转轨的过程中,一项普遍实行的办法是,将指令性计划转变为指导性计划。同理,在推普工作中,也应该将带强制性的指令性政策改为指导性计划。

绝不能误解的是,我们不是主张不要推广普通话,更不是推广方言。我们主张的是在推广普通话的前提下,为方言留下一片生存空间。

语言学界对于双语、双方言问题的研究证明,只要在实际生活中存在需要和可能,人完全具有使用双语、双方言的能力,有好些地方,由于其特殊的语言环境,人们还具有熟练使用超过两种语言或方言的能力。因此,普遍地让人们在比较熟练和准确使用普通话的同时,仍会使用一种方言,是完全可能的,二者完全可以并行不悖。

由于现在方言还没有消亡,在保存方言的问题上,我们也不需要做什么,只要听其自然,方言就能凭历史留下来的传统,得以生存、延续。当然,在社会变革的大潮中,要想不让方言变化是不可能的。但自然的变化跟人为的挤压是两回事。

如果在五十年前,这样的政策会导致普通话无法推行。但是,如上所述,由于五十多年的变化,普通话不但已经站稳脚跟,而且已经成为中国的最优势语言,特别在年轻人(未来是属于年轻人的)中,普通话已经成为无法离开的交际工具。就像一个曾经必须大人扶着走路的孩子,现在已经长大,不用人扶着走,独自就能飞跑了。

除了上述最重要的措施(准确地说是零措施)外,不同的地区,可以辅以不同的操作。例如在普通话普及确实较差的地区,仍可在一定时期内维持原有政策。另一方面,有些地区,像苏州,孩子们已不会讲本地方言,苏州方言已受到严重威胁,而苏州方言又是一种重要方言,具有很深的文化底蕴,这就有必要采取适当措施,恢复方言的影响。像现在苏州市已经做的那样,在电视台开办一定时段的方言节目,开办若干方言培训班,或结合昆曲、评弹办班。① 以抢救和弘扬地方特色文化,避免他们(包括方言)在可见的将来就永远地离我们而去。

最后,我们想用一个当前用得最多的词语来总结本文:"与时俱进"。我这绝不是要赶时髦,而是确确实实感到,此语用在保护方言问题上是再合适不过的。中国发生了真正翻天覆地的变化,如果还用五十年,甚至一百年前的观念来推行文字改革政策,犯错误是必然的,并且这将是一个无法改正的错误。

A preliminary discussion on the proper treatment of the relations between dialects and Putonghua

Wang Ping

Abstract This paper reviews the status of the use of Putonghua and dialects in China 50 years ago, when most Chinese people could only speak dialects and were unwilling to use Putonghua, making it necessary to launch imperative promotion of Putonghua. After half a century of promotion, China has experienced great changes today. Putonghua has already been well acquired by the population and has become an advantageous language while dialects are left to be endangered. It recognizes the great significance of Putonghua promotion, because China's modernization requires a common language used by all the people. It, however, focuses more on the importance of preserving dialects, pointing out that their conservation is a major link in preserving the world's variety, which is almost as important as preserving the variety of world's organisms. It advocates to leave some room for the living of dialects while promoting Putonghua and suggests that the imperative promotion policy be changed into a guiding plan so that Putonghua and dialects may enjoy a long-term coexistence.

Key words Dialect, Putonghua

---

① 在即将完成此文时,又接到通知,苏州市将举行苏州话演讲比赛,笔者将作为评委参加此活动。

编 辑 说 明

本期发表的论文大部分为全国汉语方言学会第 12 届学术年会(2003 贵阳)宣读的论文。所刊出的各篇均通过匿名审稿。

本期的执行编委(按音序排列):

曹志耘　冯爱珍　李蓝　麦耘　项梦冰　周磊

编务:

李琦　聂建民

对各位匿名审稿人以及商务印书馆的支持谨致谢忱。